北斗星，又称北辰，

是地球人辨别方向的鲜明标识。

她那勺状的光辉闪烁的形象，

鲜明地牢牢印刻在亿万人心中。

多年来，珠三角麻涌地区的人民群众——

无论北上延安、转战他乡者，

还是留在故乡、鏖战不息者，

都把北斗星视为中国共产党的象征。

他们追寻着她，矢志不渝；

跟随着她，前进不止……

——题记

BEIDOUXINGXIA QU YAN'AN
北斗星下
去延安

咏慷 南梅先生 李华 著

华南理工大学出版社
·广州·

图书在版编目（CIP）数据

北斗星下去延安 / 咏慷，南梅先生，李华著 . —广州：华南理工大学出版社，2016.8

ISBN 978-7-5623-5077-4

Ⅰ.①北… Ⅱ.①咏… ②南… ③李… Ⅲ.①纪实文学－中国－当代 Ⅳ.①I25

中国版本图书馆 CIP 数据核字（2016）第 222598 号

北斗星下去延安

咏　慷　南梅先生　李　华　著

出 版 人：卢家明
出版发行：华南理工大学出版社
　　　　　（广州五山华南理工大学17号楼，邮编510640）
　　　　　http://www.scutpress.com.cn　E-mail：scutc13@scut.edu.cn
　　　　　营销部电话：020-87113487　87111048（传真）
责任编辑：王　磊
印 刷 者：广州家联印刷有限公司
开　　本：787mm×960mm　1/16　印张：15.75　插页：4　字数：267千
版　　次：2016年8月第1版　2016年8月第1次印刷
印　　数：1～2000册
定　　价：48.00元

版权所有　盗版必究　印装差错　负责调换

作者简介

作者咏慷与东江纵队的后代在一起

★ **咏慷**，本名陈永康。祖籍东莞麻涌，先后毕业于空军学院政治系、北京师范大学中文系、鲁迅文学院，现为国家一级作家，系中国作协会员、中国散文学会理事、中国报告文学学会理事、中华诗词学会理事。著有长篇小说《青春殇》《东江剑魂》，长篇散文《红色季风》，长篇叙事诗《二月兰》，报告文学《抗SARS风暴》《发兵治水》《一个院士的成功之路》《跨越苍茫》《执著人生》《西部通道》《新中国大阅兵》《闪电之盾》《敬礼！审计官》《黄埔女杰》《疆场弯弓月》《命脉之光》《一江山登陆大血战》《这里走向世界》《扼住瘟疫的咽喉》《拯救肝脏》《穿越"死亡之海"》《中国殡葬报告》等，诗集《但，我还要思索》《心中的芳草地》《上水船》《两代人诗词集》《两代人诗词选》等，散文集《红色传奇——我所知晓的开国英杰》《走尽天涯路》等。曾获国家图书奖、全国"五个一"工程奖、中国报告文学大奖、全国人口文化奖、全国冰心散文奖、全军图书奖、全军文艺新作品奖、总后勤部军事文学奖等。

作者简介

作者南梅先生在《香飘四季·史话麻涌》大讲坛讲述麻涌党史

★ **南梅先生**，本名王卫东，广东省东莞市八位文化名家之一，东莞市文化名家工作室（南梅园）领衔人，东莞"香飘四季"文学艺术创作研究基地负责人。1963年出生于江西省上饶市。先后毕业于江西师范大学中文系（文学学士学位）、中央文化管理干部学院、南昌大学经济系硕士研究生班。曾在余江县委宣传部、鹰潭市委宣传部、鹰潭市文化局工作，2008年在江西鹰潭担任市文物保护管理所（博物馆）所长时，经《中国文化报》面向全国引进人才调入广东东莞。系广东省作家协会会员，广东省民间文艺家协会会员，东莞市文联委员，东莞市麻涌镇文联主席兼地方志办公室主任、麻涌镇社科联副主席兼秘书长、《香飘四季·史话麻涌》大讲坛坛主、麻涌《道德讲坛》《古梅教育品牌讲堂》主讲人、岭南水乡民俗博物馆筹建负责人，文博副研究馆员，高级政工师。出版《发现麻涌》《红旗漫卷》《东莞市麻涌镇志》《致我们已经逝去的青春》《杜诗二字构辞类辑》《岁月如歌》《对外宣传与鹰潭》《麻涌龙舟志》等8部著作，发表小说、诗歌、散文、人物传记、杂文等各类作品200余篇，其中多部（篇）获国家、省、市级奖项。

作者简介

作者李华在"中国曲艺之乡·岳池论坛"上

★ **李华**，1977年11月出生于东莞麻涌，毕业于广西师范大学（中文专业硕士研究生），中级编辑，群众文化馆员。现任东莞市麻涌镇文化体育局副局长、麻涌镇文联副主席。从事文化工作十多年，曾担任教育部基地重大课颕《麻涌民俗志》审定委员会成员；麻涌镇新基村申报广东省历史文化名村申报材料撰稿人；麻涌非遗项目"大步巡游"与"粤曲传承人"项目搜集、整理、研究、申报资料撰稿总负责人；2013年中华龙舟大赛（麻涌站）现场直播活动导演。具备丰富的文化工作经验和良好的创作能力，编创及辅导的节目《荔枝颂》参加"放飞梦想"全国艺术人才教育成果展示盛会获得金奖并获得优秀辅导老师奖及名师奖；在全国专业性期刊发表了20多篇学术论文；独立创作的国画作品《相依》获得粤港澳书画摄影大赛冠军，并在香港进行展览，对两地文化交流作出了一定的贡献。

作者咏慷（中）与南梅先生（右）在位于麻涌东太九宅17号的东莞市文化名家工作室（南梅园），座谈讨论《北斗星下去延安》的创作构思

作者南梅先生与李华（女）在东莞文学创作高端研讨会上

代序 preface

正气浩然、内涵深刻的纪实文学佳作

高洪波

我饶有兴趣地阅读了咏慷、南梅先生、李华合著的长篇纪实文学《北斗星下去延安》。

咏慷本名陈永康,是我三十多年前在中国作家协会文学讲习所(也就是现在的鲁迅文学院)的老同学。他从写诗开始进入文学创作(是著名诗人李瑛的学生)。记得咏慷第一部长篇叙事诗是《二月兰》,其研讨会别开生面——在开国将军孙毅家里召开,聂荣臻元帅为其题词"继往开来",产生过较大的社会影响。我想,作者之所以选用"咏慷"这个笔名有两层意思:一是表明他当作家的心志,"咏",即诵咏、颂扬、讴歌;"慷",即情绪激昂,慷慨陈词,也就是激情讴歌那些时代英杰,讴歌他们的丰功伟绩和他们的崇高品格与深层人性。二是读音仍与本名相同,根本上没有变异,却升华了名字的品位。后来咏慷一发而不可收地陆续创作过很多报告文学、散文、诗词和小说,仅中国作家协会、中国报告义学学会、中国散文学会组织研讨、推介,曾经在全国、全军获过奖的专著就有《发兵治水》《跨越苍茫》《执著人生》《命脉之光》《抗SARS风暴》《西部通道》《拯救肝脏》《一个院士的成功之路》《新中国大阅兵》《一江山登陆大血战》《这里通向世界》《扼住瘟疫的咽喉》《红色传奇——我所知晓的开国英杰》等。其中不少我都写过评论。咏慷还创作过长篇小说《青春殇》、长篇散文《红色季风》,是反映北京我们这茬儿人,也就是"老三届"生活的,也开过研讨会,曾多次印行。记得我参加他长篇小说《东江剑魂》的研讨会,不过是两年多以前的事，迟浩田、周克玉、李继耐、徐小岩等高级将领和许多著名评论家纷纷赞赏有加。这些，无疑都有较大的社会影响。

南梅先生本名王卫东。他原本与麻涌没有渊源——老家在江西鹰潭，在那里有副高职称，也有一份不错的工作，因喜爱文学、历史而成为省级作家协会、民间文艺研究会的会员。缘于对事业的执著和对未来的向往，受珠江三角洲水乡风貌的吸引，他毅然带着户口、编制等一个人必不可少的各种关系，落户到东莞市麻涌镇。在这里，他不像某些浮躁的游客式作家那样，只吃吃转转、浮皮蹭痒地抄一些现成的材料、"攒"一篇既没有深度又没有价值的文章便拍拍屁股走人，而是一头扎了下来，把麻涌当作"第二故乡"，与群众打成一片。因参与文物调查和《麻涌镇志》的编写而广泛阅读、熟悉各种资料，创作出《发现麻涌》等在全省获奖的众多作品，成为镇文联、镇作协的负责人。这种奋斗精神，无疑值得赞许。

李华生在麻涌，长在麻涌，现在是麻涌镇文化体育局副局长。多年来她不仅做了大量的文化组织工作，而且在文学、美术、音乐、戏曲等方面都创作了不少优秀的作品。

我曾经多次到过东莞，每次都为它在现代化建设上的快速发展而震惊。如今读了这样一部反映东莞人在中国革命进程中作出突出贡献的好作品，不能不从其江河汪洋之势中又一次受到强烈震撼。《北斗星下去延安》用细腻而不乏壮烈的文笔，把传统文化、革命文化、当代文化中的很多可贵之处融合成为一个整体，写出了莫伯治、陈一虹、田心、丁农、莫荫荷、陈新等一代爱国青年投身革命过程中的真实心态和命运抉择，体现了中国社会应有的价值取向。具体来说，我认为其成就体现为鲜明的地域性、历史性、真实性。

首先说地域性。地域性往往赋予一个作家以强烈的地域标识，即对于一个地方的记忆、想象、认同与歌咏。《北斗星下去延安》的三位作者都与东莞密切相关。由于东莞曾有中国作家协会的创作基地，十几年前我曾经每年都带一批作家去那里书写东莞，对这方热土我也写过一些作品。东莞麻涌，是先人们踏石留痕地越过梅关古道，筚路蓝缕，一路南迁抵达的一片沃野。它留下了开拓者展旅痕迹的艰辛——披荆斩棘，垦荒辟壤，煮海为田，是血水、泪水、汗水的结晶。看了《北斗星下去延安》，我又增加了很多以前所不知道的知识，补充了对东莞所不熟知一面的了解。像我们这个年龄的人尚且如此，估计年轻一代需要补充的知识就更多了。我认为与其让创作在宏大叙事中悬空，不如脚踏实地、满腔热情地为所在的土地歌咏。

其次是历史性。最近国际风云变幻，一些敌对势力不断对我国进行挑衅。在国内意识形态领域，有时历史虚无主义的言论猖獗。在这种特殊的大背景下，把一部东莞爱国青年投身革命的历史写出来并且出版，可以说恰逢其时。而华南理工大学是麻涌镇革命先行者之一、中国工程院院士莫伯治的母校。如今其出版社出版《北斗星下去延安》这样一部纪实文学，特别有现实意义。咏慷、南梅先生、李华掌握了大量史料，又用文学的方式进行再叙述，正气浩然、内涵深刻，非常有意义。作品主人公们的成长道路，对今天的人们有着极大的启迪作用。当时各种不同家庭出身的青年，从全国各地涌向延安。八方英俊，涓流汇聚，大多在残酷的斗争中经受住考验，成长为革命队伍的坚强战士、党和军队的栋梁之材。无疑，这没有马克思主义的理论武装是断然不可能的；当然中华传统文化的熏陶也起了重要作用。那么，今天生活富裕了，人们又应以何种精神作为动力呢？须知，在旧社会，一般书香门第、富家子弟，亦多追求修养仁德高尚操守，事实证明他们中的许多人，可为真理献身。那么，今天我们在社会文化氛围上、家教上，是否丢掉了些什么呢？我想，这应当是《北斗星下去延安》给我们提出的一个应反思之处。我认为不光是老一代，就是年轻的80后、90后这批人，也会从中吸取到很多难得的宝贵营养。

再次是真实性。纪实文学的基本特点之一就是真实。《北斗星下去延安》这部纪实文学写得特别朴实，看了使人仿佛亲临其境。唯其真实，才更感人。书中有大量真实感很强的历史描写，涉及东莞及麻涌党组织、抗日模范壮丁队、东江纵队、陕北公学、越过同蒲线、敌后武装斗争、新中国政权的工作，直到新中国成立后的社会主义建设等，跨度非常大，呈现了大量客观历史面貌。其中许多细节价值较高，如写爱国青年在家乡怎样受到革命启蒙，初到延安时怎么对付身上的虱子，怎么办速记班，在敌后怎么行军、打仗，在社会主义时期怎样处理各类矛盾，等等。这些东西不是随便能想象出来的，应该是在大量听取当事人讲述中得到的（许多当事人是作者的父辈）。可以看出，咏慷、南梅先生、李华在创作准备上是下了相当大的功夫的，使作品呈现了宏大的历史跨度，以及相当程度的历史画面的真实感和纵深感。作者肯下这么大功夫去收集资料，当然也与他们对于革命先驱的事业怀有真挚感情有关。

总之，融地域性、历史性、真实性于一体的《北斗星下去延安》，体现了作者的艺术追求和可喜成果。我向他们表示真诚的敬意，并预祝他们取得更大的新成绩！

（作者系全国政协委员、中国作家协会副主席、著名作家）

目录
contents

这个地方叫麻涌	001
在家乡宣传抗日	013
参加八路军办事处组织的活动	026
亲眼见到广州大轰炸	031
第一批北上	036
历经艰辛到延安	049
学习与自觉磨练	059
水乡抗日的艰难日子	072
第二批北上延安的青年	080
在延安的进步	085
延安的爱情	093
东太村的女儿	096
难忘的延安	103
挺进敌后	105
经历延安整风	117

迎来抗战胜利	122
解放战争中的麻涌	131
解放！解放！向着胜利前进！	145
三支队伍的汇合	161
在鸭绿江彼岸	174
青年团里永远年轻	183
交通战线的出色工作	187
欲说还困惑的那些人那些事	191
新的征途	196
聚首最多还是在北斗星下	207
革命后代的红色情结	211
两代诗人是乡亲们的骄傲	219
引路人与学生们笑谈人生	235
后记	245

这个地方叫麻涌

一个地方有水,总会充满灵气。

麻涌这个地方从前是一片汪洋。后来珠江的支流西江、北江和东江,像三条水龙从很远的地方奔来,汹涌的波浪天光留痕。江水载运着的巨量泥沙不断沉积,不知何年何月,滔滔江水的一个转弯折旋,使之与海相融,便突出了一块滩涂——沙洲。这里的土地都是从水里长出来的。三角洲越来越大,渐渐有周边贫苦的农民在沙洲上建围立村。

水是生命之源,养育了土地上的人;水又是动力之源,轻托舟楫漂流四方,让当地文明与世界其他文明建立起联系。一个地方如无河流,就等于失去了血脉和灵魂。珠江,连接着岭南的过去、现在与未来。年复一年,是岁月的流踪,也是时光的纽带,绾系了一代代人的血脉情缘。滔滔江流上那一只只小船、一座座历经岁月洗礼的桥梁,都仿佛是连接生命的经纬。

由于沿江临海,这里的空气清爽干净,水很清,清得能看见江底飘动的水草,能看见游来游去的虾仔和小鱼;江水流域的竹林格外绿,绿得无比新鲜和娇嫩,仿佛沾在竹枝上的露珠也染成了碧绿的翡翠。

后来,随着江水不停改道,乡镇也不停腾挪——一时在江左岸,一时在江右岸。直到某一场改朝换代的战争结束,人们花了大量心思把乡镇扩大完毕,各种江河终于被包容其间,大小支流怡然穿城而过,从此江水与乡镇才最终和睦相处。

东江不像珠江那么宽,却同样舒展。它南入海湾,北望南岳,东通莞城,扭着腰流经麻涌十几个村落,一道沙洲将水流一分为二,使其形成大大小小、纵横交错、桥梁密布的多条河涌。远远望去这片沙洲沿江绵延数千米，上面稻田纵横，蕉林叠翠，蔗林摇曳，荔枝林丰盈，桥街相连，河埠、廊坊一体……如水中仙岛，简直就是一块上苍给人类的特别造化。

长期以来，麻涌以其沉默、朴实，以其典型的"小桥、流水、人家"特色，坐落在东江和数条河涌之间，相比不远处珠江西岸的繁杂与喧哗，她就像一艘夜泊的渔船，一棵扎根的榕树，一直安静而自在。它在全国地图上根本寻不见；在广东省地图上也只有淡淡一点；即便在东莞地图上，也只是像只弯曲爬行的蚂蚁。她长期以一种静谧的方式存在着，仿佛一颗绿色的宝石，等待着被人发现。

麻涌镇的一条条老街像被人随意丢弃的麻绳，弯弯曲曲又错落有致地卧在河边。穿皮鞋的脚踏踩在石板铺就的路面上，响起一阵阵清脆悦耳的声音。

老街不算宽，只丈把有余，却蜿蜒半里，每块石条都需几十个青壮年合力方能抬得动。房屋俱显古风，布局紧凑，普遍低矮密集，门窗狭窄，大门多正对前一户的后墙。因河涌里的水常会涨漫堤岸，民居普遍造门阶以挡水——显然很适合于集村落之力对抗肆虐的风暴。街旁民居连着民居，店铺挨着店铺。逢集过节，巷两边大大小小高高低低的板门，随着咿呀叽哗啦咯嚓轰隆的交响，争相打开，街道上便人群拥挤，远远望去整条街仿佛一条扭动的蛇。

麻涌人和许多广东人一样，是由中原富庶发达之地而来。

"郁孤台下清江水，中间多少行人泪"的深长感叹，就是无数移民的心绪写照。当初，那些因战乱而逃离中原的人历经千辛万苦辗转到岭南，感叹终于找到了安身之地。他们一路风餐露宿，筚路蓝缕，在远离战祸的水边居住下来，耕田种稻，熬波煮盐，建房屋、修祠堂，在竭力延续家族血脉和香火的同时，也保存了古老的中原文化。

在漫长的岁月里，江边的曲折小路，不仅成为人们劳作时行走的通道，也逐渐成了许多人的心灵驿路。它们虽细小得若有若无，却极具韧性地把周边多个村镇连在一起，既是经济状况的标志，也是人们欲望的反映。小路在岁月中无声地延续，不仅延续着古老的生活方式，也延续着一种朴素的人生态度。

麻涌就是一代代中原人或其他富庶发达之地的人在漫长的时间里，和当地人一起用一块块石头、一把把泥土，经历了无数的辛苦共同营造而成。

尽管时间流逝、"朝代"更迭,但这个被江水、河涌环抱的小镇始终保持着宁静、质朴。

泱泱漾漾的河水从一家家门前窗下流过,可谓出门见水,举步登舟。守着数条大小江河还真有福:水乡的水是一眼望不到边的,整个村庄笼罩在水雾与绿荫之中,水的滋润使人没有饥渴之虞,江流的奔涌使人具备一副阔大情怀。冲过田野的江水声隐隐,沉稳的吐纳给此地增添了几分英武;冬日的江雾飘渺氤氲,随手便为此地增添了几分妩媚。早起盥洗梳头,蹲在伸到水中的麻石上,河水就是一面清澈的镜子。长长的麻石更和妇女结下不解之缘,"吧嗒!吧嗒!"的棒槌声每天就是从那一条条麻石上响起,把一个又一个白天濯洗得晶亮晶亮。傍晚归来的渔人架着一叶扁舟,从海边一路划到村口,洗脚上岸,和乡亲们分享一天劳作的收获。入夜,孩子们在岸边的老榕树下嬉闹,大人们聚集在祠堂或凉棚里,呼朋引伴地唱几首粤曲,人人自得其乐。

由于先人爱梅,也由于他们多由中原和江西梅岭一带经梅关古道迁徙而来,为使后人怀念祖先根源,此地初名"古梅乡",原属广州府宝安县所辖。7世纪中叶,大唐王朝选黄道吉日,以境内盛产可以为席的莞草而命名,改宝安县从大朗村东移县治于涌,即后世之莞城城内,并改县名为东莞。"古梅乡"于明初划归东莞县中堂区管辖。由于此地四周河网密布,同时岸边耕地又以产麻为主,又改名为"麻涌乡"。其面积91平方公里,土地资源丰富,下辖东太、大步、漳澎、华阳、新基、大盛、川槎、麻一、麻二、麻三、麻四、南洲、鸥涌等十几个村,有35公里长的海岸线。

因有了河涌,小镇才多了几分柔情和水意,也多了些历史的沧桑感。村头宅后就有不少曲里拐弯的活水,闪耀着粼粼的浮光,无数人家枕河而眠。风和日丽的天气里,水面上时而会浮现一个漩,或者"扑通"一声溅起一团水花,水波一圈圈地漾开,那是鱼儿所发出的动静。盈盈一水间,每天不知有多少船只在中间穿梭如织,人来货往,熙熙攘攘,热闹非常。河涌犹如水乡少女颈上的一根美丽的项链,熠熠发光。一座座弯弯的石拱桥,古朴、宁静,像一位位慈祥的老公公。鳞次栉比的百年老屋沿着河涌延伸开来,那临水而筑的斑驳的石板路两旁,香蕉树、荔枝树、龙眼树排列整齐,郁郁葱葱。到过东南沿海的人会感到它颇像苏州和绍兴的古镇,到过欧洲的人则会感到它酷肖意大利的威尼斯……

中国历史上的"五胡之乱""安史之乱"和"靖康之乱",造成中原富庶地区的一次次剧烈动荡,迫使大量人一次次痛苦南迁。

传说元末明初,有位由北向南逃难来的美女,乳名妹头,隐居海边江畔,靠躬耕捕鱼为生。战争告一段落,朱元璋做了皇帝,派人四面察访战时失散的亲人,几经波折才在一简陋的茅棚中找到妹头,并接到京城。她这才晓得堂兄坐了龙廷,与朱元璋相对而泣。宦官和妃嫔们教她宫廷礼节,妹头却久久难于适应,闹了不少笑话。

一天,朱皇帝又来探望,妹头跪道:"我实在受不了这儿的繁文缛节啦!还是放我回东莞吧,我舍不得那里的红酥米、锦鳞鱼(红酥米是广东沿海耐旱耐涝的稻谷品种;锦鳞鱼是当地能适应咸水的银白色鲜鱼)……"

朱元璋要她起来。妹头求皇兄应允,否则便长跪不起。

朱拗不过,长叹:"既如此,朕答应便是,且送皇妹一些东西作纪念,派人护送你回……"

妹头转泣为喜,谢过皇兄,择日启程。朝廷送的金银财宝,她均未要,只选择最轻的一箱物件留作纪念。

路上水陆并进。船进广东,妹头心情兴奋,不禁打开那箱东西,想看看究竟是何宝物。

箱子被抬出开启,她不由得惊讶——整箱装的均是竹签!妹头百思不得其解:皇兄为何送我这些?它有何用?

想来想去,她觉得这箱竹签百无一用,不如就此丢掉,于是全部倒入海中,任其漂散。

妹头万万想不到的是:这些竹签都是战争年代的军事调令,和平时期虽用不着了,但还有很大的法令作用,不论大小官吏见到都要服从其意志,竹签流到哪里,哪里便是她的属地。

无巧不成书,因此地是水网地带,很多人喜欢养鸭。一位鸭民赶鸭群下水,鸭子见漂来许多竹签,有红有绿,十分好看,便叼上岸来。那鸭民不识字,心想竹签上写的东西肯定有用,便将其顺手散插到泥土中。

妹头回到家乡,当地官员向她道喜:你拥有良田万亩……

只是后来因时世变化,其子孙未能保住她的产业而使产业渐渐易主。

麻涌镇不仅有优越的自然条件,而且风物清嘉,人文荟萃,已成为岭南文化的一个中心。

盈盈的水乡、葱茏的香蕉林。这里的香蕉肉甜嫩滑，皮薄光亮，其种植史从元代就开始了。民谣唱得形象：

>麻涌香蕉大又多，蕾蕾像个大猪萝；
>待到秋来蕉子熟，香气飘过五条河。

由于近代不少居民下南洋创业，因而它也成为一个著名的侨乡。一到过年，漂泊南洋的男女老少便从栖身之地涌回麻涌。家乡的小镇自然能接纳百川，包容百样人生。游子们颠簸于波涛激流间的漂泊人生，在这里得以系锚解缆、晒网补帆，获得小小的歇息。他们中许多人在年前越发忙碌，脊背如弓汗水如注，大大小小的货包，都要在他们肩头品尝人生的艰辛，再送达小镇居民手中。家乡浩大的清旷、雅静的温馨，给了他们浓厚的家园之感。水清如镜波浪不兴，尽心尽意抚慰着人心。

小镇百姓性情温和，老老实实种着自己的地，有船的人家闲时也到河里捕鱼捞虾，日子过得平缓单调，感觉在这儿过上一百年，就像过了一天似的。人人都说麻涌人像明澈的东江水、奔流的珠江水一样，温情、坦诚、仗义、淳厚而透明，与他们打交道心中不须设防。

夏日的傍晚，街坊们都喜欢沏一壶工夫茶，摇一柄芭蕉扇，坐在大树下或凉棚里纳凉，一阵微风掠过，屋角的铃声叮叮咚咚地传来，不禁怡然自得，惬意万分。

二十世纪一二十年代之际，麻涌陆续增添了几名新生儿——

1919年4月，麻四村添了萧任统、麻一村添了莫荫荷；

1920年4月20日，麻一村添了莫富图；

1921年12月1日，东太村添了陈奋顷；

1923年5月5日，麻一村又添了莫完玉……

有鱼米之乡美誉的岭南水乡，生活应该是没有问题的，然而，在那昏庸统治下的岁月却是辛酸的。吃了上顿没下顿成了许多百姓的生活常态。

这几个孩子在东江边和大大小小密布的河涌旁长大，许多想象都与江河有关，那水声也如同母亲的声音。

他们喜欢这河涌交错的小镇，更喜欢小镇的水。乡民亦耕亦渔，离不开大小船只，即或走亲访友，也以舟代步，闲暇还会下河塘摸些鱼虾、螃蟹、河蚌，因此没有不玩水的，多有深谙水性的高手，许多年仅几岁的孩子也已是"浪里白条"。

几人从小一块玩，感情渐笃。他们只要在一起，时间便过得飞快。

风和景丽的日子，萧任统、莫富图、陈奋顷、莫荫荷、莫完玉等就会赤脚来到沙滩，踩在松软如毯的沙土上，手中拿着小铲、小桶、竹篮，一会儿精心"建造"起一座座房子、大坝、宅院；一会儿在沙滩上追逐捕捉一只只螃蟹。他们有时把身子埋在黄沙堆下，滑溜溜的沙鳅在他们身下匆忙逃命，摩擦着他们的皮肤，痒得直想发笑！天气再闷热，赤条条到了溪里也就变得清凉无敌。一个猛子扎进温润如丝绸般的水里，好久好久，才倏地窜出水面。江风轻轻地吹，他们尽情呼吸着水乡的气息，直到游倦了才穿好衣裳踩着月光慢吞吞地回家。

这几个孩子都是天不怕地不怕的家伙。夏天早上天还凉快的时候，他们就起床去捉知了。几人用旧袜碎布做成小网兜或者用面粉做成粘性很足的面筋，绑在或粘在长竹竿的顶头，随后循着"知啊——知啊"的叫声来到树下，仰起头，从枝叶间寻找目标，一旦发现，就轻手轻脚地把竹竿升高，凑近那叫得正欢的小东西，猛地一套一粘，瞬间，四周所有的知了就忽地触了电似地齐刷刷停止叫唤，转而代之的，是他们的一阵欢呼或者叹惜。

河涌里的鱼不易捕捉，他们也有办法。有一种植物名叫"油藤"，微毒，药鱼挺有效，于人身体却无害。他们便采了些根茎，把鱼群用沙子围住，拿起石头狠命地砸油藤，油藤白色的汁液流向水里，不大一会儿，东奔西蹿的鱼一条条软绵绵地浮上水面，成为孩子们的猎物。有一种身体细长的鱼叫"溪白子"，味道特别鲜美；还有一种叫"打铁姐"，身体像穿着一身锦衣，十分好看。

他们不太喜欢溪里的小鱼，觉得它多骨，味道也腥。他们喜欢沙里埋着的黄沙蚬，抓它很容易，干了水的沙滩上有一个个小孔，扒开小孔，一只只黄沙蚬就是囊中物了，用溪水洗净，回去加点蒜头油盐炒熟，味道香喷喷，是一道好菜。

他们还爱找一根竹棒，在顶端系一根白线，线的另一端系上挖来的蚯蚓，就可以看到清清水底的小鱼小虾上钩。那种嫩嫩的小虾，把头掐掉就能放进嘴里生吃,味道鲜嫩无比。

水乡还是水鸟的天堂。河涌的水草里、稻田里时常见到水鸟的窝、水鸟的蛋,有时还有刚出壳的雏鸟。一窝窝小鸟长大后亮起悦耳的歌声。水乡人最能理解百鸟争鸣的含义,从它们的鸣叫声中,能知道什么时候刮风下雨,什么时候插田收割,甚至还能从鸟语中揣测年成的丰歉。跑累了,听水鸟欢唱是一种享受;心情不好时,听水鸟欢唱是一种慰藉。那是水鸟们回报大自然的一场场露天音乐会!

他们扔出一块石头,水"咚"地一声碎了,惊起一群野雀,满天便都是翅膀的抖簌声。鸟渐行渐远,直到水面全然平复,四周万籁俱寂。又起虫鸣声声,噪呱不止。

每当小荷露出尖尖角,他们会下水戽几条小鱼,挖几支莲藕,采几把脆嫩的藕尖,带回家让大人炒着、煮着吃。

也许因了水的滋润,岸边那几丛芦苇特别茂密鲜活。他们常钻进苇丛挖甜甜的芦根,打鲜嫩的芦叶,用自制的芦枪打"游击战",有时也用芦笛吹起一支支歌曲。

晚上,夜幕下的他们又玩起新花样。有时坐在河涌边乘凉,数天上的星星;有时几人一起捉萤火虫,玩"英雄捉强盗"的游戏。响亮的声音从奔腾的河涌上跳跃到空中回荡。

很多清晨和傍晚,他们都会跃入水中,随着镇子里的其他孩子一道游泳。他们看着水面往来的船只,就猜想这流水的源头在哪里,怎么能没完没了地流,使它能纵贯南北,不仅成为青山不老、碧水长流的象征,也培育、涵养了独特而悠久的岭南风情与文化,成为家乡人永远的母亲河。

不惟江河水可供他们漂游泅渡,沙滩可供他们演习"战事",即便对世事的幡然了悟、对生死的最初品味,也无不从水边开始。家中长辈倘若一时寻不见他们,到河涌边十之八九会逮个正着。

那时小学里学习的课程相当丰富,国文、算术、常识、自然、历史、地理、珠算、手工、美术、体操。作业就在上课时完成,放学回家就是玩。他们读小学时期就能够给亲人写信,且循规蹈矩:"××大人膝下敬禀者"开头,"××叩上"结尾。珠算加减乘除口诀背得滚瓜烂熟,算盘打得飞快……

他们最喜爱的课程几乎都是国文、历史。国文使他们对陶渊明的《桃花源记》非常神往,桃花源成为幼小心灵中的理想世界。历史使他们认识了几位东莞乡亲——何真、罗亨信、袁崇焕、林则徐……

这几位乡亲都是东莞传统民间故事中的"明星",也是文人笔端闪亮登场的常客。在课堂上,听老师讲到家乡的英雄时,他们眼里都会立刻闪出光芒——直觉自己和这些人一样有着爱国爱乡的满腔热血。

元朝末年,岭南群雄并起,一阵阵骚动。东莞茶山人何真统辖了岭南大部分地区,有人鼓动他效法赵佗,割据称王。然而何真对自己的德行有大海般深邃的持守,义归大明,使百姓避免了更大战争的浩劫,成为流芳千秋的一代战将和贤臣。

罗亨信的故事就更丰富了,他后半生正值明朝边患频繁时期。元末农民起义驱逐出境的蒙古各部被瓦剌统一,常掠劫财物、屠杀边民。他被派往西部戍边,挫败了进犯的骑兵。明英宗宠信受敌贿赂的宦官王振,忌言边事。1449年秋瓦剌犯境,明英宗仓促率兵应战,在土木堡被俘。官兵纷纷弃城逃散,只有罗亨信誓与边城共存亡。瓦剌遂把明英宗挟持到城下叫门。昏庸怕死的明英宗听任摆布,竟传命开城。如遵命军民将尽遭杀戮,京城最后的屏障就被拔除;如抗命则犯"欺君"之罪。紧要关头罗亨信宁置身家性命于不顾,断然选择了后者。瓦剌震惊,只好押着明英宗从紫荆关直扑北京。在北京,于谦组织军民坚守鏖战,瓦剌终于被迫退兵。新即位的代宗升罗亨信为左副都御史。1450年元月,宦官喜宁私通瓦剌,罗亨信使智擒之计,派参将伏兵把他擒获。或许是大海的深广,或许是涛声的浑厚,抑或是对故土的眷恋,1450年7月罗亨信依例返京议事,再向代宗请求归休。代宗见他鬓发皆衰,才答应所请。经过5个月长途跋涉,他回到阔别13年的故乡东莞,常倚桥远眺,静听江水东流。1457年,留下很多"美丽传说"的罗亨信病故,陪葬品只有石印一方,墨饼一块及铜钱、钱币、陶瓶等物。

当然,人们讲得最多的还是袁崇焕。离麻涌不远的石碣镇,就是这位爱国将领的故乡。他曾当过朝廷高官并屡建功勋,只因不肯依附魏忠贤,遭诬蔑,不得不乞休归乡。崇祯继位,袁崇焕再度被起用,任兵部尚书督师蓟辽,惩贪官以定军心,催粮饷以鼓士气,斩奸佞以严军纪。在他扼守山海关期间,曾乘暇出关,单身匹马,虎胆探辽,摸清了辽河两岸的地形、气候、历史、风土人情、城堡、兵塞等情况,并在返回后以一个军人的非凡胆识与才智声称："只要给我兵、马、钱、谷，我定可以守护辽东！"1626年袁崇焕坚守宁远，固成锦州，使用家乡人仿制的"红夷大炮"击溃后金13万雄兵，使努尔哈赤死于战阵。次年又巧妙地以高城、坚石、弓箭、巨炮等武器对付金兵的马队，在宁锦大捷中击败皇太极的疯狂进攻，收复前朝失地，威慑后金，声隆朝野，被崇祯皇帝封赏为"擎天一柱"。皇太极利用崇祯多疑猜忌的弱点，策划"反间计"借刀斩袁。1630年农历8月16日那风雨如磐的黄昏，袁崇焕以"谋叛欺君罪"被磔刑于菜市口，并惹得不明真相的市民用铜钱切其肉，再用牙噬咬。他头颅被砍下悬竿示众，挂在城头听凭风吹雨淋……芸芸众生一旦被当权者蒙骗、愚弄，其结果会多么残酷、可悲！

于是，萧任统他们曾和老师及同学们一起，多次到袁崇焕故乡石碣镇水南村，久久默对英雄故里那残破的颓垣，恭恭敬敬地向这位大明冤魂鞠躬致哀。

老师对同学们说："这些传说广为流传，经久不衰。它的存在，既是一段古人征战搏杀的历史，也是一种宁死不屈、死而不倒的精神象征！"

萧任统、莫富图、陈奋顷、莫荫荷、莫完玉等深为自己是袁崇焕的乡人而自豪。他们还深受岳飞、文天祥、史可法、林则徐等著名将领的影响。

尚武之风，在东莞民间曾相当兴盛。乡间传统男孩子白天要练毛笔字，夜间要习武。据《东莞县志》记载，清康熙至光绪年间，东莞考中武举人429人，武进士76人。

东莞最盛行的无疑是莫家拳。清嘉庆年间，火岗村的莫达材等拜惠州莫庶蛟为师，练习拳术，后将其发展成南拳五大名家之一的莫家拳。

由于注重族内相传，习武之风往往在同姓村落里绵延传续。在这些村里，每一代族人中都会出现一些热衷于习武的拳师，他们成为各种拳术的传承者。

或许每个年轻人心中都有自己的"江湖梦"和"侠客梦"。萧任统、莫富图、陈奋顷、莫荫荷、莫完玉等，这时也开始前来凑趣，比划几下子拳术和剑术。凡遇习武之人，他们都要想办法讨教一二，切磋一番。

他们最爱听有爱国心的老师们讲课。

老师们讲道：广东是孙中山的故乡、辛亥革命的策源地。广州既是18世纪世界排行第四的国际大都市，也是近代几次革命的发祥地，有巨大的包容性，对各界人等宽容、博大，容纳了社会的各个层面，全国各地人来这里或求学，或为官，或找乐，无论新派、旧派，都可找到一席之地……20世纪的二三十年代，时光打马般一天天飞过，岭南和整个中国一样，都处于动荡、混乱的多事之秋，经年累月上演着成者王侯败者寇的活剧……

1922年5月，在广州举行第一次全国劳动大会和共青团"一大"，一个名叫周康的革命者在莞城把鞋业工人组织起来，成立了东莞革履工团。6月16日陈炯明叛变，东莞遂为叛军统治。12月莞城织席工人举行罢工。

1923年1月，彭湃领导的海丰农会成立，会员占全县人口四分之一。3月陈炯明被滇系军阀逐出广州，孙中山由沪返穗组成大元帅府，开始改组国民党。6月中国共产党在广州举行"三大"，决定建立国共合作的统一战线……

1924年1月，国民党一大在孙中山主持下召开，确定"联俄、联共、扶助农工"；6月黄埔军校开学；7月第一届农民运动讲习所也在广州开学；广州沙面数千工人罢工，反对英、法帝国主义"不准中国人自由出入租界"的"新警律"；8月广东开始组织农民自卫军；10月孙中山依靠黄埔校军镇压英国买办陈廉伯率领的商团叛乱；11月孙中山发表《北上宣言》，中共广东区委组建铁甲车队，支持减租斗争，受到广大农民欢迎……

1925年1月，广东革命政府出师东征。2月3日蒋介石、周恩来抵虎门，5日抵莞城，并登上万江桥畔明朝万历二十五年建的金鳌洲塔。6日周恩来出席东莞商务分会举行的"欢迎东征军大会"并发表演说，当晚又在市民联欢大会上演说。同月东征军沿茶山、横沥、常平、樟木头向深圳推进，沿途得到东莞人民支援。5月东莞县农民协会成立；全国第二次劳动大会和广东第一次农民代表大会在广州同时举行。7月国民政府决定成立国民革命军。8月国民党右派暗杀左派领袖廖仲恺。10月国民革命军第二次东征，叶剑英率部进驻东莞县城……

1926年5月，全国第三次劳动大会、广东第二次农民大会同时在广州举行，由毛泽东任所长的第六届农讲所开学；以共产党员和共青团员为骨干，以叶挺为团长的国民革命军第四军独立团作为北伐先遣队出师北进，锋芒锐不可当。"打倒帝国主义！打倒军阀！打倒封建势力！"的口号响彻大江南北……

1927年4月，国民党右派在东莞"清党"，通缉搜捕中共党员及农会、工会领导人。6月，中共东莞县委按上级指示，秘密建立工农武装，反抗国民党屠杀。8月1日周恩来等领导南昌起义，部队南下途中在潮汕遭优势敌军围攻而失败，保存下来的武装一部分转移到海陆丰坚持斗争，一部分转移到闽南和粤赣边境打游击。8月间中共广东省委派人来东莞、宝安筹备暴动，在常平成立"东宝工农革命指挥部"。9月毛泽东领导秋收起义，10月开创井冈山根据地。12月张太雷等领导广州起义。为配合广州起义，东莞县委准备进攻莞城、虎门，起义失败后部分人员转移海陆丰，东莞才取消攻城计划……

1928年12月，东莞县委遭到破坏，十几位同志相继暴露、牺牲，县委与上级失去联系，党组织活动处于停顿状态……

总之，广东像一个舞台，供时代英雄编演史诗。

老师们讲述的这一声声风、一声声雨，无不持续震撼着萧任统、莫富图、陈奋顷、莫荫荷、莫完玉等的心灵，他们满脑子装的是国家民族前途。有时候，他们郁闷的心像开了一扇天窗，想迎迓周围的一切，感到周围的一切都是自己的，便油然升起一种生活的自信，觉得自己一定能干成点什么。然而，真正想与这些事物接触的时候，却找不到进入的实际路径，心绪又复归茫然。

在有成与无成之间的苦苦思忖，弄得他们茶饭不香，索性买了一大堆书看得昏天黑地，血脉偾张。

日子像东江的流水般一刻不停。萧任统、莫富图、陈奋顷、莫荫荷、莫完玉等接受新知识更如饥似渴，没日没夜地读，读文、读史、读科学，读上下五千年，读纵横八万里。

"九一八"事变后，抗日救亡宣传成为进步期刊的编辑方向，仅上海就创办了《抗战》《救亡》《呐喊》《世界知识》等230多种抗日进步期刊，其中包括大量的抗日文学期刊。图书馆里从地板到天花板，四壁书架上都密密地插满进步期刊。因此他们一下课便往图书馆奔。书目卡片上，《呐喊》《女神》《子夜》《骆驼祥子》等书名，鲁迅、郭沫若、茅盾、巴金、老舍、曹禺等笔名，他们都眼熟得自然而然地记住了。这些书就似月牙小船，载着一颗颗懵懂的心，迷离惝恍地远航。

萧任统、莫富图、陈奋顷、莫荫荷、莫完玉等的阅读一发而不可收，一本接一本地狼吞虎咽。经进步老师介绍，他们读了高尔基的《母亲》、法捷耶夫的《毁灭》、绥拉菲莫维奇的《铁流》等苏联文学作品。

每有大事降临，总会有些征兆。他们注意到，从1935年7月起，名记者范长江从成都开始了行程六千余里的旅行考察，足迹遍及川、陕、青、甘、蒙，第一次在全国性大报上真实报道了红军长征的行迹和西北近况。

1936年10月，举世闻名的红军长征胜利结束。萧任统、莫富图、陈奋顷、莫荫荷、莫完玉等从最先披露这一史实的上海杂志《逸经》上得知"红军主力到达陕北，毛泽东成了红军统帅"。

他们对延安这个地名原先毫无所知，地理位置与人文渊源都无从想象，只猜测它的名字来源于古代的驿站。此时，听说那里的政府清明廉洁，没有压迫、没有剥削，人人平等，共产党的领导亲民、爱民，都非常向往，情不自禁地萌生出一定要去那里的念头。

1937年7月7日凌晨，日军在卢沟桥军演，要求进入宛平县城搜查一名失踪的士兵。国民党守军吉星文团拒绝了这无理要求，日军就包围了县城。正在交涉之中，枪声骤起，日军竟悍然进攻，华北驻屯军司令官田代皖一郎一手导演了"卢沟桥事变"……7月28日黎明，日军盘马弯弓，铁骑直进，在飞机、重炮配合下，对北平四周的29军阵地发动总攻。守军两千余人及投军抗日的爱国学生浴血奋战，副军长佟麟阁和师长赵登禹英勇殉国。紧接着，日军又侵占了北平、天津。插了太阳旗的日军军车在长安街上疾驰，府右街口的日本哨兵大声呵斥着路上的行人。华北日军得手，刺激了华东日军，更助长了东京军部贪婪的野心。就在日军侵入北平的第三天，上海日本海军便有意制造了"虹桥事件"……

抗日战争爆发后的第二天，中国共产党即发表宣言，指出中国人民唯一的出路是"全民族实行抗战"。

密切关注着国家命运的萧任统、莫富图、陈奋顷、莫荫荷、莫完玉等更向往"外面"的世界了。图书馆成了他们一天都不能不去的地方，感觉到自己已经同东北同胞一样变成了亡国奴，心里十分痛苦郁闷。

他们开始了苦苦寻找党的历程。但这不仅十分困难，而且极其危险，如果不幸误投敌特网罗，后果将不堪设想。

在家乡宣传抗日

1937年卢沟桥事变后，日本帝国主义向我国大举入侵，自北向南践踏神州大地，而国民党政府及其军队节节溃败。全国广大不愿作亡国奴的热血青年，纷纷奋起，投身到伟大爱国行动中，抗日救亡的呼声响遍全国。

国难当头，1937年初秋，广州很多学生疏散回乡，搞抗日救亡运动。麻涌籍的萧任统、莫富图、陈奋顷、莫荫荷、莫完玉等进步青年也纷纷停学、停工，接踵回乡。

乡里第二高级小学校长萧庆廖和回乡学生莫逢湾，回乡后就组织了东莞县民众抗敌后援会第六区分会麻涌工作团。

由于这个工作团是先进青年自发性的群众组织，国民党政府迟迟不给办理备案手续。萧庆廖和莫逢湾自不甘心，又经过乡绅等关系疏通，还少不了用些金钱贿赂，才使其实现备案而"合法"。

工作团团长萧庆廖是国立中山大学法律系毕业生，家庭出身官僚地主，其兄萧盘石是当时的麻涌乡乡长。他名为"团长"，却并不做实际工作。

副团长莫逢湾，麻涌麻一村向北坊人。他1915年出生于农民家庭。早年丧父又失兄；家中靠老母、寡嫂耕地种香蕉谋生。老母勤劳一生，爱子如命；儿子也天性孝顺，读书之余，常随老母、寡嫂到地里干活。

莫逢湾在古梅小学就读时就学习勤奋，尤其爱好美术和书法，深得国画老师萧柱彦喜爱。14岁时莫逢湾小学毕业，以优异成绩被推荐到广州"莫伯骥五十万卷藏书楼"当抄写员。他半工半读，晚上刻苦自学，后来考上广州美术专科学校。在诗人校长李金发门下，莫逢湾与当代名噪一时、专画民间疾苦的国画家黄少强结下不解之缘。他经常随黄少强写生，到街头实习、体验社会大众的生活。

目睹国事凋零,哀鸿遍地,莫逢湾开始接受革命思想的熏陶。1935年,他在广州加入"一二九"爱国学生运动行列,在时代的洪流中受到锻炼。1936年"西安事变"之后,抗日救亡之声,势如万马奔腾,中华民族到了最危险的关头。此时,正是莫逢湾毕业之际。师生之间,依依惜别,难免互相临别赠言。黄老师语重心长,勉之以"国家兴亡,匹夫有责"!莫逢湾始而在中国共产党的外围进行活动,继而参加党的地下组织。

他在工作团内外负实际责任。

满腔救国热情、同情工农群众、喜读进步书籍、对国民党黑暗统治不满的萧任统、莫富图、陈奋顷、莫荫荷、莫完玉等,即随之参加了救亡活动:街头宣传、演戏,绘宣传画,出墙报……还自发组织了"新苗读书会",凑钱买了《大众哲学》《新哲学大纲》《列宁主义概论》《西行漫记》等,采用通信的方式组织阅读。特别是阅读了斯诺著的《西行漫记》之后,更使他们一心向往革命圣地延安,向往中国共产党。这种向往构成了他们生命中光明的底色。

不久,莫逢湾又受中共广州市委外县工委负责人林锵云派遣,在麻涌的母校古梅小学借用校门右侧一室,与校友莫伟堂、莫锦棠、萧国栋、黄俊杰、黄振华、莫松森等,组成"御侮救亡读书会",发动古梅、养正两所学校的爱国青年,从事抗日宣传、募捐活动,点燃了麻涌地区的抗日烽火。"御侮救亡读书会"开始不过区区五六人,大家凑钱购买了一些进步书籍和《救亡时报》《抗战三日刊》《大众生活》《世界知识》等进步报刊,学习哲学、政治经济学、科学社会主义等知识。这个读书会与萧任统、莫富图、陈奋顷、莫荫荷、莫完玉等的"新苗读书会"不谋而合。

麻涌的抗日救亡运动在莫逢湾主导下,很快就获得学校师生的支持和广大民众的拥护,由秘密到公开,由公开到合法化。革命活动中心也从古梅小学校门右侧的一间教室转往七约乡公所孔庙内,以古梅、养正两所学校的30多名校友为骨干,集体生活,集体住宿,公开成立了东莞县麻涌乡抗日救亡工作团。大家选举莫逢湾为正团长,萧庆寥为副团长,成员有萧泗材、莫康明、萧柏年、萧佐高、莫秉权、萧镇越、萧任统、莫富图、陈奋顷、莫培璞、莫培侠、莫培健、袁善樵、萧进尧、莫康德、萧礼乐、莫藻鸿、莫才兴、萧从宽、萧锦兴等。他们自筹活动经费,负责管理财务者有莫鸣殷、钟均祥、萧均权三人。

成立大会在一个僻静的凉棚里举行。凉棚一般建于河涌边、池塘边或埠头边，是村民聚会、聊天、避暑、休息的场所，也是麻涌最重要、最纯粹的平民公共空间。萧任统、莫富图、陈奋顷、莫荫荷、莫完玉等走进凉棚，一眼就看到担任大会主席的莫逢湾。

他一会儿跟这个谈话，一会儿跟那个谈事，一会儿又现场处理什么问题，都应对得干脆、利落，从容不迫。大家脸上露出惊奇与敬佩的神色。

大家庄严宣誓："我愿意加入麻涌抗日救亡工作团，用实际行动拥护抗日民族统一战线的主张，共赴国难，不惜牺牲，抗日到底……"

几乎一夜之间，莫逢湾在麻涌的爱国青年里就成为炙手可热的人物。在他的倡议下，他们每天阅读书报，定期出版《大众壁报》，将其张贴校外及市场。

莫逢湾画得一手好漫画。他以"人心不足蛇吞象""蚕食中国""日寇残杀东北百姓""关外流亡者""工农商学兵团结一条心"等为题材，揭露日本帝国主义的侵华野心和暴行。

莫逢湾经常在晚上到马元市佛庙前向乡民演说，宣传抗日主张和革命道理。

麻涌的抗日宣传工作有声有色，可谓众志成城，声势浩大。抗日救亡工作团的成员们高唱《松花江上》《全国总动员》《义勇军进行曲》等歌曲，编说相声，演街头剧《放下你的鞭子》《流亡者》等。大街小巷，百姓同仇敌忾，童叟妇孺，心弦皆动。他们还深入周边乡村和东洲、西洲、新塘等地，广泛动员民众。最活跃之时，曾有莫锦棠等人在乡公所门前搭起一座舞台，每周定期于晚上召开民众大会，安排人员登台演说，表演抗日歌舞、白话剧……掀起麻涌和周边地区的抗日救亡运动的高潮。

工作团很快发展到一百多人。

当时，这些青年中的一部分虽有了一些民族觉悟，感到非抗日不能救国，因此有参加抗日救亡工作的想法，但由于吃饭等生活问题无法解决，希望既能参加救亡工作，又能解决"饭碗"。他们在参加工作团活动的同时，仍然积极寻机会找工作，另谋出路。

1937年六七月间，萧任统从报纸上看到以东莞县民众抗敌后援会名义举办的"东莞县民众抗敌后援会战时民众动员干部训练班"的招生广告，招生对象是30岁以下18岁以上的男女青年，在职的小学教师，文化程度初中毕业或同等程度的，录取后所有膳学费由班部供给，每月还发津贴一元，毕业后成绩优异者介绍工作。看到这广告他很高兴，和萧泗材、萧国栋、萧大钧、袁善樵等五人同时酝酿去投考。但他们不是小学教员，多数是高小毕业生，不够条件，于是便都托关系伪造初中毕业文凭或小学教员聘书。萧任统当时得到哥哥的帮助。投考后，五人都被录取。

这个训练班的主任，由东莞县的国民党驻军某师政训处主任兼任。但他从没露过面，实际负责的是国民党县党部的组织部长丁力仁，他每周都主持周会，审查学员笔记、日记等，十分注意考察学员的政治思想情况。训练班的科目设置是三分军事七分政治。以军事形式编队，有陆军步兵操练、军容风纪……政治课除了请县长讲话外，还请县里刘秘书介绍刘建群的《如何抗日救国》小册子，宣扬"攘外必先安内"的反动主张。另有"国际动向"宣传希特勒的军国主义，并实行"新生活运动"，提到蒋中正就要队员立正。

麻涌同去的五位同乡中，较活泛的是年龄较大、社会经历较多的萧大钧。萧任统在受训期间，感到没有当初预想的好，不习惯。3个月后毕业，每人都要参加"同学会"，交2寸半身照片两张，一张贴在毕业证书上，一张贴在同学会会员卡片上。毕业时，负责人只交代学员们回乡后要协助"政府"组织民众自卫团的工作，并没有介绍什么"工作"。萧任统因去受训的目的未能达到而十分失望。

1937年冬，萧任统回到乡里，继续参加乡救亡工作团工作。他们组成一支约30人的"麻涌抗日青年义勇队"，邀请驻军黄冠杰当教练员，每天早上军事训练，晚上开办抗日民众夜校，广收工农子弟上识字班。

工作团以抗日民族统一战线为宗旨，通过宣传、动员、组织民众，扩大抗日救亡力量并组织成立东莞县麻涌乡民众抗敌后援会，公选莫子才为会长、莫甘澍为副会长。抗日救亡工作团动员青年妇女，组成抗敌后援妇女会。由莫藻鸿担任会长，礼聘西医师邓庆丰夫妇讲课，开办妇女救护班，同时，由莫翘英、莫完玉等人负责到村里萧、袁、莫各坊去动员妇女，开办妇女夜校，带头参加者有莫帼英、莫荫荷、莫荫章、萧逸群等人。从此，麻涌妇女逐渐摆脱封建礼教"男女授受不亲"的束缚，走上抗日革命之路。

不久，乡中少年儿童也团结在大哥大姐们周围，组成麻涌抗日儿童团,分别由莫完玉、莫培健当正、副团长。后来由宁彦斌代团长。随后,大步等乡村小学也成立抗日儿童团或童子军之类的儿童组织。

有了这些活动,团结面已经很广泛了,联系到各阶层——有青年农民,有被地主压迫的丫头和商人,甚至联系到拜神信佛的迷信落后阶层。

1938年秋,日军南侵,在广东大鹏湾登陆,麻涌抗日救亡工作团以抗日青年义勇队为主,动员民众,组织一支"麻涌抗日联防自卫队",提出"卫国保家,人人有责""有枪出枪,有力出力"等口号。此举获得当时麻涌乡长莫景禹的支持,他派人同各姓氏族和各村各坊的民团以及马元市商团的自卫队等联络,很快便组织了拥有100多人的抗日民众武装队伍,并公推有名望的莫子才为麻涌抗日联防队队长,商团代表钟均祥为副队长。

这期间,区里召开了一次抗敌后援会区分会会议,主持人之一是钟达之,召集了乡工作团团长、副团长和萧任统、萧泗材、萧国栋、萧大钧、袁善樵等五名受过训的人参加。会议总结工作、改选领导。被选为区分会候补执委的有几人,萧任统也是候补执委之一。

萧泗材是麻涌东仁坊人,1914出生,早年毕业于麻涌养正高等小学。他家境清贫,较早自立,多出外打工,刻苦自学,受到工人阶级思想的熏陶。青年丧偶之后,萧泗材遗下一儿寄养在长兄家,自己则加入麻涌抗日救亡工作团,参加了革命工作。莫富图、陈奋顷、莫荫荷等活跃分子,也都是抗日救亡工作团的生力军。

这时期,救亡工作团的活动自然更为活跃——扩充了图书室,除原有邹韬奋主编的《抗战》杂志、郭沫若办的《救亡日报》等进步书报外,又增添了《新华日报》和《抗日大学》《解放周刊》及其他社会科学书籍。还经常组织读书会,进行社会发展史、列昂捷夫的政治经济学、艾思奇的大众哲学、革命人生观、恋爱观等问题的研究讨论。大家还学习了洛甫(张闻天)同志的《青年修养》和《接人待物》,凯丰同志编的《抗日民族统一战线》以及季米特洛夫的《国际反法西斯统一战线》、斯诺著的《西行漫记》等书刊。由于这时注意组织活动分子的自学,骨干分子在思想上、政治上有了显著提高。

麻涌抗日救亡工作团的活动,使莫伯治、萧任统、莫富图、陈奋顷、莫荫荷、莫完玉等年轻人眼前展开了一个崭新的世界,感到这世界那样富有魅力。他们积极参加了团里的各种活动，由单纯的爱国热情，发展到初步接受共产主义思想。

每天，他们来到珠江或是东江的岸边，看到流淌的江水，幽深得发出一种钢蓝色，和海一样深邃的颜色，和那些白色的浪花做着有意的对比，便会觉得江中有一股股漩流冲撞着，一下子舒展了腰身，灵魂出窍似的，激起冲天的浪花，扬眉吐气一般，剑拔弩张，轰鸣着，发出震撼人心的回声，能传到很远很远的地方。他们完全被震撼了，感到这才是世间真正的生命。

莫逢湾等人所宣传的新文化、新思想，大大促进了麻涌爱国青年的凝聚，他们常一起如饥似渴地阅读进步书籍。每逢圩日他们便到街头宣传，几十人围成一圈，教唱抗日歌曲，散发自己编印的刊物。唱歌时大家特别用劲，似可震瓦掀房，惊天动地，热血青年那种豪情通过歌声汹涌澎湃地释放出来。一次莫伯治用广东话朗诵高尔基的《海燕》，声音抑扬顿挫，有刚有柔，别具风韵。

共产党引导青年接受新思想，国民党则拉开阵势加强对进步青年的监视迫害，"三青团"和"蓝衣社"等组织按时向当局打小报告，千方百计搜捕进步学生，企图将学校建成他们的阵地。

一天课后同学们纷纷散去，莫逢湾进到教室，不言不语地把一本书塞到陈奋顷手里。

他会意地没有言语，回到家里才把书拿出来，原来是《蕙的风》。

"没意思了，"陈奋顷自言自语，"我还当是什么书呢！《蕙的风》听说是写爱情的，内容不能说坏，但现在读它是不是意义不大？"

只是他想，莫逢湾眼下不会引导自己读爱情诗吧？

正在他要把这本书放到一边的时候，忽然书页翻动了一下，跳过前几十页，到了书的中间，编排形式完全变了，书眉上虽然还印着《蕙的风》三个小字，版心却换了内容，捧起细看，是《共产党宣言》。

陈奋顷关紧门，头一行字"一个幽灵，共产主义的幽灵，在欧洲徘徊"便吸引住他。他一口气读完，第二天又读了一遍，把全书内容熟记于心。他越读越兴奋，心想中国有希望了。

怀揣着"真理"，陈奋顷心里热乎乎的，再见到莫逢湾时，问："还有吗？"

莫逢湾心照不宣地又悄悄塞给他一沓报纸，头题文章是《中国共产党八一宣言》。

陈奋顷贪婪地阅读，许多问题茅塞顿开。

他一边读一边沉思，忽然感到有人暗中捅了自己一下。那人还小声提示："小心，来了。"

陈奋顷下意识地抬了一下头，发现一个陌生人进到阅览室，立即收起手中的书报，眯上眼睛，装出打瞌睡的样子。

萧任统、莫富图、陈奋顷、莫荫荷、莫完玉等身不由己地被一种看不见的力量牵着走。读过这些书，他们追求革命的意志更坚定，热情也更高了。

莫逢湾就势介绍：东莞的抗日救亡运动是在困难中不断开展的。1923年共青团广东区委书记阮啸仙派一个叫莫萃华的拓荒者回家乡东莞，建立起"中国社会主义青年团广东区直辖东莞支部"，使家乡进步青年的革命热情迅速被点燃。1924年莫萃华成为中共党员，并担任了东莞第一个党支部的书记。他在母校东莞中学的学生中宣传马克思主义，并以《新学生刊》的名义开展革命活动，与此同时还开展农民运动。老家洪屋涡村的佃农受压迫深，他就发动成立了洪屋涡农民协会，街头巷尾都贴满"打倒土豪劣绅""实行耕者有其田"等标语。专程从广州赶来的"中国农民运动大王"彭湃向参会农民发表演说，并由省农协授予犁头旗，与会农民在一张大红纸上签名，农协会员都佩戴犁头铜质徽章。邻近各村纷纷响应，一个月后东莞县第一区农民协会成立，蔡如平任委员长，会员有数百人，一度成为东莞县农民运动的中心。到了1925年春天，一个统领全县的县农民协会应运而生，会员多达5000人。1926年5月，省农民协会第二次全省代表大会召开，蔡如平当选省农协常务委员，省农协派共产党员陈克武接任东莞县农民协会执行委员长，下辖128个乡农民协会，会员12705人。东莞农民协会从成立那天起，就与土豪劣绅、民团土匪展开激烈斗争，在维护农民利益，平息农村封建械斗，支援省港罢工和国民革命军一、二次东征以及平定反革命叛乱等方面迸发出巨大的能量。1926年，在时任东莞中学校长的中共党员袁昌善支持下，该校引进一批外地青年教师，为学校注入新的活力。学校采取黄埔军校的军事管理方法，并组织学生参加各种社会活动，如纪念集会、游行示威，让他们在革命运动中接受锻炼。1928年

5月3日，日本侵华军队在济南挑起"五三惨案"，东莞中学果断联系东莞青年学生和工商界人士成立后援会。同年12月7日，东莞发生广昌隆事件，中共东莞县委主要领导相继被捕牺牲，党组织遭到严重破坏，拥有数百人的党员队伍陷入瓦解。1931年9月下旬，"九一八事变"的消息传到莞城，东莞中学的爱国学生和莞城各小学教师、东莞妇女大同盟等单位千余人义愤填膺，纷纷披戴黑纱在中山公园集会，会后冒滂沱大雨游行示威，呼吁抗日。学生们声泪俱下的演说打动了在场的人们，沿街民众纷纷加入游行队伍。9月底，东莞中学的学生又组织三个宣传队，分赴水乡、常平等地，告知民众东北国土陷于敌手的惨况。1932年2月，十九路军在上海奋勇抗日的消息传到东莞，各界震动，市民踊跃捐款，支持抗日。1935年8月，一个由共产党领导的秘密先进青年组织——中国青年同盟东莞分盟在秀园成立。12月9日北平发生了爱国学生运动，东莞分盟迅速予以响应。12月16日莞中学生400多人上街示威游行，声援北平爱国学生运动。游行结束后，东莞学生救国会成立。随着抗日救亡运动气势不断高涨，1935年夏，隐蔽在香港、广州等地的共产党员逐渐活跃起来，并开展各种活动，为中共组织在广东的恢复和重建做了必要的准备。1936年6月底，中国青年同盟改名为中国青年抗日同盟，积极宣传抗日，到1936年秋成员已遍及东莞各地。10年内战期间，广东的共产党组织屡遭国民党反动派破坏和镇压，一度中断活动，东江、琼崖革命根据地和红军几乎损失殆尽。麻涌几名共产党员的身影就是此时在人们视野里消失的。有人听说他们被人砸死在香蕉林里，杀手是几个伪装成商人的武林高手，下手极为凶狠。东江一带只有东江特委常委古大存化名"张炳"带领一部分人秘密进行革命活动。他们给碗窑窑主打过工，挣工钱坚持革命。常常是住旧屋破窑，吃野菜番薯……开辟了多个游击队据点。直到1936年10月，负责在广东发展党组织的王均予和东莞厚街籍的中共党员王启光来到东莞，中断7年之久的中共东莞组织才得以重新建立和恢复活动。东莞特别支部的成立，使得东莞地区的党员队伍迅速发展壮大。至1937年7月，中共东莞组织已有30余人，东莞地区的抗日救亡运动得到了有力的推动。在党组织的领导下，抗日救亡运动团体如雨后春笋般在东莞各地成立，并采取各种形式开展抗日救亡活动。1936年12月12日"西安事变"后，东莞中学学生陈富根等人连夜张贴抨击蒋介石"攘外必先安内"政策的传单，为张学良、杨虎城的爱国义举欢呼，甚至呼吁公审蒋介石。第二天校方军训教官看到传单，立刻对陈富根进行审问，陈拒不承认，审问毫无结果。追查期间，东莞中学学生会主席王鲁明秘密组织众生研究社的事情泄露，国民党东莞当局立刻逮捕了他。面对审问，王鲁明质问："抗日救亡难道有罪？"最终，他和十几名"不听话"的学生被校方开除学籍……

萧任统、莫富图、陈奋顷、莫荫荷、莫完玉等听了群情激奋。他们在莫逢湾等引领下，开始了没日没夜地战斗，成天忙得车轮转似的。

他们把仅有的一点零钱装到身上，早晨胡乱穿件衣服，坚持军事操练，自筹经费定期出版图文并茂的壁报和油印小报、传单。他们手中的工具很简单，一块钢板，一粗一细两支刻笔，一块展皮，一罐印油……

他们马不停蹄地跑这个村、那个乡……骨子里都有着一种理想主义和浪漫主义的冲动，对革命这条荆棘路的难处和险处所知甚少。他们几乎个个都有耗不尽的热情和使不完的干劲，都有一种日益高涨的狂飙激烈的进取精神。

这天天刚蒙蒙亮，他们就出发了。一些人提着大桶，一些人抱着一卷卷传单，来到各村街上。四周黑乎乎静悄悄，风微微吹着。他们把手中的传单一张张贴到墙上、树上。干这些的时候，他们心里得意极了，觉得自己就是共产党。

萧任统、莫富图、陈奋顷、莫荫荷、莫完玉等感到每天哪怕只宣传到一个村子，身体都会特别通畅，心里都会特别充实。于是，他们每天必须为自己安排一些宣传对象，日夜忙碌，乐此不疲。如果哪一天没有进行抗日宣传，就会感到有一股气在体内肆意蹿动，使自己痛苦不堪。

他们的交通工具有时是借来的单车，更多的时候是靠两条腿、两只脚。好在珠江三角洲基本上是平原，沟坡不多，比较适于自行车出行。

他们像春天里一只只不知疲倦的布谷鸟，脚下生风地活跃在东江两岸，每天都累得浑身散了架似的，总会感觉到周身皮肤透着隐隐的灼痛，那显然是岭南火热的日光留的纪念。

和村里的乡亲们攀谈时，他们不是宣传革命道理，就是驳斥某些荒谬观点，或是演出街头活报剧。人们听他们讲故事，看他们演出，听得懂、看得懂就会心地笑，听不懂、看不懂的也能被他们的神态迷住。

谈到国家形势，他们总是怀着一种悲情直抒胸臆。这种忧伤和悲情开始是受别人影响，但到后面，他们自己已完全沉浸其中，泪水滂沱，并引得所有听众都忍不住热泪盈眶。

一位老婆婆听了他们的演讲，动情地说："一个国家要得到老百姓热爱，就不要做伤害老百姓的事，正如一个家庭要使家里人和睦，就不要伤害他们的心。"

他们明显感受到一些长辈及乡亲们投来的赞许的目光。明眼人都会发现，许多原先对日本侵略军的猖狂敢怒而不敢言的老百姓们，腰板儿似乎挺得直了，舌尖儿仿佛也有点儿活了，满脸的晦气也好似渐渐减少……

当他们听到群众热烈的掌声时，心中油然生起一种自豪的情感。

萧任统、莫富图、陈奋顷、莫荫荷、莫完玉等想起史书上的一段记载：南宋小朝廷行将覆亡时，文天祥率领一万义军勤王。他乘着战船经惶恐滩去福建、广东抗击元兵。不幸兵败被俘。元将一再威逼文天祥写信招降坚持抗元的部下，遭到严辞拒绝。为表明心迹，文天祥留下了大气磅礴、在中国历史上堪称经典的《过零丁洋》：

　　　　辛苦遭逢起一经，干戈寥落四周星。
　　　　山河破碎风飘絮，身世浮沉雨打萍。

　　　　惶恐滩头说惶恐，零丁洋里叹零丁。
　　　　人生自古谁无死，留取丹心照汗青！

这千古绝唱，永远激励着亿万炎黄子孙和所有心存正义的人们。

蒋光鼐家就坐落在虎门南栅新基村，是造型典雅的西洋别墅式园林建筑。庭院内遍植荔枝、龙眼、玉兰，枝叶蔽日，争来一片难得的荫凉。萧任统、莫富图、陈奋顷、莫荫荷、莫完玉等在门外停下，见门框上有一木拉手，一拉可牵动拴在里面的铁丝，丝上所系铜铃便会响起来。园门横匾上刻有"荔荫园"三个字，左右是一副对联：

　　　　造庐谁道龙犹卧
　　　　题户应嗤鸟是凡

字体刚劲飘逸，大有金戈铁马秋风起的气势。这时有风徐徐吹来，他们侧耳倾听，感觉风声中依稀可辨马蹄踏踏，旌旗猎猎，兵器交错，杀声震天……处处显示着一种将军气概。

他们早就听说过，蒋光鼐是保定军校一期毕业生，1906年就参加了同盟会，1911年参加武昌起义，1913参加讨伐袁世凯的革命，1921年任非常大总统府警卫团的团副，1923年开始带军作战，在著名的粤军一师及北伐中被誉为"铁军"的四军担任过营长、团长、师长，在统一广东的东征、南讨及北伐攻克汀泗桥、贺胜桥与武昌城的战斗中屡立战功。1932年1月，他率十九路军英勇抵抗日军的大举进攻，震惊中外。1933年11月，他又与李济深等人在福州成立反蒋介石的中华共和国人民革命政府，与工农红军签订抗日协定……

他们看到荔荫园门前刻着"蒋宅"的铜牌早已锈迹斑斑，失去了往日的荣耀与尊贵；园内夹道而生的大叶葵苍翠欲滴，墨绿葱茏，遮掩了大院的破败，万绿丛中几株海棠艳红似火，一棵上了百岁的荔枝树英姿焕发，煞是醒目。

起初，也有些群众比较冷淡，认为他们不过是闲着没事、赶赶"时髦"。然而，当这些人亲眼目睹他们背行李，打铺盖，睡草地，每到一地就起早贪黑地帮乡亲挑水、打柴，态度很快转变。他们也顺势向群众讲述了当前的民族危机，说明为何要立即行动。

1938年春节前夕，为了支援"八一三"上海抗战的十九路军，麻涌抗日救亡工作团还以"抗日民族统一战线"为宗旨，在麻涌全境发动了一场声势浩大的"募捐支前运动"。他们提出"支援前线，人人有责，有钱出钱，有力出力"的口号，深入各村、各坊、各街巷动员。麻涌家家户户、男女老少均倾力捐献，仅为前线将士捐献的炒米饼就有数十万块。

还有很多乡亲慷慨解囊，捐献出身上仅有的一点钱。有的毫不犹豫地捐献了自己最珍贵的戒指、项链、手镯等首饰。

群众捐献出来的炒米饼、金银首饰及法币一并运往广州，交抗战政府设在长堤的支前办事处。

中国幅员辽阔，物产丰富，不少地方都有自己的"拿手货"。在水乡麻涌,当年曾有三种"饼":一种是蕉头米糠饼,是由蕉头粉和米糠混合煎成的饼。在某些特定情况下有些不是食物的植物及其副产品也被拿来当成主要食物充饥。新中国成立前社会混乱,民不聊生,贫穷的人家在最穷的时候甚至还被迫吃蕉头和米糠充饥,这在日寇占领作恶的时候尤其多见。当时,本地已经有部分人开始较大规模地种植香蕉,收完香蕉后剩下的蕉头没有什么用处,一般都是扔掉,蕉地里到处可见。由于粮食多被日本人抢走,有些实在没有办法的人家只好把这些原本不是食物的东西捡起来拿回家,洗干净晒干后磨成粉,与捡来的米糠混合煎成饼充当食物。这种饼虽然可以充饥,却没有什么营养,刚吃了一会就又饿了。第二种是香蕉薄饼,它是由糯米粉、黄熟的香蕉果肉配制而成,其作法是:取三勺糯米粉加水均匀搅拌;取两条黄熟的香蕉,剥掉果皮留果肉;把糯米粉浆和香蕉果肉放在一起,捣烂果肉混合物倒入锅内煎;熟后做成半径七八厘米的薄饼。薄饼软、韧、粘,味道香甜。但这种饼有个缺点——不适合存放,常温下仅可以保存两三天。第三种饼就是炒米饼,既好吃又适合存放。其主要原料是大米、糖,制作方法为将米炒熟后磨成粉,加糖、水搅拌成较浓稠的面糊倒入制饼的木模中,用木槌使之变实。木模里的一面铸有图案,搋实后面饼的一面就印上了相应的图案。然后将砖头平放在炉子上面,再在砖头上面撒一层米壳,米壳上放一个用竹子编织成的筛子。将印有图案的面饼倒出来放到饼筛里慢慢烘干、焙熟,为使米饼保持香脆爽口久留而不变质,最后把湿炒米饼放置炭箩里排好用炭火焙干至饼底焦黄即可。"炒米饼"是麻涌传统美食,是大年初二向各亲属拜年问候常用的礼品。将它捐献给前线抗日将士,足以说明麻涌民众抗日之心的至诚。

麻涌历史上就有打制、经营、穿戴金银首饰的风俗习惯,无论是富户还是穷家,要么购买,要么祖传,都会珍藏几件金银首饰,甚至还曾出现过有关金银首饰的、具有传奇色彩的"小澳门"时期。将自己购买珍藏甚至是祖传的金银首饰都捐献出来,足以体现麻涌民众"一切为了抗战"和"支援前线,人人有责,有钱出钱,有力出力"的决心之大。

时任八路军驻国统区代表、中共中央南方局常委的叶剑英听说麻涌民众送来数十万个炒米饼和金银首饰的感人事迹,又听有关人员汇报麻涌先后组织了"御侮救亡读书会""抗日救亡青年团""麻涌乡抗日救亡工作团""抗日青年义勇队""抗敌后援妇女会""抗日儿童团"等团体,童叟妇孺同仇敌忾,抗日浪潮汹涌澎湃的情况,忍不住称赞:"麻涌人民抗日热情高、贡献大!"

在广州长堤码头来往的市民,看见这支由乡下而来的捐献队伍,亦为之震动不已。

参加八路军办事处组织的活动

经过一段时间的准备，经莫逢湾指引，萧任统、莫富图、陈奋顷、莫荫荷、莫完玉等找到八路军驻广州办事处，开始在中国共产党领导下参加抗日救亡活动。

办事处领导告诉他们：1937年7月北平、天津相继陷落，日军全线进攻咄咄逼人。毛泽东、周恩来、朱德、叶剑英等经多次与国民党高官联系，敦促蒋介石下抗战决心。"八一三"淞沪抗战爆发，国共谈判出现转机。9月22日国民党中央通讯社发表了《中共中央为公布国共合作宣言》。次日蒋介石发表谈话，国共合作正式形成。据协议，国民党允许共产党在国统区设办事处。此举方便了共产党积蓄革命力量，筹集军需物资，并向抗日前线输送人才。11月张云逸、廖承志先后被中共中央派到广州，1938年1月八路军广州办事处成立，接受武汉办事处和中共广东省委双重领导。

在办事处所在的广州德政北路7号2楼，陈奋顷多次见到张云逸、廖承志。

张云逸身材矮小，温和敦厚，做事周密，气识不凡，留着长长的美髯，喜穿一袭长袍。萧任统、莫富图、陈奋顷、莫荫荷、莫完玉等渐渐得知，他是海南文昌人，16岁即入黄埔陆军小学，秘密参加了同盟会。辛亥革命中的广州之役，他报名参加"先锋队"即"敢死队"，任炸弹队长，被困民宅时侥幸逃出，自言"险为黄花岗第73烈士"。大革命时期，他参加过学生反帝、反封建、反军阀的斗争。蒋介石发动反革命政变时，张云逸被通缉逃亡海外，1929年回国，在广西领导"百色起义"。

廖承志更是颇具传奇色彩。他籍贯广东惠阳，生于日本东京，父亲廖仲恺和母亲何香凝追随孙中山，使他自幼便和革命结下不解之缘。他生性诙谐，特别爱开玩笑，是陈奋顷遇到过的领导人中最没架子、最有人情味的。

1938年2月，日军连日炮击，进犯虎门要塞，被当地守军击退。3月初，国民党广东民众抗日自卫团东莞统率委员会成立，蒋光鼐等任委员。部分中共党员加入该组织，组建了两个政治工作队宣传抗日。

同年3月，张云逸调任新四军参谋长。4月，廖承志把办事处旧宅出让，迁往百子路8号和10号。此处原为廖仲恺和何香凝早年住过的"双清楼"，名取杜甫诗"心迹似双清"，是一座两层砖木结构的西式洋房，坐北向南，与邝磐石医院斜对，远比德政北路7号2楼宽敞。

莫逢湾告诉萧任统、莫富图、陈奋顷、莫荫荷、莫完玉等：办事处的主要任务包括与国民党有关机关和各界人士联系，办理八路军、新四军的军需，商谈抗日统一战线有关事宜，组织进步青年到延安和各解放区，掩护中共广东省委和地下党的活动……

办事处要求进步青年开展的活动主要是街头宣传、散发传单、张贴大字报。萧任统、莫富图、陈奋顷、莫荫荷、莫完玉等轮流收听延安新华广播电台的新闻报道，刻印传单散发。他们和"三青团"斗争，并发生过互撕大字报等冲突。他们还开办夜校，教工人认字写字。他们走在广州的街头，感受着那些陌生而又觉熟悉的面孔。那些充满自信充满活力的面孔，总让他们联想到全中国的抗日军民。就是这一群群的中国人，挺立着这个国家。廖承志见到这些年轻人，总要抽出时间与他们聊天，问读了些什么书，有些什么活动，对抗战有什么想法，家长们有什么情况……也常引导他们多读些马克思主义，多关心社会，不要光读"书本"的书，还要读好"社会"这本大书。

7月7日，广东各界举行纪念抗战一周年火炬游行，呼啦啦足有几十万人。办事处领导告诉萧任统、莫富图、陈奋顷、莫荫荷、莫完玉等：在十年国内革命战争漫长的时间里，广州曾举行过大规模的群众示威游行。特别是全国抗日救亡运动不断高涨的1935年底，在"一二九"运动推动下，广州成立了许多进步青年的组织，发动了多次抗日反蒋示威活动。1936年1月13日，广州第二女中的学生自发举行游行，中山大学等大、中学校的学生纷纷加入。因准备不周，在荔湾桥遭到军阀陈济棠预先布置好的军警、流氓袭击，当场死伤学生100多人，是为有名的"荔湾桥惨案"。惨案发生后，党鼓励学生们走向工厂、农村，走与广大工农相结合的道路，就再没举行过大规模的示威活动。这次火炬游行，是经广东国共两党协商决定的。因此，应当呼吁更多革命青年都来参加。

那天，满街的横幅、小旗、人潮。他们浩浩荡荡地经过广州的惠爱路、永汉路、泰康路、太平南路等主要马路，发现走着走着，围观的市民越来越多。数以万计的群众彻夜高举火炬，沿途挥着拳头高呼抗日救亡口号，高唱抗日救亡歌曲，所到之处，街边和楼房上人群围观如堵，情绪激昂，同仇敌忾，热血沸腾。他们一走进游行队伍，就挥着双臂把口号喊得比一般人还响，像一颗颗喷射的石子在宽阔的马路上激起响亮回声。八路军驻广州办事处的同志率《新华日报》广州分馆、《救亡日报》及"一般书店"等文化团体成员组成的游行队伍走在最前面，其中还有郭沫若、夏衍等名人。

突然，萧任统、莫富图、陈奋顷、莫荫荷、莫完玉等看到有人从队伍中跑出去，立在马路中央，扬起胳膊将怀里的一叠传单向空中抛去。传单像片片雪花从高空飘落，市民们争着去抢、去读。

他们感觉自己今天才实现了人生价值，甚至连个子都长高了，一身的力气。前面那人"突嚓突嚓"的脚步声，他们听着仿佛是前进的号音，一声声地呼唤着自己奔向光明。后面紧跟的脚步声更是令人激动，一声声仿佛战斗的乐曲，敲击着厚重的大地。

直到队伍解散，他们还舍不得离开，想一直跟着浩浩荡荡的队伍走下去，走进一片新天地。

这次游行，大大鼓舞了群众抗日救国的热情。尽管国民党统治者惶恐不安，既派人公开监督游行队伍，暗地里又戒备森严，但共产党终归达到了目的。

8月13日，广东国民党当局在共产党的推动下，提出"保卫大广东"的口号。当天，省港地区举行了规模盛大的抗战一周年纪念活动暨献金运动。

运动的中心广州反响极为热烈。根据中共广东省委"国民党要钱，我们则要通过献金开展宣传，动员各阶层群众起来抗日"的指示，第4战区政治部第3组组成的献金运动筹委会宣传部下设指导、编纂、演讲、歌咏、戏剧、美术6个股，对各界献金运动宣传指导。

15日，萧任统、莫富图、陈奋顷、莫荫荷、莫完玉等从东莞来到广州办事处和《新华日报》广州分馆献金台。这里人山人海，已吸引了数千群众。

台是临时搭的，高不过1米半，面积不过十几平方米。群众听了廖承志的动员，情不自禁地高喊"共产党万岁！"在共产党员带动下，当场捐出现金四五千元和许多实物。

晚上，在广东文学会主办的献金文艺晚会上，马思聪等进步音乐人参加了演出。夏衍创作的涉及献金运动的独幕剧《赎罪》引起轰动。舆论界普遍认为，是无产阶级领导富人献金。

同样在这天，《大公报》由上海迁香港复刊，发表了巴金、丰子恺、萧红、艾芜、徐迟、李健吾、朱自清、朱光潜、史沫特莱、杨朔、吴伯箫、严文井等鼓吹抗战的作品。

由于国共两党团结合作，整个献金运动取得100多万元的成绩。

9月初的一个晚上，《新华日报》广州分馆和八路军办事处联合举行了一次读者招待会。会址在电影院对面的哥伦布餐馆。萧任统、莫富图、陈奋顷、莫荫荷、莫完玉等作为读者代表参加。整个餐馆座无虚席，连窗沿上都坐满人。

招待会的目的有两个：一是呼吁国民党当局立即释放无辜被拘押的爱国青年；二是撤消对《新华日报》广州分馆停业三天的无理处分。

两件事其实是紧密联系的。原因是中华民族解放先锋队等全国著名的青年团体代表多人来广州进行抗日救亡活动，中华民族解放先锋队还曾有意在广州组织分社。这些青年代表借住在广州河南区（现海珠区），由于躲避敌机夜袭，被诬蔑为暴露目标，遭当场拘押。《新华日报》广州分馆的记者对此报道后，国民党顽固派恼火万分，宣布对《新华日报》广州分馆停业三天，并扣留了他们从武汉《新华日报》总社航运来的卷筒机纸模。广州的读者对此十分关心，纷纷来信来访。

招待会由廖承志主持。当他向各界的二三百听众说明原委后，忽然有一位学生模样的年轻人高叫："这个会是汉奸的会，楼下已集中便衣多人，要来抓你们了！"

此人坐在窗台上，位置比一般听众都高，立即吸引了大家的目光。有些人跟着呼应,以驳斥的口吻高喊:"岂有此理,反对,反对!"

其他一些拥挤进会场的人也开始骚动。原来这些人都是国民党派来的便衣特务。

然而,顽固分子毕竟只占少数。

"先生们,请大家安静!今晚这个会是共产党召开的,参加者都是爱国人士,绝对不是什么'汉奸'!"面对已经骚动起来的场面,廖承志当机立断地说,"我刚才来开会时,楼下已有人告知我,说是有人要来镇压这个招待会。但是,我不相信会发生这样的事情,因为现在是国共合作,全国总动员,实行抗日救亡,在此民族生死存亡之秋,不能不坚持团结,同仇敌忾,国民党当局是绝不容许这样做的。……虽然如此,我们也应该感谢刚才发言的那位青年学生的好意告诫,不过我们仍然请他放心好了。"

萧任统、莫富图、陈奋顷、莫荫荷、莫完玉等望着廖承志那沉稳的面容,不禁由衷钦佩。他们想,像这样突如其来的顽固分子有计划的阴谋活动,是很不容易对付的,但廖承志凭着从容不迫、捷才睿智的政治家风度,却干脆利落地将其一举击破。他们因此和全场广大与会者一起,热烈地鼓起掌来。

最后,廖承志建议由原香港《大众日报》主笔任毕明即席草拟快邮电报,呼吁国民党当局立即释放无辜被拘押的"民先队"代表,同时撤消对《新华日报》广州分馆停业三天的无理处分。任毕明当场迅速拟稿,当众宣读,全场鼓掌通过。

会后,办事处通过与国民党多次谈判,成功释放出关押在牢狱的300多名红军和群众。

10月,为纪念鲁迅逝世两周年,广州又进行了一系列纪念活动。大家认为,当此广州沦陷、汉口危急、中华民族与侵略者作殊死战以求解放独立之严重关头,追念鲁迅之生平事业,继承其未竟遗志,意义之重大非可言喻。

亲眼见到广州大轰炸

不久,一架架印着日本膏药旗的轰炸机,就呼啸着掠过珠江上空,大规模地在广州投下雨点般的炸弹。

萧任统、莫富图、陈奋顷、莫荫荷、莫完玉等和正在市场采购的家庭主妇、正在教室里读书的学生、正在工厂里做工的工人们……一起听到城市上空响起刀子般尖利的空袭警报。

学校的课堂秩序瞬间大乱,学生们争先恐后地涌到乱哄哄的操场上。家庭主妇们、工人们和其他各界的市民们,有许多则一时判断不准发生了什么,惊恐而茫然地仰望着天空。

日本强盗逼近了这座没多少防备的城市。

敌机在空中盘旋过后,便有一波波弹雨从天而降,如飞蝗,如黑鸦,成群成片,在空中划出耀眼的弧线。随之而来的是爆炸、火光、惊悸的呼喊和痛苦的呻吟。

国民党空军没有在岭南的制空权,使日军轰炸机往来一马平川,肆无忌惮。广州城顿时承受到成千上万吨钢铁的倾泄。

萧任统、莫富图、陈奋顷、莫荫荷、莫完玉等想去照应一下慌乱的人群。但他们话没说上两句,头顶上又响起阵阵飞机的怪叫,一枚枚炸弹顷刻落下。紧接着看到的是世界末日般的景象:大地摇撼,火光四起,城市仿佛在轰炸中颤抖,浓烟起处,很多楼房轰然倒塌,有的被炸得荡然无存。

他们回过头来,还没来得及看眼前惊人的一幕,一个女性满脸是血地蓦然扑到他们身上……而这女性背上也被飞来的弹片击中,血流如注,身后山墙轰然倒塌,强劲的气浪狂喷而来……

萧任统、莫富图、陈奋顷、莫荫荷、莫完玉等脑袋顿时大了,头皮麻木,立即转过身背起伤员找地方抢救。

他们在珠江边被风一吹，才发现每人的手和脸也都被火星烧得起了很多水泡，疼得钻心，怎么办？去医院？每人衣兜里可都没有足够的钱。

一刻也不能耽搁！他们背着浑身血污的伤员就直接闯进附近医院的院长办公室。院长是位中年妇女，看到他们的情况，慈祥地安抚："不要怕！"

她一边动情地赞扬萧任统、莫富图、陈奋顷、莫荫荷、莫完玉等的爱国行动，强调国家危亡之际，每个国民都应该团结一致，舍身卫国，一边通知门诊把伤员抬到手术室，立即抢救。

伤员获救了！但日军的弹片在她脸上、身上留下的疤痕却成为永恒的记忆。萧任统、莫富图、陈奋顷、莫荫荷、莫完玉等心里好难受啊，仿佛这些疤痕就刻在自己的脸上、身上。

直到完成魔鬼使命的敌机群飞走了，空中再现白云蓝天，但人间已是惨象遍地。那些在炮火里死去的人，多是战战兢兢地从已埋住身体的灰土中爬起来，以站立的姿势挤成一堆，颓圮的墙上被他们抓出了印痕，有的干脆只剩一堆焦黑的瓦砾……仿佛时间在一刹那凝固了，只留下这些惨烈的雕塑……

这无疑是人世间最痛苦的死亡！生命的毁灭发生在炸弹落地的瞬间，无数个完整的家庭在火光中破碎毁灭。火焰里血肉横飞，遇难者往往来不及留下流连人世的只字片言。他们少有完整尸身，到处可以看到死者的鲜血和肢体，连树枝和电线上也挂着血淋淋的脏肠……

萧任统、莫富图、陈奋顷、莫荫荷、莫完玉等亲眼目睹到这样的景象：一个妇女趴在丈夫的棺材上不肯下来，被天上掉下的炸弹炸死；一个在街上奔跑的行人，蓦然被飞来的弹片削飞脑袋，无头的身躯仍在路上疾奔，在人们的惊呼中，行者才倒地而亡……

与此不远的一行三人也均罹难。其中一人被炸成三段，下半身段尚在马路边，头部则飞至路边房顶上。所携小孩两名，一同遭难。

更凄惨的景象，是人们失去亲人的哀痛。

萧任统、莫富图、陈奋顷、莫荫荷、莫完玉等亲眼看到：马路上，一个男人脚步踉跄地朝自己家所在的巷子里跑。他看上去吓坏了，极度惊恐，鞋跑脱了一只，衣服挂烂了，脸上满是油汗，还混杂着几丝血迹。这男人跑进巷子，却张皇失措得连家都找不着了。他眼睛空洞无物，嘴半开半合，像是要喊什么又什么也喊不出来。他看到妻子的尸体。死的那一刻，妻子应该是有些预感的。她手里正拿个杯子喝水，不知怎的，杯子就掉下去，摔个粉碎……

他们发现许多人怵在街头，没有哭泣，也没有言语。时间仿佛停滞在炸弹坑边。一位不懂事的小娃追问着大人："我们的飞机为什么不来？"

大人无言以对。也有人望着飞机喊：王八蛋！

日本飞机那死亡的黑色羽翼随时都会再笼罩下来。中国人无辜丧命的悲剧随时都会再次发生。萧任统、莫富图、陈奋顷、莫荫荷、莫完玉等看到一座房屋摇摇欲坠，踹开房门冲了进去。一阵巨响，几面墙壁轰然倒塌，飞扬的灰尘中，他们背出一位白发苍苍的老人。

他们亲眼看到：在被炸毁的火车站站台上，一个未谙世事的孩子，坐在死去的母亲身边，惊惶无措地放声大哭，他的人生，就要从惨绝人寰的爆炸、从亲睹母亲在自己的注视下死去的噩梦中开始。那个孩子的身边，也是烟和火……

一个记者拍下了那个孩子坐在母亲尸体边痛哭的照片，第二天在报上发表，震惊了整个广州，也震惊了整个世界。

爱国记者们拍下的一张张照片，展示了战争的残酷，控诉了侵略者的罪行，也保存了那段惨痛的记忆。

那孩子后来的路，没人知道。也许，那段可怕的经历，是追逐他一生的梦魇。

一个声音从已半坍塌的民房中传出。一位同学悲伤地对萧任统、莫富图、陈奋顷、莫荫荷、莫完玉等说：在日本侵略军轰炸中，他家有六个亲人丧生。那天天气很热，全家人刚吃过午饭，正在玩耍，一屋子人有说有笑，特别热闹。突然，防空警报响了，外婆、父亲、二姐、大姐两岁半的女儿、舅爷、舅娘、舅娘的女儿，加上他共八个人，和另外三个帮工一起躲进附近树林，当时舅娘还有身孕。过了一会儿警报解除，他们从树林里出来。谁知敌机又突然回来，使许多人来不及再躲避。只听见天空中一阵"嗡嗡"的声音。一颗炸弹在院子里爆炸了，房子炸塌了，他们一家人都被埋在废墟里……那位同学趴在废墟中的两根木桩之间大哭大喊，只见四周树枝上挂着亲人们的衣服碎片，地上是他们的断脚断手断头……大姐女儿身上的衣服也不知道哪里去了，从前面看身上一点伤都没有，但背上有一个拳头大小的洞，肠子从里面流出来一大堆。舅娘被掏出来时脑壳没有了，脖子断得齐齐整整……那次轰炸后附近几个镇的棺材铺的棺材都卖缺了。四处不仅留下瓦砾和仇恨，更留下了新的残酷的事实。过后不久，他和妈妈到菜地摘菜，摘着摘着，突然闻到刺鼻的恶臭，呛得他几乎晕倒。他摸到一个黏糊糊的东西，拿起一看，妈呀，竟是一个人的断头，还有头发！脑髓已经被野狗吃掉，但眼睛还瞪着，死不瞑目啊……

火熄后，萧任统、莫富图、陈奋顷、莫荫荷、莫完玉等看到人们站在家门前，在倒塌的房屋前清理东西，有几个人呆呆坐着，望着那破碎的一切。他们显然意识到，自己已经没家了——家已成一片废墟，房前一个炸弹坑，可以装下一辆小汽车。瓦砾之间，只有半间屋架挺立。有一棵歪斜着的树上不知挂着什么东西，走近一看才知是一条人腿。大人觉得神经已经无法承受苦难的砝码，忙用手遮住孩子的眼睛，哄他往路的另一边走，仿佛是远几寸也好。

一位妇女对陈奋顷连说三个"太"：太血腥！太残忍！太痛苦！说着，眼圈微红。

那天，这女人和妹妹正要在珠江边乘船过江，快到码头时，空袭的炸弹掉下来。人们的耳朵几乎给震聋了，啥也听不到，只见眼前火光冲天，成片的房子垮塌，到处是乱跑的人。她们一直下到码头，才见轮渡中弹，几十个乘客被炸得血肉横飞，江水都染红了。她拉起妹妹拼命往相反的方向跑。那中间一段繁华的商业街，有几百个门面，这时都乱成一锅粥，尸体、火光、烟尘、哭喊，就像末日降临。

许多人赶到江边大声呼叫亲人的名字，回答他们的只有滔滔的水声。

事后许久，萧任统、莫富图、陈奋顷、莫荫荷、莫完玉等才得知，为了躲避日本飞机轰炸，许多市民在废墟下、地道中窒息而死。人们说起那些在黑暗中苦苦挣扎、最后气绝死去的人的惨状，眼里都不能不泪光闪烁。

经受了一整天炮火炙烤的广州，沉入黑夜。夜静得令人不安，继续在医院护理伤员的萧任统、莫富图、陈奋顷、莫荫荷、莫完玉等彻夜难寐，从灵魂深处感到一种疼痛，无法驱散火光中生发的遥远苦痛的联想。

后来，陈奋顷曾在《小重山·1938年日寇轰炸广州之夜》一词中写道：

蝉叫蛙鸣又失眠。满怀心底恨，忆当年。珠江堤畔吊桥边。轰炸里、风雨夜归船。

暴日寇幽燕。从军思报国，向烽烟。千锤百炼铁方坚。青山外、必有更青天。

次日，他们来到位于白云山南麓的黄花岗，只见苍松翠柏，草木葳蕤，高大挺拔的木棉树跃然挺立，树上没有多少叶子，只有鲜红的木棉花绽放在刚劲舒展的枝干上，纯粹、硕大、火红、醒目、鲜艳，像一簇簇燃烧的火焰。

黄花岗上有墓园。他们早就听人介绍过，它建于1912年，并于同年5月15日首次举行了72烈士墓祭典，是孙中山亲自主持的，并写了祭文，还亲手在墓园种植了4棵松树。1924年5月1日晚，孙中山又偕夫人宋庆龄出席岭南大学黄花岗纪念会并发表演说，号召人们学习烈士"为国家、为人民、为社会、为世界来服务"，手书"浩气长存"。

萧任统、莫富图、陈奋顷、莫荫荷、莫完玉等看到麻石建成的纪功坊立于碑亭之后，上半部以72块矩形石块叠成金字塔形坊顶，象征着72位烈士永垂不朽。纪功坊顶上，矗立着高举火炬的自由女神像，象征着孙中山先生领导的同盟会追求民主、平等和自由的精神。坊额镌有章太炎所题篆文"缔造民国七十二烈士纪功坊"。整个建筑色泽青灰，庄严凝重，给人以深刻的震撼。纪功坊的后面，有一块巨大的青石碑刻，背面刻着72烈士的姓名、籍贯、牺牲经过。南墓道为碑林，镌刻有"自由魂""精神不死"等碑文，字字重千钧。整个陵园布局庄严雄伟，既有中国传统建筑特色，又具埃及和西方古典建筑风格。

他们想到，黄花岗起义中牺牲的72烈士大多是年轻人，其中，写下著名的绝笔书《与妻书》的林觉民，牺牲时年仅24岁。听说1928年2月6日，中国共产党党员周文雍和陈铁军在黄花岗刑场举行了悲壮的婚礼，高唱《国际歌》，高声演讲，以枪声作婚礼的礼炮，从容就义。他们身后都是一棵棵高高挺立、开得正艳的如火的红棉……浸透着烈士鲜血的木棉花，是这些先知先觉者的化身……安息吧，长眠在红棉树下的英雄们！

第一批北上

时间如白驹过隙,萧任统、莫富图、陈奋顷、莫荫荷、莫完玉等又有半个月没回老家了。在这段日子里,仿佛每一步的足音都那么清晰。

深秋的一天,他们终于有了回家的机会。

傍晚,一个卖水果的小贩挑了一担图书赶路,半道上被萧任统、莫富图、陈奋顷看见。他们一眼就认出小贩挑的图书是县图书馆的馆藏,连忙问:"这些书是从哪里来的?"

"可不是我偷的,"小贩答,"是日本兵把它们扔在路边,我顺手捡了回来!"

萧任统、莫富图、陈奋顷气得说不出话来。他们晓得早在1929年6月,就有一个明伦堂沙田委员会决定在东莞县公园内建博物院图书楼。那可是东莞的一个文化胜地啊!

第二天,三个年轻人乘着幽暗的曙色前往莞城。这就是萧任统、莫富图、陈奋顷。他们雇那个小贩一起到公园附近捡拾被扔出来的图书。这些书,对他们来说都是人生的重要寄托。

临近公园,萧任统、莫富图、陈奋顷见图书楼的铁门居然大敞。而以前它总是紧闭的。他们也总习惯性地在外面停留一下,看一看这幢堪称东莞文化胜地的小楼,总想从拉紧的窗帘窥视到里面,想看一看那些莘莘学子坐在书桌前……这里的回忆太多,太甜蜜,因而此刻也太痛楚。他们凝望这座神圣的小楼。它依然耸立,默默望着萧任统、莫富图、陈奋顷,仿佛有灵性地在和他们打招呼。他们想,若是这里的每堵墙、每块砖、每棵树、每片草都会说话,它们又会说些什么?

当地居民告诉萧任统、莫富图、陈奋顷,附近有个"宜园",是清朝诗人李肇焘的园子，园里还有一座念修祠，在清末民初被用来办了力行小学，不久前是共产党东莞中心县委的所在地……可惜在日寇的屠刀下，原本文化底蕴深厚而繁盛的地方，一夜之间变成废墟。附近的街道都被列为禁区，鬼子戒严了，常有宪兵队巡逻的马蹄声嘚嘚作响。他们在人们身边走过，瞪着恶汹汹的眼睛向路人察看，有时虽没发现什么破绽，但还怏怏地不时回过头来张望。

这些地方有了生命危险。不少人劝萧任统、莫富图、陈奋顷不要冒险，但他们顾不得那么多，一定要去捡被鬼子扔掉的图书。

由于日军的破坏，莞城一片败落。直到夜幕降临，萧任统、莫富图、陈奋顷才怒气冲冲地回到麻涌。

莫荫荷、莫完玉等告诉萧任统、莫富图、陈奋顷：

最近镇内常出现一些不明来历的人，或扮成和尚，手执木鱼，过街念经，或装作道士，头戴道冠，身披道袍，背个神牌，四处游弋。还有人以江湖佬面目出现，赠医赠药，卖东西不收钱。此类人等，每逢露面都引来众多围观者，小孩也嬉戏跟随。这些人倒也"刻苦"，白天装神弄鬼巡街，夜晚则宿在小庙里。然而，他们的真实身份谁也无从知晓。后来才听说，这些人多是日军派出的化装侦探，有意刺探情报，侦察地形……

正当萧任统、莫富图、陈奋顷在莞城和鬼子周旋的时候，一队人马也扛着膏药旗到了麻涌。村民大多已逃离。鬼子把村民来不及牵走的猪、牛全杀来吃了；一位老人走动困难，没离村，躲藏在田边的禾秆堆里，饿了，小心翼翼地爬出来挖地里的蕃薯，不料被抢占在村口练习瞄准的鬼子看见，立即将他当靶子射击。老人死得好惨！更惨的是，有一天敌机向村子投炸弹，因一些商店储有大量松香，结果炸弹爆炸时炸死、烧死不少人……

鬼子还对一些村民施"抛刑"——不由分说，把人抓住，装进大麻袋里，扎上口，然后由四个身强力壮的鬼子每人抓住一个角儿开始悠荡，他们管这叫"坐飞机"。当悠到一丈多高，借着惯性，四人一声喊叫，猛然将麻袋向空中抛去。当麻袋摔落到街石上，频听惨痛声声，里面的人不是头破血流，就是四肢骨折。有人摔下后装死不动，有人却不晓用计，跌倒爬起，再跌又爬起，于是连续被鬼子抛高数次，以致痛得死去活来，皮开肉绽，淤血满身，甚至手脚跛残、双眼外突。鬼子在袁氏祠堂内绑住两个男人强行灌水。片刻间受害者肚大如箩，痛得死去活来。鬼子还不收手，再用板块压肚，两人站到板上用力重压，受害者立即口、鼻、眼、耳、肛门七孔血水直射，死于非命。他们还把一些乡亲驱赶进建于明朝的雕楼，放火烟熏……

　　一天几个鬼子在路边架锅煮吃的，一个尚未懂事的中国男孩好奇地跑了过去。他因家贫，又因天热，光着身子，小鸡鸡随着奔跑在腹下晃动。一个已祸害过好几人的鬼子兽性大发，猛地抓住这孩子，将其小鸡鸡割下，挑在刺刀上当众烤了，吃下肚去。

　　可怜的男孩当即昏死，后来虽保住小命，却成了男不男，女不女的"太监"！

　　当场看到的乡亲无不以手掩面，心里骂："太残忍了！简直是一群野兽，是侵略战争把人变成了禽兽！……"

　　这些禽兽不知羞耻，大白天光着屁股就到河涌洗澡。几个鬼子见到一个"花姑娘"，野兽般地喊着、叫着，扑上去要强奸。那不幸的妇女知道躲不掉，下了必死的决心，佯装害怕、不得不顺从，退进屋里。有人朝那里面睐了一眼，心狂跳起来——趁第一个扑上来的鬼子骑到她身上，瞪着僵灰色的眼睛，嘟囔着"×支那猪，要戴套子"，随即发出一阵阵古怪的喘息声的当口，她掏出贴身藏的剪刀，把鬼子下身那又丑又脏的家伙一下子铰断。这禽兽双手捂住血乎乎的腹下，疼得鬼哭狼嚎。那裸体真是世界上最丑陋的男人的裸体。他的两腿间，看上去简直就像一只血淋淋的死老鼠！他的同伙儿见了，气急败坏，在这名倔强、机智的麻涌妇女身上浇满汽油，点火燃着，活活烧死。还有一名被鬼子糟蹋的妇女，在对方扑上身的时候干脆趁机引爆其随身携带的手榴弹，将自己和鬼子都炸得粉身碎骨……

　　闻者无不叹息。有人说："这好女子应该能不死的呀！"

　　更多的人落泪道："这烈女子只有死啊！"

　　中国人的确不是好欺负的。有一天，三个鬼子用日本军方印发的"军票"到某村商店"买"东西。他们那"军票"在这里根本不流通，等于废纸一张，实际上是抢劫。鬼子引起公愤，被一名乡亲击毙。他指着鬼子尸体高声喊："我打死鬼子了，大家快跑啊！"

　　全村人不仅没跑，反而齐刷刷地出来庆贺，几乎家家都放鞭炮。剩余的鬼子抓不到被全村人掩护逃走的乡亲，便残暴地烧了许多房屋泄愤……

不久，麻涌的几个村时常发生鬼子被杀的无头案，把敌酋气得哇哇叫。后来，他们下令三天内户户都要挂膏药旗，谁敢不挂就放狼狗咬。到了第三天，许多人依然没挂，而且愤然书写对联贴到门上：

> 门前有国土，
> 不能竖降旗！

鬼子自然不放过，把这些人抓起来，嘴里塞上破布，挑脚筋示众。鬼子小队长一阵呜里哇啦后，放狼狗向他们扑来……旁边村民都捂脸抽泣，那几名勇士高喊："强盗！倭贼！"

喊毕，放声大笑不止，直至断气。死后，依然昂首站立，怒目东方。

鬼子还集合全村男女老少，逼他们交出反抗者的下落。见村民都不说话，鬼子便支起几只废弃的铁油桶，桶内盛满水，底部用火烧，将几个无辜的村民投进桶内的沸水中。面对兽军的淫威，村民们只能眼睁睁看到同胞被活活煮成一桶"白骨汤"……

战争已逼到家门！萧任统、莫富图、陈奋顷、莫荫荷、莫完玉等心头都很沉重。

在中华民族面临生死存亡的紧要关头，他们除了大量阅读政治书籍，也阅读一些爱国作家新写的作品。他们在"擂鼓诗人"田间的诗里感觉到自己想要表达的东西。那跳跃的诗行，似乎能激起中国人一种热烈的近乎复仇的情绪。

一天傍晚，他们一起背诵了《假使我们不去打仗》：

> 假使我们不去打仗，
> 敌人用刺刀
> 杀死了我们，
> 还要用手指着我们的骨头说：
> "看，
> 这是奴隶！"

接着，又背诵了田间的另一首诗《义勇军》：

> 在长白山一带的地方，
> 中国的高粱
> 正在血里生长。
> 大风沙里
> 一个义勇军
> 骑马走过他的家乡，
> 他回来：
> 敌人的头，
> 挂在铁枪上。

诗人那经过浓缩、升华的炽热情绪，那短促、朴实、明朗、有独特个性的语言，仿佛黄钟大吕，使他们感奋，产生出一种逆境中奋勇搏击的力量！他们仿佛看见烽火中诗人那怒发冲冠、满面赤红，倾一腔热血擂鼓呐喊的矫健身影。

当然，他们和社会上许多人一样，也正在展开一场激烈的争论，即参加抗日，国民党和共产党两家，投身哪个更好？有一天，甚至十几人挤在一间小屋内争辩了整整一个通宵。

有人问："共产党会不会也像国民党那样腐败？八路军会不会也像东北的义勇军那样过不了多久就被人家打散？"

他们几个却十分肯定地说："不会！共产党从1921年创立，经历过十几年大风大浪，现在已像一个健壮的青年人，特别是长征途中召开的遵义会议，使她已成长为一个钢铁般坚强的党。八路军的前身是工农红军，经过极其艰难困苦的二万五千里长征都没被打散，怎么能说散就散呢？……当然，这涉及你们每个人一辈子走什么路，可以再想想。"

这番话像一束火花照亮了年轻人对世界的想象。多年来，他们的想象力要么在麻涌那些窄窄的河涌上荡漾，要么在几条窄窄的小巷间徘徊，顶多不过攀上过东莞境内观音山、旗峰山等几座不算很高的山峰……

一些地下党员还告诉他们："为抗击鬼子入侵，东莞人民同仇敌忾。前不久游击队曾从黄旗方向潜入莞城。伏击日寇的战斗打响后，游击队员喊：乡亲们，不是鱼死，就是网破；不是敌死，就是我亡！拼了吧！他们一齐用枪支、大刀、匕首等武器扑到鬼子面前。鬼子发出一声连一声的惨叫，在阵地前抛下横七竖八的尸体。鬼子显然被一下子震住了。他们从南海登陆以来，还没遇到过这种不要命的打法。遭到伏击，鬼子为便于防卫，把公园里的树木全部砍光，又火烧了附近的房屋……见到中国人便大叫一声，举起大枪，一声巨响，一阵硝烟，把中国人打死在了血泊里。有的乡亲惨遭杀害还尸骨难觅……"

抗战全面爆发后，全国大批青年学生因仰慕共产党，带着虔诚的信念、革命的激情纷纷来到延安，投身到抗日的行列。加之进步作家和记者斯诺、史沫特莱、范长江等的有关陕北红区和延安生动感人的报道，很快，"革命圣地延安"的光辉名字就不胫而走，名扬中外。

年轻人火一般的抗敌热情霎时又被点燃，恨不得立刻奔赴杀敌一线。他们渴望着北去延安，仿佛那里不是有着重重封锁线的荒山野岭，而是完全如诗中表现出的意象——太阳、山野、春天、歌声，以及自由、平等、民主聚合在一起的充满耀眼光明的如画的彼岸。

1938年夏广州失陷前夕，莫逢湾接到广州市委外县工委地下党林锵云的通知——因急需充实以吴勤为司令员的"广游二支队"的干部队伍，要他与萧泗材奉党组织命令，转移到位于中山县的珠江纵队第二支队吴勤部队（后郑少康接任司令员）武装抗日。

临别前，麻涌抗日救亡工作团经过改选，莫伯治接任团长。莫逢湾为了工作方便，则牢记黄少强老师的临别赠言，决定改名"黄柳言"。

此后，他到吴勤部队后任教导员，负责民运。不久又被派往珠江三角洲地带，开展地方抗日武装斗争，开辟南（海）、番（禺）、中（山）、顺（德）抗日游击根据地，在黄柳言（莫逢湾）的积极努力下，根据地很快得到建立并迅速发展壮大。当时，他任中山县游击队指导员。1943年夏，部队于钟村区诜墩乡驻地开会，由于内奸告密，在一个晚上遭到来自市桥方向之敌伪出动的重兵的突然袭击。当时敌众我寡，形势危急。黄柳言（莫逢湾）毅然带着几个战士坚守阵地，阻击敌人，掩护战友带领部队突围，打退敌人多次进攻，保证了部队安全撤退。最后，他身中数弹，不幸壮烈牺牲，时年仅28岁。

麻涌抗日救亡工作团的新团长莫伯治是麻涌乡麻一村向北坊人。莫氏家族世代书香，在麻涌地方可谓是一个大家族。莫伯治的堂兄莫伯伊、莫伯骥均是民国时期广东知名人物。莫伯伊（1877—1936）曾任广东谘议局议员、广州报社主笔，不少社团慕其名而聘之为顾问，兼职甚多。莫伯骥（1878—1958）是中国著名藏书家，号称"五十万卷藏书楼主"，其藏书之富、版本之精，为当时羊城诸书楼之冠。他曾任广东督府参议，并曾一度主编《羊城报》，继而应勷勤大学之请，担任文史系讲师。后人对莫伯治、莫伯伊、莫伯骥推崇备至、高度评价，多有称之为"莫氏三英杰"者。

莫伯治1914年出生，在家中排行最小，比他年长30多岁的堂兄，拥有一座藏书丰富的图书馆——"五十万卷楼"。这间有名的私人藏书楼，是莫伯治最喜欢的地方之一，在那里，他可以读到诸子百家、唐诗宋词等众多典籍，日积月累，莫伯治受到传统文化的深深浸染。莫伯治十多岁时，父亲去世，在当地慈善机构明伦堂的资助下，他离开东莞前往广州念书。高中毕业时，"科学救国"的口号鼓舞着众多热血青年的心，莫伯治选读了理科，进入中山大学工学院土木工程系学习。他开始所学的并不是建筑设计，但大学期间他像海绵一样广泛地学习各方面的知识，他特别爱读著名建筑历史学家梁思成的文章，爱读中国传统建筑经典图书《营造学社汇刊》，这些都使他扩大了审美和思考的视野。

1936年莫伯治从中山大学毕业。他见多识广，口才好，对许多问题都有见解。从那之后，凡是在自己能控制的时间，萧任统、莫富图、陈奋顷都会去他那里，听这位自己所仰慕的人谈形势。

莫伯治的宿舍房间不大，设备简陋，仅一张书桌，四只木凳。床是双层床。

经他介绍，萧任统、莫富图、陈奋顷又结识了许多广州学生，都是关心国家大事、对现实不满的热血青年，言谈话语里绝没有吃喝玩乐、穿着打扮、男女之事、赚钱之道，话题总是沉重的，不是抗战的炮火、民族的危机，就是物价飞涨、救国救民的道路……有些原籍东北和华北的学生，对家乡特别有感情，聊天时更免不了抨击时弊，痛骂国民政府对日本唯唯诺诺，没有骨气，也嘲讽身边那些对国土沦亡漠不关心，只顾自身的书呆子。

每逢周末，莫伯治、萧任统、莫富图、陈奋顷和这些无家可归的青年便聚到一起。

屋内光线很暗，垒墙的砖凹凸不平，玻璃窗黑乎乎一片。原来这房子太旧了，使人产生一种凄冷、孤独的漂泊之感……年轻人纵情高唱《松花江上》，悲壮的曲调使大家热泪纵横。

莫伯治微微一笑："想不到吧？这里风云际会呢！"

小赵的父亲是关外的小学教师，小唐家是黑龙江农村种田的，小杨家在白城开杂货铺。

小赵愁眉不展地说："我家砸锅卖铁，好不容易把我送进大学。可家里吃了上顿没下顿，哪还有钱供应我呢？爹娘没办法，只好把姐姐许配给人家，我是用姐姐的卖身钱读书呀！"

小唐唉声叹气地说他们村糠菜半年粮，"像俺这样的农家什么时候才有出头之日？"

小杨抽泣起来，说亲眼见街头有大姑娘跪在地上，头插草标，脖挂"卖身葬父"牌……

酷爱读历史的小赵气愤地说："鸦片战争以来中国尽受欺负，政府只会签卖国条约！"

小唐忍不住插嘴："日本兵在我家乡满街横冲直撞，把中国看作殖民地……"

大家都摇头叹息。

小杨低声咕噜："中国真没救了！"

莫伯治听后立即说："也不是这样，会有出头之日的。"他从床上枕下拿出一本书，翻开一页读了起来："我们从古以来，就有埋头苦干的人，有拼命硬干的人，有为民请命的人，有舍身求法的人……这就是中国的脊梁。"

众人听后，都陷入沉思。陈奋顷问了一句："是鲁迅先生说的吧？"

莫伯治点点头。

小杨喃喃道："如果现在还有这样的人，领着大家一起干，中国就有救了！"

莫伯治回应了一句："谁说没有？"

大家一齐转向他："在哪里？"

"不会太远的。"莫伯治神秘地眨眨眼，稍稍沉吟了一下，"以后再细说吧。"

这时，突然有个影子在门口晃了晃。大家心中一惊，原来是隔壁的一个年轻人。众人一见他，顿时沉默下来。那人斜着眼看看大家："嗬，挺热闹嘛！都聊什么了？"

小赵白了他一眼："怎么哪儿热闹，你就往哪儿跑？"

那人自觉没趣，愣了一下就跑开了，临走讪讪道："你们继续，我走……"

他一走，莫伯治就恨恨地说："这帮'三青团'，成天东钻西钻，到处打探。"

于是，是否开着门，也成了问题。开着门会感到不安全，因此大多数时间还是把门关严，说话都小声一些。

萧任统、莫富图、陈奋顷等不及地说："莫大哥，继续讲下去呀！"

莫伯治推开房门看了看，低声但却清晰地说："没听说吗？共产党在延安……"

好像有一股清风迎面吹来，萧任统、莫富图、陈奋顷耳目为之一新。他们觉得自己的心与这些人的心完全相通，一壶茶喝了一个通宵。话别时，有人给他们又推荐了几本进步书籍。

萧任统、莫富图、陈奋顷回到住处，便贪婪地读那些书……对抗日救亡、共产党、人民军队等有了最初的感性认识，很容易就接受了这些革命道理。

此时麻涌抗日救亡工作团既重视军训，也注重思想政治工作，提出"没有革命的理论，就没有革命的行动""改造思想、确立革命人生观"等口号，组成学习小组，开展学习时事政治、经济、哲学等课程。有时由莫伯治等人主讲时事，分析形势，展开国事讨论，各抒己见，提高认识。

由于萧任统、莫富图、陈奋顷、莫荫荷、莫完玉等接触了进步书刊，因而较早知道在"西安事变"中，中国共产党坚持团结抗日的政策；也知道了八路军在平型关获得抗日战争第一次伟大胜利，还知道中共在陕北开办陕北公学、抗日军政大学培养着成千成万名干部。他们由于学习社会发展史，初步懂得人类社会发展的规律，最终必然走上共产主义；第一次知道劳动可贵，工人农民是基层生产、社会建设的动力，应该受人尊重……这无疑已经是从民族觉悟、由反对民族压迫反对日本侵略，提高到为消灭阶级、消灭剥削，实现各尽所能各取所需的共产主义社会而献身的思想萌芽。

1938年六七月间，萧任统、莫富图、陈奋顷、莫荫荷、莫完玉等高兴地从《救亡日报》和《抗日大学》等刊物上看到延安陕北公学、抗日军政大学招生的广告，也看到很多介绍陕公、抗大学习生活情况的文章和图片。

特别是听说很多进步文化人士如艾思奇、张仲实、柯柏年、陈伯达、何干之等分别在陕公、抗大讲授政治经济学和哲学、中国近代革命运动史等课程，他们更是热烈地向往民主、自由的陕北。

此时，麻涌抗日救亡工作团的同志中，有不少人酝酿去陕北。萧任统、莫富图、陈奋顷、莫荫荷、莫完玉等更是半公开半秘密地联络了萧从宽、萧锦兴、莫藻鸿等人，进行了去陕北的准备。

2015年1月28日，陈永康（中）、李华（左二）、王卫东（左一）与田心（萧任统）之子田小邕（右一）、莫荫荷之子邓丹枫（右二）在东莞市麻涌镇座谈。

准备工作中亟待解决的问题有两个：一个是去陕北的关系，另一个是筹备路费。

萧任统、莫富图、陈奋顷、莫荫荷、莫完玉从莫伯治那里打听到十八集团军广州办事处已经从广州德政北路7号2楼迁到东山百子路十号，于是当时就请莫伯治以工作团名义写了介绍信。

至于路费问题，颇不易解决。尤其是萧任统，亲属们很不支持。费了不少口舌，他才从姑母那里要了三四十元广东币，并由莫富图等人资助了六十多元。

7月间，萧任统、莫富图、陈奋顷、莫荫荷、萧从宽、萧锦兴等六人，从乡间动身到广州。很快就在广州市东山百子路十号找到十八集团军办事处。

他们积极报名投考，并提出学习后立即上抗日前线的要求。

考试的题目有几个："什么是抗日民族统一战线？""什么是反法西斯统一战线？""什么是帝国主义？"等。

监考人是十八集团军办事处的云广英同志（新中国成立后曾任广东省委监察委员会副主任）。

几天后，他们得知自己被顺利取录。接着兴奋地填了一张表，写明志愿——他们都愿去陕北公学，因那里是三分军事七分政治——他们愿意多学政治。

云广英和徐青同志（新中国成立后曾在中共广东省委统战部工作）随即写了介绍信，把这几个年轻人介绍给十八集团军西安办事处的负责人伍云甫。

萧任统、莫富图、陈奋顷、莫荫荷、萧从宽、萧锦兴等在广州的旅馆住了几天，天天都在议论北上延安。但由于有人的亲属说了许多延安的坏话，主要是共产党"共产共妻，女子不宜去"等等，死活不放他们走。结果几位女同志决定这批先不去了，待萧任统、莫富图、陈奋顷等先去看看究竟再说。

经监考人云广英批准，萧任统、莫富图、陈奋顷都被分配到陕北公学。为了表示自己的志向，也为了不牵涉自己的家人，他们都改了名字。从此萧任统改叫田心、莫富图改叫丁农、陈奋顷改叫余一虹。他们原来的名字竟渐渐地无人知道了。

在准备过程中，他们没大张旗鼓，与平常并无二样。

临走前那天上午，已经改名余一虹的陈奋顷才风尘仆仆地回到外祖父家。

老人见外孙一副远行的样子，便探问他去哪里。余一虹镇定的目光远视前方："延安！"

老人又问："啥时回来？"

一丝复杂的表情掠过余一虹年轻的脸。他想了想，弯腰从地上捡起半块青砖，一扬手摔个粉碎："啥时候鬼子像这样了，我就回来！"

老人迟疑片刻，从柜子里取出一份地契交给余一虹，似想挽留，又似想规劝："这东西本应你成家时再给你，现在提前让你知道吧。我和你外婆想了半天，认为你还是别走好，将几十亩水田租出去，够活一辈子的……"

他们显然无法理解，天下还有一种人将祖辈留下的良田不放在心上。

余一虹心里对地一点概念都没有，当即说："外公、外婆，地我都不要了，你们愿留着，就依然是你们的财产，你们不要，就捐给学校。"

啊？天下有这样的事？几十亩良田说不要就不要了？

余一虹毅然决然地放弃了祖上留下的地，一心投身抗日，发誓为天下穷苦人找一条翻身解放的道路。

外祖父又说："我担心你去的那地方靠不住。要抗日，找出路，找当政的国民党不行吗？"

"不行。许多人试过了。"余一虹看了他们一眼，果决地说。

"就在家门口当'老模'（即刚刚成立不久的东莞抗日模范壮丁队），不好吗？"

"我们已决定了！"

外祖父默然，不再说什么了，稍停才告诉余一虹："日军打进麻涌，企图'以华制华'，找一些有影响的人担任伪职，我也曾是他们拉拢的对象，但我以身体有病为由拒绝了。"

余一虹翘起大拇指："外公，你做得对，拒绝出任伪职，保持了中国人的尊严和气节！"

8月间，田心（萧任统）、丁农（莫富图）、余一虹（陈奋顷）离开麻涌，泪水不觉从眼角边滴下。三人蓦然转回身从简单的行李里抽出一条毛巾，平铺在地上，用颤抖的双手包上一捧让他们难舍难分的故乡的泥土。

他们沿着东江向前走去，只把精悍的背影和无尽的猜想留给麻涌……

田心、丁农、余一虹按时赶到联络点，按预约的特征和信号找到秘密交通员。路上默默无语。他们跟着交通员走到一个小码头上了船。交通员挨个叫了他们的新名字：田心、丁农、余一虹……并说：名字的改变标志着人生的大转折、新旅程。

火车站附近到处都是汹涌的人流，摩肩接踵，他们购票排队直站得腰酸脚疼腿抽筋，实打实地又练了一番"站桩"的基本功。

出发那天，田心、丁农、余一虹随潮水般的人流涌入站台，忙不迭地施展"轻功"，挤上车厢。只见里面已是"人挤人"。好不容易抵达座位，扭身来个"霸王举鼎"，将包裹甩上行李架。

以往，他们经常相约在村前的河上游泳、划船。这段河流受海潮的影响，每天都有一次潮起潮落，他们从小就是伴着这些潮声长大的。这些天正当潮头，又夹有洪水，变成一片汪洋，面对这股大潮，往日还总带有一种童真去欣赏它，而如今即将离它远去的时候，却产生了另外一种复杂的心境。

田心、丁农、余一虹精神抖擞地离开了。一些乡亲两天后才忽然发现这三个年轻人已销声匿迹。只有少数人窃窃私议：这些年轻人还会回来的。

在广州送别田心、丁农、余一虹之时，莫伯治也立下了"学好本领将来建设新中国"的誓言。当时，日寇在中国烧杀抢掠，无恶不作，苦难深重的祖国支离破碎、城毁人亡，他奔走在西南云贵高原、四川等地，参加抢修道路桥梁、修建铁路和机场……这些都为莫伯治后来转向建筑创作奠定了很好的基础。

历经艰辛到延安

田心、丁农、余一虹由广州乘粤汉路火车赴汉口,然后再转车去西安。

随着火车开动,他们摇摇晃晃地启程了。这"三等车"没有座位。又正逢日寇攻占汉口前夕,兵荒马乱,只好蹲坐在行李卷上。

列车的掣动声、乘客的叫喊声混杂在一起,声浪涌动,此起彼伏。

田心、丁农、余一虹都是头一回离开家乡,也是头一回坐火车,火车悠远的鸣笛声、"噗噗"的喘气声以及像蚂蚱腿似地转动车轮都是第一次所闻所见,总觉得眼睛不够用。随着车窗外的树疯狂地向后奔去,他们仿佛都看到自己人生那条布满荆棘的长路已在眼前铺开,但它的远方隐匿在一片混沌之中,望不到尽头。

上车时,他们脸上是挂着笑容的,有一度甚至还热烈地讨论起次日行程。只是随着车子沿东江越行越远,他们才全部都不说话了。车内能听见每个人的呼吸声。沉默使车内气氛有些压抑。有人眼睛望着车窗外,看着落日的光线在亮亮的河面慢慢暗淡下去。

许多出行的人,都喜欢带一本书上路。他们带的是《西行漫记》。

火车穿过粤北群山。他们感到自己两只耳孔仿佛成了长长的山洞,山洞里铺着铁轨,火车从左耳朵出来,从右耳朵进去,或从左耳朵进去,从右耳朵出来,一直围绕着他们的头脑转圈圈。火车"哐里哐当"的,在耳朵里跑一夜、吵一夜,田心、丁农、余一虹一点都睡不着。天亮时刚想迷糊睡会,"吱吱呀呀"一阵刹车声响,到站了。他们使劲拉开眼皮,见太阳已升在半天空。

火车在进到湘江边一个满目疮痍的小城后抛了锚。站台上满是全副武装的军人,其中几个还持枪进到车厢里盘查,气氛十分紧张。

田心、丁农、余一虹下了车,在惶惑的人群和杂乱的物资中缓缓行进。

行李满地。穿长衫的先生、着旗袍的女人、白发的老者、待哺的幼童、满身血垢的伤兵……挤满街巷。当地人说这是撤退下来的难民和伤兵,成千上万,房屋早已住满,只好露宿街头。

于是,他们打算改乘轮船,但见售票处黑压压挤满了人,都争先恐后往窗口挤,有的惊惶者就压在人头上、肩头上往前爬,喊叫声、怒骂声、哭泣声被江风吹着断续传来,只好又改变主意,换乘另一辆车。这就必须绕很远的路,再顺铁轨进站。

他们拎着行李被人流挤进硬座车厢。这辆车座椅靠背上是黑得光亮的污垢和灰尘,地上扔着瓜子壳、水果皮,还有斑斑痰迹、晕车人的呕吐物。车厢里乱哄哄,每节都爆满,沿途涌入的大量难民使它变成罐头盒,散发着人肉味道。男人黑糙的脸,油脏的头发,一绺绺地耷着,袖口一圈黑渍的衬衣皱巴巴的,破旧的鞋边沾着泥土。他们一靠近,一开口说话,乡音伴着一股刺鼻的气味。他们塞在过道里的行李、袋子里装着各类杂物。有的妇女抱着孩子,孩子一般都睡着了,脸很脏,有鼻涕抹过的痕迹。整个车厢充斥着汽油味、烟味、人的浊气。

天暗了,车厢里的灯亮了。田心、丁农、余一虹一直没说话。他们一闭上眼,想起迢迢千里的路程,多变的时代,便自豪得如冬天太阳光下的流浪汉。在那一刹间,他们忘了衣单,忘了离别,也忘了饥肠,确实激动得和战士一样。

车开得很慢,田心、丁农、余一虹的一双脚都肿得非常难受。那会儿,他们穿的都是"乡巴佬"的土布衣。到长沙时,火车停了一会。国民党宪兵上车检查,问他们去哪里。田心、丁农、余一虹随机应变地答说是到太原投考山西军阀阎锡山办的"民族革命大学"。

一个宪兵一把将他们带的钢笔和一些钞票"搜查"到自己口袋里,一挥手就放他们过去了。田心、丁农、余一虹想,只要能过去、能到延安,即便把所带的值钱东西全让他们搜刮去都成。若干年后,他们看了有关材料,才得知当时共产党组织曾派人在检查站秘密工作,故偶尔警察和宪兵们会对一时尚弄不清楚的"疑似人员"网开一面,只掠财物,不予扣留。他们也许就是碰上了这种情况。到了"两不管"地带,他们心里虽为能顺利过关欣喜若狂,可在脸上却没丝毫表现。因为行前广州办事处的领导曾告诫，在真空地带绝不可暴露政治面貌，这里仍有敌特出没，发现"目标"就会抓人，不可不防。

火车擦过洞庭湖，车厢中的灯盏渐渐暗下来，直至最后整节车厢都归于车轮滚过铁轨的声音和人们匀细的鼾声。

列车掠过湖中的一片岛屿，眼前那些参差不齐的野生乔木在寂静的黑幕中仿佛都化身为一个个张牙舞爪的怪物，向车箱扑来。车窗外逃难者的队伍越来越大。站在高处往下眺望，仿佛一条缓缓挪移的蠕虫，往东望，不见头，往西望，人群在天地相接处消失。他们问自己：是什么造成他们这样悲苦的命运？这种命运会不会改变？怎样改变？

家乡啊！他们回头想望望那个满城春色的地方，但远方只有衰草枯物，寒鸦叫着难听的调子，他们心里一阵阵刺痛，心里骂："小鬼子，你让我们有家不能……"

余一虹曾在《诉衷情·述志》一词中写道：

奔波万里赴延安，抗日正艰难，河山大好沦丧，同胞被摧残。辞故旧，别亲颜，约金兰。高飞远走，慷慨从戎，誓挽狂澜。

由湘入鄂。眼前铺展开江汉平原纷繁复杂的色彩，还有不时闪过的水塘和河汊，清水映着天光。雄浑丰盛的平原得了纵横的河汊和星罗棋布的水塘的浸润，清秀灵气浮现在人眼所及的每一条垄亩上。

由于是必经之地，田心、丁农、余一虹不得不在武汉停留几天。

"晴川历历汉阳树，芳草萋萋鹦鹉洲"竟是一片狼藉，有名的归元寺也灰头土脸，大门紧闭。他们都感到失望、沮丧。

似乎只有古琴台风景依稀。伯牙和子期知音的故事，是他们幼年时从《今古奇观》读到的。那嵌在墙头的"琴台"二字，相传是米芾所书。想着伯牙、子期的邂逅知音，又想着千古后人也能同他们的心相通，会使人一时忘了今夕是何年。

他们转搭陇海路特别快车到西安，车上遇到一位带有十八路集团军武汉办事处符号的人，名叫江横，是《新华日报》记者。

他们想从他那里打听去陕北的路，他则先问田心、丁农、余一虹姓名？去陕北干什么？于是他们将去投考"陕公"的事说了，并将介绍信给江横看,他教育田心、丁农、余一虹一路上要小心,注意警察的盘查,并告诉他们西安办事处在七贤庄三号。

田心、丁农、余一虹从临近西安开始,就更加提高了警惕性,趁夜色朦胧,甩掉了几个"尾巴"。

次日上午列车抵达西安。

出站口几名宪兵挨个检查每名乘客。轮到余一虹,宪兵又搜身又翻行李,突然从衣服里搜出斯诺著的《西行漫记》。

余一虹大吃一惊,心想这下麻烦了。他准备着必要时最后一搏。

出人意料的是那宪兵将余一虹一推几米远,随手又把他的行李甩了过去,东西撒满一地,恶狠狠地吼了句:"快滚!"

余一虹起身收拾东西,发现那本《西行漫记》没了,一时懊恼万分,想去理论、索要,又怕节外生枝。

田心、丁农、余一虹找到了办事处,一行三人被领进办事处的一间南屋,迎门站着一位穿八路军军装的风度翩翩的男人。他们兴奋地向他走去,像雾中的船朝灯塔驶去。那男人疾步迎上来,同田心、丁农、余一虹一一握手。

这是间办公室兼卧室,墙角支一张木质单人床,印花床单像布帘一样从床沿耷拉下来。屋内陈设很简单,除去这单人床,还有一张办公桌和一个或许从哪个财主家弄来的雕花衣橱。

办事处工作人员准备好夜餐:一盆小米粥,一盘煮土豆,一盘粗面馒头。他们边吃边聊。

办事处主任伍云甫同志接待了他们,看了广东党组织的介绍信,非常高兴地给他们编了组,还告诉他们路上很艰苦,要自己行路,并说"陕公"总校人数已满,叫他们去枸邑分校。

枸邑人口不多,但地理位置十分重要。

原来这个办事处主要任务是发展和扩大抗日统一战线,组织输送各地爱国青年和进步人士到延安。国民党的特务机关对它处处严密监视,极力限制、破坏。

按说在中国历史上最悠久的古都,应四处逛逛——钟楼要去,鼓楼要去，还有大、小雁塔……但他们心中此时只想着延安，从办事处拿到去陕北公学的介绍信，便又徒步上路。

黄土高原腹地群山起伏，沟壑纵横，恰似一幅雄浑苍凉、凝重深邃的图画。

田心、丁农、余一虹行进在千沟万壑之间，走一路看一路，不是纵的横的干壑，就是大的小的沟梁——仰首，山尖顶着蓝天，辽阔的天空忽然变得支离破碎，局限于山与山之间，似有"坐井观天"之感；低头，沟壑交织，峰回路转，仿佛进入"迷魂阵"，一山放过一山拦，怎么也走不出去。爬上高高的山岭，举目远眺，苍茫的高原天地相接，蔚为壮观，一座座山峰千姿百态，气象万千；似馒头，整齐排列在一个巨大的蒸笼内；似雄狮，咆哮着，怒吼着，从天际间奔来……

在高原的褶皱里，鸟巢似地散落着一些人家，日出日落时，亘古不变的太阳因炊烟的袅绕不再寂寞，山壑里就有像白云一样悠悠的信天游传来。

行走在这样一块厚实辽阔的土地上，使他们得以用一种从容的目光观察黄河。

它孕育了古老的中华民族，因而在黄皮肤的华夏民族每个人心头，自有一份任何河流都无法取代的分量。它从无数炎黄子孙的生命中流过，还将穿越到那些未知的岁月尽头。它的咆哮雄浑，它的九曲十八弯，它的种种传闻都会形成一种诱惑，成为让人止不住脚步的动力。

黄河故道上荒滩居多。数百年前，黄河改道而去，留下宽达七八里、厚达四五米的黄沙，其后渐有人家定居，种果树和庄稼，但中间始终有一道残水，遍生芦苇、蒲草、荆棘，是鸟、鱼的乐园，也是迁徙中的大雁最理想的客栈。

一些朴拙的老人就像黄土塬上一块块沉默的土坯，守在自家房前。田心、丁农、余一虹跋涉一天后便借宿在他们家里。

一天步行七八十里，脱下布鞋，发现脚掌起满水泡。他们用针一一刺破，擦上碘酒。

老人家只几间草房，也许是最近往来客多，均已住满。老人把他们带到后院牲口棚中，里面拴着一头牛、一头骡子。角落里有一张木榻，上面铺着稻草，两边挂着草帘子挡风。

田心、丁农、余一虹这一夜都久久未入睡。他们过去从未和牛呀骡子呀亲近，这回竟要咫尺共眠。两位"芳邻"一会儿"叽呀"地嚼草，一会儿"扑扑"地刨蹄，一会儿又是"嘶呼"的喷鼻声……

他们想了很多，有东莞，有延安，有过去，有未来……蜷紧身子缩在稻草中，迷迷糊糊熬到天亮。

翌日清晨，天刚放亮，东方那片浅红正慢慢向高空浸染，润湿了若隐若现的云朵。最早起来的田心放眼一望，既兴奋又紧张。

老人得知这些年轻人是奔延安去的，死活不肯收他们留下的饭钱和房钱。

田心、丁农、余一虹一一握住老乡的手告别，发现这里50岁以上的人，几乎都有一双类似的手：长满老茧，仿佛老榆树疙瘩一样，手指的骨关节特别粗大，像树瘤一般突暴着……

太阳毒毒地悬在头顶，直射下来的光芒，像针一样刺在人们脸上、手上、脚尖上。他们感到有无数根火钳在浑身上下乱刺、乱咬。

路上，一行年轻人遇到一位牧羊老者，一边走，一边唱着歌。羊群五个一团、七个一簇挤在他周围，热得没精打采地喘气。老者那根羊鞭长达丈余，八个节疤个个圆整饱满，梢身上端缠一块红布，像一团烈火在燃烧，手握之处磨得溜光，且微微下凹。空旷的高原有了他的歌声，一下子就打破了宁静和孤独。

"哎，大爷！"田心、丁农、余一虹不知为啥忽然想和他说几句话，恭敬地叫了他一声。

老者听到后停了下来，准备赶羊的那只手在半空中犹豫了一下，还是收了回去。他走到田心、丁农、余一虹跟前，也客气地应了一声，声音很有磁性。

山坡像一块烧红的铁片。牧羊的老者显然有些惊奇：这样热的天，还有人快速赶路？

一行人走着走着，忽听见狗吠。田心、丁农、余一虹抬头一望，前面一头停着的毛驴，像是从地底下冒出来的，蓦然间就在烈日下孤独地站到他们面前。狗叫声就是从驴车所停的地方传出的。

驴个头不大，毛是灰色的，深灰与浅褐相糅，很瘦，耷拉着耳朵，歪着头，身上的肋骨一根根凸露，似乎饿了很长时间，两只绿豆般的小眼贼溜溜乱转，像是要从深深的眼眶里溜出，看见了草，就饥不择食地抢吃，吃罢便沉静地站在那里，被烈日熏烤着，"希律律"嘶叫几声，显得燥动不安。狗对毛驴的敌意，并没使它有丝毫躁动。它那安详而隐忍的神色深深打动了田心、丁农、余一虹，情不自禁地把帽子摘下，戴在驴头上。

在他们印象中，驴不及马，更不及牛，佐证便是十二生肖里没驴。大凡涉及驴的少有好听的话，什么驴头驴脑、驴唇不对马嘴、好心当作驴肝肺……最著名的要算柳宗元的《黔之驴》，它貌似高大威武，实乃外强中干。在浩瀚的典籍记载和现实生活中，骑驴的人大约有两类，一是乡气浓郁的小媳妇，一是穷途末路的诗人。几乎没听说过达官贵人、贵胄诸侯骑小毛驴。

乡村小媳妇骑驴不骑马，很好理解，因为马匹高大，不像小毛驴高不过一米，上上下下，驮人驮物极其便利，最适合乡村山道或阡陌的往往返返。

至于诗人骑驴不骑马，很让田心、丁农、余一虹思索良久，想出来的也难免牵强附会。他们想这或许是自古以来诗人难成大业，仕途多舛，不是发配不毛之地，就是颠沛流离，哪里有英武的骏马？再者诗人坐在小毛驴上晃悠晃悠，正好吟诗。

他们赶路心切，一合计便打算雇这头小毛驴驮每人的行李："要多少钱？开个价吧。"

瘦老汉迟疑了一下，伸出一个手指头，试探说："这个嘛，少于10块我是不会干的。"

田心、丁农、余一虹尽数囊中，还凑不够一半。

小毛驴见瘦老汉过来，显得挺害怕，眼中露出乞怜的神色，显然他平时没少虐待它。小毛驴被催得急了，低头弓腰，四蹄一齐发劲，不管主人如何拉，也似钉牢在地上，动也不动。

田心、丁农、余一虹从背包里掏出仅有的一点干粮，喂进驴嘴。

小毛驴颇有灵性，欢叫一声，伸出脑袋在他们手上轻轻挨擦，以示亲热，随即开步走了。小车颠了起来，风被甩到后面。

瘦老汉一双眼睛灵动有神，先是"哦，哦"地揣度了一下他们的身份，后又道："路远呢。"

田心、丁农、余一虹问："一天到不了？"

"到不了。"瘦老汉说。

他们失望地叹了口气。

半路上，田心、丁农、余一虹碰见一个打柴的老乡，问："前边路好走吗？"

"好走，翻过这座山，就是红区了。"老乡说，"你们顺着太阳升起的方向走吧，一直走到有河流和山岭的地方，就是延安了。注意路上有狼。不过不要理它，它也不管你们的。"

他们担心地问："狼不吃人吗？"

老乡说："不要紧，你们不惊动它，它也不会吃你们。"

田心、丁农、余一虹和打柴的老乡同行，不一会儿就气喘吁吁，一身燥热，满脸汗水。

他们赶着驴走出去十来里地，果然看见三只狼，都有一双深邃的眼眸，里面充盈着荒原的野性和禽兽独有的寒光。人与其对视，心里会有种被窥探的感觉。田心、丁农、余一虹心里都开始紧张。他们把棉袄里的棉花撕出来攥在手上，另一只手拿出火柴，说："听说狼是怕火的，等到狼一过来的时候，咱们就点火。"

就这么说着，田心、丁农、余一虹很有信心地继续走。

三只狼果然没有光顾他们。

田心、丁农、余一虹刚舒口气，回过头一看，禁不住惊呼："怎么又有狼来了！"

这次是五只，其中两只小狼。

"这么多狼，可怎么办？"

转念一想，不要紧，刚才有经验了，咱们为参加革命，死都不怕，还怕狼吗？走！

小毛驴高亢地叫了起来。

大家鼓着劲走，走出去好远，赶快回过头一看，果然狼没跟着。

"哎呀，狼没跟着我们！"

田心、丁农、余一虹笑着得出一条结论：狼怕狮虎吼叫，也怕驴叫。

夕阳西下，山野浑然，一派苍青。暮霭四起，山野陷入墨色。山沉默，路人也沉默。

没料到此时莽苍苍的山野中，忽然冒出一些黑色的斑点。渐渐的，黑色斑点越来越明显，越来越触目惊心，并隐隐约约地能听到野兽时近时远的动静。

他们顺着黑森森的山路爬上爬下。没过多长时间，发现前面有四点绿火。又走了一会儿，终于能看出眉目了：那是两匹狼的眼睛。它们周围那些移动着的黑色斑点，显然也是狼！

赶驴的老乡告诉田心、丁农、余一虹：相传明末李自成在陕北起义时，农民饥寒交迫，几乎到处都有死尸，引来许多吃尸的野狼。后来它们就在这里繁衍生存。加之此地是群山，所以周围狼很多。人们夜间行路都怕碰上狼。有一种说法讲，狼在田野里如遇见孤独的行人，会从后面悄悄跟近，用两只前腿搭上人的肩膀。当人以为是别的人而回过头来，它就会一口咬住你的喉咙。还有的说，孤独的夜行人，一定要带着火和光。因为狼怕火和光，如遇着狼，只要擦一根火柴，或提着马灯，都可把狼吓跑……

好家伙！那八九只夜间觅食的恶狼，成群结队地围了上来，红着眼睛，个头很大。

田心、丁农、余一虹的心顿时收紧。

饥饿的狼群一直嚎叫着围住他们，不断地扑来扑去，扑得他们心里一阵阵发毛。

就这样，田心、丁农、余一虹以顽强的意志、毅力和智慧，与狼群一直对峙到天将破晓。

或许是狼群也实在耐不住饥寒的侵袭，不得不伴着微露的晨曦逐渐散去。

晨风嚓啦啦地卷过。土路上只有风声和车轱辘声。

他们历尽千辛万苦，距离心驰神往、梦寐以求的延安越来越近。

凡在陕北生活过的人，总会听过《信天游》。唱的人常风尘仆仆的，一副流浪汉的沧桑样子，不要乐器伴奏，自己边走边唱，调子大致差不多，内容却不大一样，因人而异。此时空旷的黄土高原上，田心、丁农、余一虹听到的《三十里铺》让人感到冷清和凄凉：

    提起那个家来家有名，
    家住在绥德三十里铺村。
    四妹子好了个三哥哥，
    他是奴家的知心人……

他们终于在1938年8月上旬到达分校。此乃麻涌第一批北上革命圣地的青年。

学习与自觉磨练

延安处于宝塔山、清凉山、凤凰山三山鼎峙，延河、汾川河两水交汇之处，历来兵家必争，史誉"三秦锁钥，五路襟喉"。1937年中共中央进驻，为陕甘宁边区政府所在地。

七七事变后，面临日益高涨的抗日热潮，为了加快培养干部，中共中央于1937年9月间成立陕北公学，校长成仿吾，副校长罗迈（李维汉）、教务部长邵式平、校务部长周纯全、政治部主任张然和。

1986年田心夫妻去香港考察前在深圳市委招待所合影

当时的延安，干部学校的学生占多数，仅抗日军政大学就有一万人左右。除陕北公学外，还有鲁迅艺术学院、中国女子大学、青年干部训练班、中央党校、马列学院等。

田心、丁农、余一虹看到，陕北公学校部贴满纪念八一建军节的口号和巨大的简体字标语。他们还看到各级领导虽然都是革命的老前辈，但一点儿没有官架子，可亲可敬。

学员入校后填写入学登记表，交照片，写简历和自传。考试后才编队，田心、丁农同时编入第二区队在"门家"的34队17班，余一虹编入35队。

陕北公学9月1日才正式开学。开学前田心、丁农、余一虹参加了布置校园、写标语和准备开学的一切建校劳动。

9月1日那天，学校开了一个大规模的运动会，还进行了歌咏、演剧比赛。全校学生有6000多人参加，真是热闹极了。

陕北公学分普通班和高级研究班，普通班每期三个月，高级研究班每期1年。对理想主义者来说，"理"在先，"想"在次，理想是建立在理性之上的，因而学习内容七分政治、三分军事，设政治经济学、中国革命问题、哲学、社会科学概论、军事知识等课程。每天上午上大课，没课本，没讲义，教师讲，学生听、记。下午讨论、自习、阅读、作笔记。

田心、丁农、余一虹等听的第一堂课，就是仰慕已久的哲学家艾思奇讲的唯物论辩证法。他们早就听说艾思奇在把马克思主义哲学通俗化、大众化方面有突出贡献。一听他的报告，果然深入浅出，引人入胜，他虽有四川口音，但语速较慢，学生不仅听得清楚，而且便于记录。他们原以为艾思奇是四川人，后来一打听才知是云南腾冲人。

课程中还有李凡夫讲的政治经济学，周纯全讲的游击战争和军训，何定华讲的中国近代革命运动史，朱改是区队长，同时兼讲群众运动。

开学不久就进行了党的发展工作。34队的指导员吕梁、蓝子芳分别与田心、丁农谈话，问他们对共产党的看法，读过什么书，喜欢看什么报刊，有没有入党志愿。

最初，田心没有肯定答复愿不愿入党。事后他与丁农交谈，丁农鼓励他积极申请入党，于是经指导员和党支部同意，给他们都填了入党志愿书，介绍人就是吕梁、蓝子芳。

接着田心、丁农被编入组织参加上党课，9月16日便被批准入党，有三个月的候补期。

从此，每逢星期日上午或晚上，他们都要秘密地上党课，讲党章、抗日民族统一战线政策。在公开的科目中，有中国近代革命运动史和二万五千里长征的内容。

学生会的工作更是活跃。还公开发展中华民族解放先锋队（简称"民先"）成员。它是中国共产党领导下的先进青年组织，个别吸收参加者，田心、丁农也参加了。另外，全体同学都参加了学生会和西北青年救国会（简称"西青救"）。

同样的内容，余一虹在35队也经历了一番。一天，领导找到他："你们写个自传，明天交给支部。"

当夜，他写到二三点才把自传写完，激动得一夜没睡着；第二天小心翼翼地交给领导。

党支部发展大会是在学员队驻地举行的。介绍人认真负责地介绍了余一虹的各方面情况和优缺点。使他们记忆极深的是党员们对自己缺点的介绍和剖析。尽管这种鞭辟入里的批评，曾经使他们汗颜、难以入眠。

一天晚上，田心、丁农、余一虹一块儿被召到学校附近的一间房子内。墙上挂起一面党旗，人人举起右手宣誓："……誓死抗日到底，为共产主义事业奋斗终身！"

会后，余一虹对丁农、田心说："当初我一心想把国家、民族扛在肩上，但心是飘浮的，其实连自己都扛不住。现在感到脚踩踏实了……"

他们入党后最突出的一个感觉，就是自己的生命开始变得宝贵了起来，是党给了自己更重要的政治生命。一个人活在世上，还有什么比造福全人类更有意义？

余一虹出生在1921年的12月，虽然比中国共产党的诞生晚了几个月，却丝毫没有影响他与党同龄的事实。有人经常调侃他："您了不起啊，和我们的共产党同龄！"

由此，"我和共产党同龄"成了余一虹的口头禅，也深深地植入了他的骨髓里了。在他心中，共产党就是一生的天。他感到由衷的自豪，决心一辈子与党同心，与党同音，与党同行。有时，当生活遇到波折时，便念叨"我还是共产党的同龄人呢"，自此，心情便雨过天晴，开怀畅笑起来。

学习期间，他们还听了罗迈（李维汉）同志传达中国共产党扩大的六届六中全会精神，共传达了四天，内容主要是毛主席的"论新阶段"。学生会则组织了"西青救"第一次代表大会的传达。

二区队共有四个队（队相当连），有400多人。学生大部分来自大后方，小部分从南洋来，也有少数来自沦陷区，都是一些专注于理想、有着强烈牺牲精神的人。

他们这些人与田心、丁农和陈一虹一样，既没有权力的野心，也没有出名的渴望，只有一颗颗纯朴的心。

新的学习生活，人与人之间的亲密关系，一切都使他们感到新鲜。他们如饥似渴地学习革命理论，但对物质生活不大习惯，初来时吃小米，肠胃受不了，有人曾想过要回老家去，但崇高的革命理想使他们坚定地留了下来。

　　陕北公学的业余生活丰富多彩，常举办球类赛、军事演习；每周有文娱晚会，参加者不下千人。邓颖超给年轻人讲过"生理卫生"。此外还组织学生到附近开过荒。

　　学校每年发一套单衣，有的两年发一套棉衣，有的还没有，把单衣的夹层拆开，里面塞上一点棉花，就算是棉衣了。除麦面、蔬菜、粮油公家供应，每人还按月发少量津贴费，标准是学员1元，干部1元5角，教员5元（当时每斗麦价值8角）。南方人爱吃的大米被当成宝贝，一般人都得吃小米、高粱、棒子面等粗粮。在规定的5分钟吃饭时间里，谁也顾不上细嚼慢咽，也顾不上慢条斯理地拣出饭里掺杂的谷粒、沙子，只能速战速决。十多个窑洞一排，建在山野里。每孔窑洞白灰抹的墙，马兰纸糊的窗，未涂油漆的本色门窗，土坯垒的炕是通铺，铺上铺的是稻草，一铺八个人，每人只能睡一小块地方。每天早晨共用一盆水洗脸。没有桌、凳，自己的膝盖就是桌子，石头就是板凳。

　　大致同龄的年轻人来自不同省份。最初因口音障碍，大家连寒暄话都难以说通。田心、丁农、陈一虹们的粤语在同学们的耳朵里有三种反应：一部分基本能听懂，一部分听得模棱两可，一部分有大量空白——需要他们辅以手势来表达。

　　第一次用餐，十几个新学员依次围坐，中间一个小盆，盛着清水煮黑豆，那就是他们的菜。由于熟悉的少，陌生的多，大家都用自己想到的主题来说话，留下许多断断续续的空白。

　　但这种相互间的陌生感维持了没多久，大家就迅速打成了一片。

　　来自四川、湖南的学员餐餐离不开辣椒，常辣得大家满头大汗，前额亮晶晶的，嘴里咝咝地吸气，不时要起身找杯子倒凉水冲淡口中的辣。因此他们窑洞外的窗台上除了晾着胀鼓鼓的南瓜，就是吊着一长串一长串的红辣椒……大家在饭后讲自己的家乡、童年，或者初恋……

　　或许由于年轻，没过多久，田心、丁农、余一虹等就能说一口比较流利的北方话了。

　　每个人几乎是在一进入这种新生活时，就禁不住热血沸腾。面向东南的窑洞正好接住金色的阳光，使里面闪动着温馨的波浪，处处干干净净，利利落落，在朴素中显现着蓬勃朝气。这种生机勃勃的景象，使田心、丁农、陈一虹感到延安人似乎走路都比"大后方"人快些。

每当夕阳的余辉照耀到山头塔影,学员们就三五成群地漫步在晚霞斜映的延水河畔,沿着蜿蜒起伏的山间小道和古老城墙,或指点江山,或纵情高歌,或谈古论今,或研讨切磋,到处充满着战友的温情,到处洋溢着自由、活泼、生动、欢乐的气氛,到处是一派盎然的生机……冼星海这时成了常客,经常穿一件破旧的西服,兴致勃勃地来辅导、教歌……

田心、丁农、余一虹后来得知,冼星海是在他们来延安没几天后来的。1938年10月1日,他携新婚妻子钱韵玲,在八路军武汉办事处的安排下经过一个月的长途跋涉,于11月3日中午顺利抵达延安。

延安以极大的热情,欢迎这位从法国回来,把全国抗日歌咏活动搞得轰轰烈烈的音乐家。

当时的延安被称为"歌咏城",合唱被叫作"全民抗战"。冼星海一边在鲁迅艺术学院进行音乐教学,一边被延安各个单位邀请去组织歌咏队。延安相对平和而又自由的创作环境和新的人生境界使他对音乐创作有了一个深刻内省和升华的过程,又一次萌发出了以民间音乐为基础,参考西洋音乐的先进成果,创造一部中西合璧的民族大合唱的强烈愿望。

就在这时,即1939年2月,带领抗敌演剧队第三队在大西北黄河两岸的敌后游击根据地活动的光未然,行军时不慎坠马摔伤,村村换人抬担架,转送到延安住院治疗。冼星海闻讯后立即前去看望。见面后,光未然激动地谈起大西北雄奇的山川、游击健儿们英勇的身姿,这些场景时刻强烈地感动着他,尤其是两次乘木船在壶口渡过黄河时体验到的深深震撼,使他在心头酝酿着一首篇幅较大的朗诵诗《黄河吟》。冼星海听后十分兴奋,希望光未然把所见写成歌词,与他再来一次合作。

于是,躺在病床上的光未然,自己口授,请人笔录。五天就写就了歌词。

是黄河震撼了诗人光未然,他的长诗又深深打动了音乐家冼星海,使其潜伏许久的创作热情一下子爆发了出来。

1939年4月13日,抗敌演剧队第三队第一次在陕北公学大礼堂演出了《黄河大合唱》,观众上千人。当《怒吼吧,黄河》的尾音落下的一刹那,掌声、叫好声和抗日的口号声,如雷鸣般从大礼堂后面涌向前台,观众沸腾了。

从此,田心、丁农、余一虹等最爱唱的是《黄河大合唱》。

1939年5月11日，在庆祝"鲁艺"成立一周年的晚会上，《黄河大合唱》在延安北门外中央组织部大礼堂再次公演，该公演以"鲁艺"音乐系学生为主，约五百人参加，由冼星海亲自指挥。演员们身穿夹军装——将棉衣里的棉絮掏空、熨平，腰系皮带，个个精神抖擞。由于物质条件缺乏，要想组成一支像样一点儿的乐队绝对没有可能，只能因陋就简，把能找到的不管什么乐器，像二胡、三弦、笛子、六弦琴等都用上，仅有的三四把小提琴还是有人从国统区带来的。没有低音乐器，音乐系学生们就自己动手做，如用铁皮汽油桶改造成低音胡琴，同样能发出"嗡嗡"的金属共鸣。还有一件新型乐器是大号搪瓷缸子，里面放二十几只饭勺，当《黄河船夫曲》的朗诵"那么你听吧！"一完，指挥者手臂一挥，这缸子使劲一摇晃，就发出"哗啦哗啦"的音响，与乐队锣鼓齐鸣，烘托着合唱队"嗨哟……"颇有气势。这原创的、彻底的"土包子"合唱队，凭着坚韧的意志和革命理想，唱响了民族之声、时代之音！他们不仅是在唱歌，简直是在经历一场与黄河惊涛骇浪的搏斗！演出效果达到高潮，观众报以热烈的掌声！许多中央首长和文艺界的朋友都上台祝贺。

6月26日，为欢迎周恩来回延安，《黄河大合唱》又一次公演，演出结束后，周恩来欣然题词："为抗战发出怒吼，为大众谱出呼声！"

田心、丁农、余一虹等来自南国的年轻人都非常喜欢延安，喜欢它透彻的阳光、清朗的天空、绵延的群山、博大的静谧、深远的神秘。它虽地处穷乡僻壤，没高楼大厦，没喧街闹市，却处处充满生机，吸引成千上万热血青年，为了共同的目标，从各地长途跋涉，历尽艰辛，蜂拥而来。这里集合着中华民族的精英，指引着抗日救国的方向，凝聚着同仇敌忾的力量。每一位向往革命的青年来到延安，都会眼睛一亮，心里的血就跟着火热起来。

凯丰作词、吕骥作曲的《抗日军政大学校歌》也同样具有极强的感染力。

> 黄河之滨，
> 集合着一群
> 中华民族优秀的子孙
> ……

每当听到这歌曲，田心、丁农、余一虹等都顿时觉得来到亲人中间，那种当了亡国奴的郁闷一扫而光。洗练的歌词与激越的曲调，一经入耳便深系于心。

一天晚上，田心、丁农、余一虹问先来的同学，常听到一些人身上像有什么，挠得那样响。那同学脸一黑："这儿的人个顶个身上有虱子、蚬子。"

果然，因衣服少，不能常换洗，田心、丁农、余一虹等身上、头上很快都长了虱子与蚬子。有人把它们戏称为"革命虫""抗战虫"，借以考验知识分子投身革命、与工农大众打成一片的意志信念。当同学们忍无可忍时，就进行"反击"：夜里把衣服脱下，光膀子在油灯下对寄生虫围歼。因没衬衫换，棉衣白天要穿在身上，夜晚还要靠它取暖。怎么办？开始大家束手无策，后来想出办法：用火烤。他们把藏了虱子、臭虫的铺草换下，燃起篝火，两人一组，拉住四个被角，把被子展开在火上烤。虱子一受热，便往火里掉，劈里啪啦，像爆米花。还有人出了个点子：砌一锅台，装口大锅，四周砌一米多高的围墙，锅里注满水，上面装木架，把衣被装进去，顶上盖严，用大火烧水，蒸两个小时，取出晾干，把死虱甩打掉。

这使他们想起在东莞就读过的《西行漫记》。美国人斯诺说，"和毛泽东谈话时，见他心不在焉地松下裤带，搜寻着什么寄生物。"此"寄生物"非他，就是虱子或跳蚤。

由于一年只发一双布鞋，大都不够穿，田心、丁农、余一虹等就想起在广州常穿的木板鞋。他们还跟老红军学编草鞋。延安流行的草鞋有两种：一是用草编的，一是用旧布条编的。他们课余时间常去捡破布，洗干净撕成布条，再编草鞋。在夏天穿木板鞋走起来虽咔啦咔啦响，却能省下布鞋。天冷了寒风如碎玻璃，在他们皮肤上留下红色的印痕，甚至割出横横竖竖的伤口，能刺穿每一根神经。没有棉鞋，他们就用厚厚的破布把脚裹起来，再穿上草鞋，在冰冷的山路上奔走。

没有肥皂，他们就在春夏之际，把要洗的衣被先泡在水里，泡透后反复用手揉搓，用木棒捶打；然后把衣服装在大篮子里，将绳子的一头捆在延河边的大石头上，另一头把篮子拴好放在延河，任凭清清的河水冲洗，一天一夜之后就算干净了。

没有扫帚，同学们就上山砍荆条，砍野扫帚苗，甚至砍一些树枝绑起来，做成清洁工具。

他们住的窑洞在山上，食堂在山下。每天三顿饭要爬三次山。山陡路窄，有的地方近乎羊肠小道，碰上雨天，道路泥泞，一不小心，就可能从山上滚下来。环境为他们提供了天然的爬山条件，使他们经受了爬山的锻炼，练就了爬山的本领。冬天他们请村里的铁匠找来锈迹斑斑的铁片打成冰刀，用绳子紧紧地捆在草鞋上，成为特殊的"冰鞋"，把封冻的延河当成欢乐的溜冰场。

这年腊八，起床号吹过了，窑洞里还是一片漆黑。不是天没亮，是窗子被大雪吞没了，窑洞门也打不开。幸亏值班的哨兵夜间巡视，门才没被大雪完全封死。哨兵拿着一把木锨把窑洞门前的雪挖开大家才推门出来。

他们从来没见过这么大的雪——平地也有三四尺深，背风处都没了窑洞的门檐。在冰天雪地里照常上课，成为大雪带给他们的精神愉悦。

田心、丁农、余一虹等对比西北的荒凉，更体验到家乡东莞的温润可人。有段时间，他们连续几周没吃米饭，感到大米光闻着都是香的。最初吃不惯面食，有时感到越吃越饿，仿佛有一群嗷嗷乱叫的野猫在肚子里掏啊掏的，把仅存的一点油水都掏空了。

当然，延安的种种艰苦，也使一些沿海来的青年很不适应。有的犯嘀咕："这鬼地方，怎能长期待得下去？"有的甚至后悔，不该背井离乡来到这里。

不知是哪位好心的领导听说了，记在心上。一次他问大家："伙食怎么样？"

一些人勉强回答："还可以。"

领导感觉到答者情绪不高，又问："有什么问题吗？"

一位年轻人小声说："没大米。"

领导哈哈大笑："南方来的同志吃不到一点大米，不应该呀！"

殊不知他这话里蕴含多少深情，又意味将要付出怎样的行动！

几天后，为了照顾他们的生活习惯，居然专门给南方学员增添了半碗大米饭——事后才得知，是一些红军干部自己舍不得吃，把大米送给了刚从南方沦陷区来的新学员。

他们只是刚刚走进革命队伍的青年，而有些同志年长十来岁，已有多年党龄，是阅历丰富的"老资格"，但给人的印象却像小青年一样热血方刚，冲劲不减。大家吃住在一起，学习在一起，非常平等，相互也无话不谈。

和工农出身的同志在一起，田心、丁农、余一虹等吃饭也越来越简单，有时取根大葱和一个棒子面馍，将葱皮剥掉往衣襟上一蹭，走一步咬口馍再咬口葱，不一会儿就吃完了。

因缺乏营养，他们一度患了夜盲症，晚上就变成"睁眼瞎"。一次随队外出执行任务，返回时天色已晚，路上漆黑一片。田心、丁农、余一虹深一脚、浅一脚地走，不知不觉掉了队，突然一脚踩空，掉进路旁一个很深的堑壕。他们在里面苦苦挣扎，无法爬出，大喊了几声也无人答应，知道大家已走远，心里有些紧张。天黑，眼"瞎"，孤立无援，怎么办？过了好一会儿，大家回到驻地，才发现田心、丁农、余一虹不在，立即派人沿路寻找，才把他们拉了上来。当领导得知原委，当即指示："要想办法给田心、丁农、余一虹治好病。"

一声令下，下边千方百计落实，没药就用偏方。听说吃猪肝能治夜盲，于是决定杀头猪，将肝留给他们。杀猪后取下猪肝，按医生要求，炊事班不加作料、不放盐，煮熟，冷却，让他们先吃一半，第二天再吃一半。果有奇效。晚上掌灯后，他们猛然看清了房间的一切，兴奋地不禁自言自语："谢谢同志们！"并飞快地跑到队部，大声报告："我们的眼睛治好了！……"

按常规，单位只有在重大节日才杀猪，但为了给他们治病，竟破例享受到"特殊待遇"。怎不使他们激动不已？同时，也感动、教育了全队同志，革命大家庭的温暖洋溢在每人心田。

因通风不好，立夏后窑洞便闷热难挨。晚上，同学们就从窑洞里搬出褥子，往地上一铺，望着高原美丽的夜空，听着延河潺潺的水声。这样倒是凉快，但新问题接踵而来：又受到野兽的威胁！深夜常能听到狼嚎、猫头鹰叫，偶尔还有豹子出现。环境锻炼了胆量，大城市的学生习气一扫而光。

天气一暖和，田心、丁农、余一虹等就下延河游泳了。他们极力寻找着家乡的珠江、东江、麻涌河等江河的感觉。

田心、丁农、余一虹始终保持着一些在北方人看来过于讲究的习惯，如早起刷牙，睡前洗脚，冷水洗身，不喝生水等。他们认为刷牙、洗脚是讲卫生；冷水洗身是强健体魄和磨练毅力。

他们很快就喜欢上延河，外出时常徜徉在河边，一眼望去，挺拔的清凉山、宝塔山随意泼洒着褐色的棱角分明的图案，像一个饱经岁月风霜的红脸汉子，尽显阳刚之气；脚下滔滔的河水环绕着掩映在绿树鲜花中的村落。山，傍水而绕，挺直了脊梁；河水，绕山而流，在这里忽而变得温柔起来，忘情地舒展着自己……

　　河面在阳光下波光粼粼，远处有黄泥墙轮廓的农家院落。田心、丁农、余一虹等感到它渗透着一种让江南水乡无法攀比的美丽，有时把衣服脱了放在水边，然后下河游泳。家乡的东江水很深，人只要一下去，每根神经就绷紧了。延河最深处只没膝盖。河底是大大小小的碎石，踩着叽咕咕地响。只是水宽的地方，芦苇丛达里许，没有好水性和胆量不敢深入。芦花白了头，风一吹，像动荡的白雪，时而有大雁栖息。只是栖息中的大雁很难接近，偶尔能听到它们咕咕的叫声，幽深而神秘。雁群休息或进食时，总有一只雁独自巡视放哨，一旦有人靠近或发觉有其他威胁，便长鸣一声，群雁遂齐刷刷地飞向天空。余一虹想，这也许是每年万里迁徙赋予了它们高度的警惕性吧。他依稀记得一些有关雁的诗文，如陆游的"雨霁鸡栖早，风高雁阵斜"等，感到这样的诗句即便纸上诵读，也已有苍凉之美遍袭心胸。后来，他听说毛泽东有诗"天高云淡，望断南飞雁"……

　　由于多数人都没钟表，每天凌晨4点半，老师便手摇铜铃沿窑洞逐个叫喊："上早班啦！"

　　殊不知，这时田心、丁农、余一虹等年轻人早起来了。

　　他们参加集体早操。军事训练对学员要求近乎苛刻，一个动作不达标，就必须重做无数次，直到完全合格才能开始下一个。有时全队都要重复一个动作，直到整齐划一为止。

　　早操后休息五分钟，学员重新集合，在队长带领下再一口气跑回营区，直接用早餐。吃饭时间也是定死的五分钟。

　　他们每天上课，用的文具是铅笔和马兰草做的质量粗糙、呈黄色的土纸，也有蘸水钢笔和墨水，但一写到这种纸上就洇成一片。后来有人想出办法：把豆浆刷在马兰纸上，晒干后用蘸水钢笔写字就不再洇了。

　　这种"高等学府"，全世界绝对少见。它从物质层面而言无疑是十分苦的，但在精神上却是富足的，富足得令人肃然起敬。

　　为了办好时事栏，田心、丁农、余一虹等每天都要阅读《解放日报》

等报刊，并把重要报道及言论分门别类地整理剪贴到专栏上。

它吸引了许多同学，同学们一边看一边感慨议论，及时了解了抗战形势的发展。

延安上映电影很少，每月只偶尔有一两次；但戏剧演出不少，《同志，你走错了路》《前线》《抓壮丁》等，都给他们留下深刻印象。一些剧中人名，甚至成为生活中的口头禅。

谁说了假话、空话，他们就借《前线》中某记者的名字说："你'客里空'！"

有些年纪大的同学在他们这些小同学面前摆老资格，他们就用《前线》中代表思想保守的人物名来评论对方："你'戈尔洛夫'！"

田心、丁农、余一虹等依然喜欢读书。每当捧上一本好书，就爱不释手，不仅自己读，还与同学互相传阅。书中许多哲理名言、恢宏论述、闪光警句都成为鼓舞他们前进的力量。后来，倥偬岁月渐渐淡褪了许多纷乱往事，但初读这些书的盎然兴味却永远记忆犹新。

晚上，他们也到青年文化沟去看"轻骑队"的墙报。这个墙报由青年委员会同人创办，丁玲的《三八节有感》、王实味的《野百合花》，都是在它上面发表的。因观点鲜明，锋芒毕露，这些名人名篇吸引了众多读者，也引起争论。当时在墙报上发表文章的，还包括了于光远、许立群、李锐等人。

出人意料的是，一次田心、丁农、余一虹等相约到延安图书馆借书，居然发现在西安被搜查去的那本《西行漫记》摆在书架上。他们纷纷猜测：莫非那搜查的宪兵是自己同志？这中间又发生了什么故事？

回来时，一位教员对田心、丁农、余一虹等说："抗大有位广东来的人想见见你们。"

是谁呢？那位教员一时也说不上名字。

田心、丁农、余一虹等不免好奇，紧接着就顺着高低不平的土路，如约来到抗大。

他们站在"老乡"的窑洞前，主人一露面，三人立即瞪大眼睛，惊奇地看着对方，上上下下打量了好几个来回。原来此人是来自东莞虎门的王匡。

寒暄落定，余一虹、丁农、田心才留意了一下这乡亲的窑洞：烟火熏黑的四壁，窗台摆满书，上面有一套粗瓷碗筷，墙上挂一副自制的地图……无言地诉说着居住者的生活状况。

王匡原名王卓培，1917年出生于虎门南栅西头村。20岁那年，刚从东莞中学毕业的王匡就在日本侵略中国、民族存亡的紧急关头，毅然离开家乡奔赴延安，并加入中国共产党，投身于抗日救亡的革命洪流中。

到陕北后，他被直接送进抗日军政大学，经过一段短训，毕业后被留在抗大当了教员。

"当时我恳切地说我恐怕不行。"王匡道，"领导却说你行你行，不必谦辞了，你在东莞教过好几年书，这在边区还很难找。任务是党组织交给你的。给你一个星期准备，随后开课。他们几乎是不容讨论地向我下达了指令。"

"我和所有到延安来的青年一样，对长征过来的红军将士充满崇敬。"王匡又说，"没想到我的任务是给他们上课，教语文、历史。有一天，管教学的主任通知我：'小王，毛主席要见你们几个新教员！'就这样，我到延安不久就见到了主席。"

听到这里，田心、丁农、余一虹等的脸上，都情不自禁地洋溢出羡慕、景仰的神情。

王匡道："主席和大家一样，穿一身灰布制服，很随意地就和我们这些新教员谈起话来：你们的学生都是中国工农红军的骨干。你们的任务是教会他们认字，要学会看报、写信、看电报、看命令，这样的部队才能打仗。我知道主席是提醒知识分子不要自高自大，要虚心向自己教育的对象学习。教红军学文化，首先要编教材，课本3000字，我们每人编了1000字。红军学员对我们很尊重，学习很认真……"

王匡还说到上级对教员十分关怀，很重视提高他们的政治地位，照

1938年的延安新气象
两个穿得也算整齐的农民拿起武器，
虽然是当地古代留下来的土玩意儿，
也表现了中国人的抗日意志

延安吸引了全国许多知识分子,这位去延安的画家,刚刚完成了毛泽东的画像,给这座小城增添了一丝亮色

顾他们的生活。延安物质生活极端艰苦,除粮食外,每人每天的菜金才三分钱,小米饭、熬白菜是共同伙食。为了表示对教员的尊敬,给他们每人每月补助两斤大米、1斤鸡蛋和几斤面粉,会抽烟的还发四包"风车牌"纸烟。有津贴费后,学员每月1元,校领导最高5元,一般3元半,只有从外地请来的教员是10元。钱虽不多,但它充分体现了党注重教育事业、尊重知识。

王匡的讲述,使田心、丁农、余一虹等脸上写满兴奋。他们想,如能像她一样见到毛主席该多好!后来他们终于有机会听到毛主席作报告,见到了毛主席。

2014年暑期南梅先生(左一)和老干部们一起为回乡参加社会实践的大学生们作党史报告

水乡抗日的艰难日子

1938年10月12日,日本鬼子在强大的海、空军掩护下,从大亚湾登陆,又陆路经广汕线、水路沿东江和珠江口三路直取广州……第二天又占领淡水、坪山,并派小部分兵力到达惠阳鸭仔铺,又沿樟惠路经樟木头奔袭虎门。因兵源不够,他们开始在中国境内到处抓壮丁充当苦力。

1939年冬,日军分南岗、新塘、中堂三路重兵压境,麻涌失陷。是日凌晨,萧泗材等人带领一支武装小分队,乘着数艘小木艇疏散到村外河滘内;先到漳澎村借宿,后到鱼沙围庄潜伏。因孤立无援,小分队被迫分散,转入秘密活动,萧泗材又潜伏到乡里。他义愤填膺地对战友们说:"与其被日军抓去,还不如自己拉队伍抗日!"

"说得好!"大家齐声赞许。

腊月,可以说是一年中最冷的一个月。刺骨的冷风,在水乡肆虐游窜。叶子低垂的树枝颤抖着,鸟儿们则蜷缩着身子,躲进了窝……整个森林仿佛沉睡了。

沦陷初期,隐蔽在家乡继续开展革命活动的有萧泗材、萧国栋、萧进尧、萧均权、萧镇越、莫俊杰、黄振华等。他们在马元市昌祖祠前开设一家"联合果菜栏"。集上人来人往,总是很热闹。他们就以"做生意"作掩护,继续开展抗日秘密活动。

他们不仅"经商",而且"从文"。在萧泗材主持下,萧大均、莫锦棠等人秘密油印出版《火星周刊》,分发给群众传阅,教育民众,提高抗日斗志。

莫雄等十多人先后加入了东江抗日游击队。大步村的地下党员祝锦龄和新基村的莫炳光、东太村的莫福生纷纷外出活动,通过秘密串联、采用单线联系的形式重新组织革命力量。

大步村聚居呈块状分布，曾称"水云乡"，因与麻涌一河相隔，一步之近，大步可跨至麻涌，故名之。相传大步立村于明初（约1368年），其时南方初定，朱洪武推行屯田制，委派得胜军在南方各地屯田垦土，广种稻菽。被派往附近村庄的有15个兵头，各领部属在沿海一带选地驻落。其中有张、郭、王、宁、赵、蔡、彭七姓氏的兵头率领其部下分别选择村内的高地居住，归东莞管辖，并以姓氏定坊名，故有张坊、郭坊、王坊、宁坊、赵坊、蔡坊、彭坊之称，沿袭至今。

大步立村以来，青山依旧，夕阳几度，清朝平定"三藩叛乱"后，将明朝留下的军屯改编为民户，俗称"军改民"，人口、土地编册入籍，征收赋税。雍正三年（1725年），"狮子洋"（大步七屯、军城二屯、东村一屯）连同"东泊洋"（东向两屯）、"白市洋"（小享三屯）的15个屯田单位编入广州府鹿步司番禺县第四区15屯乡，乡公所设在大步村。

祝锦龄老实、勤快，面相显老，虽然只有二十来岁，但是看上去说四十岁也行。在大步村，每个老人都叫得出他的名字，好像是说自己的远房侄子。

1940年，祝锦龄开始以教书作掩护开展革命活动。他曾经听学校里的老师说，一棵普通小草所结出的种子就有好几万粒；一粒种子一个生命，几万粒种子就是几万个生命……心想：难怪小草的生命力那么旺盛！

祝锦龄曾在村里做过一个实验——吃了果子，将核埋在土里，然后压上砖块，留下记号。他想看看果核能否发芽，从砖块下拱出来。开春，祝锦龄去察看，留有记号的那个地方，果然长出了一棵苗壮的果树苗，而那砖块，已经被顶到一边……他想：砖块可以压死一块地，却压不死地下的一颗种子。如今，这棵小果树已经长到半人高。

1941年，祝锦龄在大步小学发展了祝厚良、肖焕兴等人入党，建立了一个地下党小组。

同年夏，他又亲自到麻涌秘密布置工作，派人在黎明前到马元市中心的"长泰"杂货店和新市汇源楼下"天生堂"中药店门前散发传单，在水泥桥边设立一个卖香烟生果的秘密交通点，收集敌情，传递抗战消息。

又经过两年的努力，条件成熟了，祝锦龄和祝应湖、祝耀棠、祝厚良、祝福亮、史家容、姚礼等七人成立起麻涌地区第一个党支部——大步党支部，祝锦龄当选为书记。

由于党还处于地下状态，看不出谁是党员，他们的入党仪式也是秘密进行的——在一个小屋里，内容简洁、有序、庄重。宣誓时要面对党旗，许多人还从未见过党旗呢，于是临时自己做，在一小张纸上涂满红色，再画上黄色的镰刀、斧头。他们还不会唱《国际歌》，在那样的环境也不宜唱，就由祝锦龄介绍《国际歌》的来历和内容。宣誓时声音很轻，但很有力。

大步党支部的成立，像星星之火，使麻涌民众有了坚强的领导核心和战斗堡垒，也使麻涌革命事业得以蓬勃发展、呈现燎原之势。

同样在1943年，大步党支部利用农闲时节和夜晚农民习惯聚集到祠堂、凉棚谈天说地的机会，在张坊观音堂成立群众组织"农余社"，团结广大农民并为之办实事，维护农民的切身利益。其中最突出的事例：一是反对霸耕夺佃，保障佃农利益，迫使土豪劣绅减少苛捐杂税，不敢随便欺压农民；二是派代表向敌伪联防大队长黎福庆请愿，使沉重的禾标费每亩减少24市斤。此事震动七乡四邻，民众欢呼。

还是在1943年，东江纵队在抗日烽火中诞生。它远离党中央和八路军、新四军主力，孤悬敌后，在日伪军和国民党顽军夹击下，坚持游击战争，为抗日战争的胜利做出了贡献。

有一次，村口站岗的地下党员来报：鬼子进村了，有一个排兵力，好像还往这边走呢！

屋里的气氛霎时紧张起来。大家心里都在想："鬼子来得真巧，我们前脚准备走他后脚就来，万一被发现了，这里每个人的命可就全没了！"

其他人手上的枪也都子弹上膛，做好随时战斗、随时为革命牺牲的准备。

面对鬼子的推进，祝锦龄下令立即抗击。战斗激烈而残酷，鲜血染红河涌岸边的香蕉林。

仓促应战的鬼子措手不及，死伤颇多，被迫后撤。

之后，面对鬼子的火力攻击与空中优势，他们不断调整防守策略。

麻涌河畔林木茂密，有大水翁树、榕树、木棉树。战斗结束后，大部分烈士遗体都被亲人认领。剩下几名找不到原籍的烈士，就安葬在村里。从此这烈士墓成了村里最神圣的地方。

然而，珠江三角洲总的态势是敌强我弱。鬼子进驻许多地方，立即强拉民夫，在县城、乡镇构筑碉堡，派兵把守。

许多原来兴旺的圩市成了日本人横行的地方。他们凶神恶煞地从老百姓家抓"反日分子"，五花大绑抬上卡车在大街小巷游街示众，一面高呼口号，一面用军用皮带狠狠抽打。游街回来，鬼子还把他们从卡车上推到满是玻璃碎渣的石头地上，许多人可怜地连哼一声的气力都没了。

1940年，麻涌在日军的铁蹄下苦难深重。萧泗材与战友们的给养极其困难。他们睡的是稻草，吃的是糙米，且沙多谷多，人称"沙谷米"，菜中鲜见油盐。有时就连这些都难以为继，许多人连粥都吃不上，不得不以芋头、番薯充饥。

同年春，萧泗材曾到与麻涌毗邻的望牛墩和地下党人陈昶联系，准备开辟水乡游击根据地。后因策反流驻到麻涌的陈坤、陈怀部队，未能获得成功，他自己反而暴露了目标，处境十分危险。在迫不得已的情况下，化名黄柳言的莫逢湾通知他马上转到"广游二支队"去。

1941年春，麻涌受"皖南事变"的影响，当时绰号"大天二"崩口庆的槎滘人黎福庆恶势力膨胀，抗日活动处于低潮。

次年冬，"广游二支队"也曾利用麻涌这个革命老区作秘密交通点，负责单线联系的是莫恒瑞，主要任务是沟通情报，主要与番禺蛟塘联络点联系，重点与东江东莞大岭山民主新二区区长张英联络。当时香港东南特委联系珠江纵队，均经"广游二支队"转达。

萧泗材自从到"广游二支队"后，改名萧强。不久，由化名黄柳言的莫逢湾介绍其加入中国共产党。在林锵云的领导下，他被分派到欧初、谢立全指挥的大队。

最初，他带领一个小队，转战西海、路尾围与中山县五桂山区，由于他指挥得力，作战勇敢，屡立战功，在部队与民众中威信颇高。后来，萧强被委任为游击队中山五桂山中队长，驰骋疆场，带部队为开辟中山九区与五桂山根据地而奋战。

稍后，他担任了珠江纵队五桂山游击队副大队长。

每当新成分入伍，萧强都要主持开欢迎会。他亲自指挥唱歌："战士个个要牢记，咱都是来自老百姓，离开老百姓就像离水的鱼，鱼儿离水活不成！"

唱罢歌，他接着说："这歌子告诉我们为什么要参军，为什么不能忘本。"

萧强很重视军事训练，发现谁射击不准，就耐心地手把手教。他分析说："你打不准的原因是枪托得不稳，目标瞄得不准，呼吸没有屏紧。要记住射击的要领：左眼闭，右眼睁，表尺对准星，三点成一线，屏住呼吸扣枪机。"又讲："打活动目标时，要有适当提前量。"

战士们参照萧强传授的要领反复练习，射击水平大有提高。

春夏过了是秋天。他返乡探望留在那里的战友，了解敌情并领导了一次抗暴斗争。

自日军从这里撤防，陈坤、陈怀部的流窜散兵也被撵走，绰号"大天二"崩口庆的敌伪黎福庆部反动武装填补了麻涌的"真空"。

一时间，日军、国民党军和共产党领导的抗日队伍，云集在弹丸之地。一个小镇成了敌对三方明里、暗里斗智斗勇的圩市，几乎天天不离战火硝烟。

国民党军打鬼子不行，残害老百姓却不手软。

有一个姓黄的华侨子弟在南坦的自耕基上切（用刀把蕉果成串切下）错与邻基交界处的一棵香蕉树，发觉后即叫外祖母送还物主，物主亦已收回。当其外祖母途经军城市场与人交谈之际，被绰号"跛周"的敌伪周耀祥部的爪牙听见，迅速汇报给"跛周"。他们都认为此人可欺，便立即派出打手，如狼似虎地到麻涌借端勒索。"跛周"的人将这个姓黄的华侨子弟扣押在军城乡公所内，声称"如不交出一千元罚款，则作偷蕉论处，枪毙领花红！"

此事一传，震动麻涌。

萧强了解到此事，审时度势，估计敌伪虽然嚣张，但势力初建未久，还须笼络民心，不能不有所顾忌，这对正义斗争是有利的。

于是他挺身而出，带领一班年轻战士深夜闯进军城乡公所，与"跛周"面对面展开有理、有节的辩论，强烈要求释放被扣押的无辜者。紧接着，萧强又与莫俊杰一起上槎滘，深入虎穴，与"大天二"崩口庆交涉，要求其制止部属"跛周"蛮横无理的敲诈勒索暴行，最终迫使"跛周"不仅不得不放人，事后还派"大天二"崩口庆的军师钟芁伯连夜道歉……

这次抗暴斗争的胜利，既拯救了受害的同志，又教育广大民众，大大鼓舞了麻涌热血青年的斗志。

从1943年开始，麻涌抗日斗争的中心，已转移到大步村。当时麻涌的"联合果菜栏"停业，部分青年团友虽然与莫逢湾、萧强保持信息联系，还常筹集一些经费支援他们，但是在艰苦的斗争岁月里，"广游二支队"战斗频繁，流动性大，对遥隔狮子洋的麻涌鞭长莫及。因此，他俩叮嘱在乡的团友，注意保存革命力量，不要轻举妄动。

1943年夏，麻涌留家的团友，派萧国栋、黄振华两人与之联系，并接济他们一些经费。就在此时，莫逢湾却在钟村区冼墩乡一场突围战斗中英勇牺牲。

1943年冬，萧强在特定情况下，恐敌人偷袭根据地，临时决断在中山县五桂山区，亲自带领一支小部队抵崖口埋伏，拦途伏击十倍于我之敌。在击溃敌人后的乘胜追击中，他顽强奋战，毙伤多敌，但不幸身负重伤，因得不到救治，失血过多而为国捐躯，年仅29岁。

莫逢湾、萧强相继英勇牺牲后，麻涌革命志士萧国栋、莫恒瑞、黄振华、莫雄、莫宜多、萧奋华、钟国保、萧炳权、萧根等人，通过中堂斗朗村的地下党人石熊引荐，投奔到增城永和圩，加入了东江纵队第四支队阮海天部。他们相信最冷的季节，离春天最近。

石熊原名霍锡熊，又名霍路洪，1915年出生于东莞中堂斗朗村。1938年8月，他加入中国共产党，随后参加广东抗日民众自卫团增城三区常备队。东莞、增城等地失陷后，他奉命回到家乡，带领群众开展抗日斗争。同年12月上旬，他率领民众武装在斗朗抵抗日军的进犯，毙伤日军多名。1944年春，霍锡熊奉命调到东江纵队独立第二大队负责宣传工作，同年冬，调到东江纵队第四支队，任税站总站长。

1944年，大步党支部先后发展的党员有祝如亮、祝焕枢、雷赞冰、孔润添等14人。这个党支部已经成为麻涌地区地下斗争的领导核心与战斗堡垒。

整个夏天和秋天，水乡连续不断地盛开着各种鲜艳的花朵，有红有黄，如火似霞，非常漂亮。

抗日民族统一战线，是抗日战争取得胜利的重要法宝。只有积极开展统一战线工作，团结一切可以团结的力量，组织各阶层的人民群众，连成浩浩荡荡的革命队伍，才能夺取抗日战争的胜利。

东江纵队正确地执行了党中央关于国共合作的统一战线方针，坚决反对国民党消极抗战、积极反共的反动政策。从它诞生那天起，除了把抗日统一战线的重点主要放在团结爱国民主人士、华侨、港澳同胞和国际友人方面外，还积极联合国民党的抗日力量，取得国民党军队的番号和种种社会关系，积蓄力量，共同抗战。

麻涌西面基人袁华照（1887—1970），别号虾九。他幼年丧父，孤苦伶仃，家境甚贫。因无以为生，不得不随改嫁的母亲，落籍于石滩岳潭埔。不久，继父亦丧。家中一贫如洗，母子相依为命。袁华照自少事母至孝。他终日操劳，出卖苦力，博得微薄工资以奉母，还常受别人欺凌，走投无路，便愤然落草为盗。袁华照胆智过人，但听从母训，劫富济贫，颇有侠义之风。他练有一手超群枪法，平时无论打空中飞鸟，还是击流中浮物，都百发百中；急时拔枪出手，必能命中对方要害，屡试不爽，因而在江湖中，人人惧他三分。他平日仗义疏财，对孤、寡、老、弱，贫困无依者，有求必应，众口皆碑，同伙皆服，在东江名噪一时。

民国初年，袁华照聚集地痞流氓和散兵游勇四五百人，横行于东莞、增城的东江沿岸。1923年趁军阀混战之机，势力范围扩展到北抵龙门，南及东莞、番禺，直到石龙以下的东江下游。1928年被粤军第五军军长徐景唐收编，任补充团团长，驻守新塘沙园。随后，率部调往阳江，再调汕头。但广东省军政当局最终调集军队将其部属全部缴械解散。袁华照被解职后到香港，在自置的大屿山梅窝农场隐居。他不忘故土，年中常回麻涌探访袁氏父老乡亲。遇有寒酸之辈，必解囊助之。待人接物，和蔼可亲。三尺孩童，乐与玩耍；但对为富不仁者绝交。

每逢麻涌赛龙舟的日子，常见袁华照身穿黑衫短裤，蹲在"白鹤"龙舟"尾部"，挥动单挠，与众同乐。1930年夏，麻涌与华阳因争水利发生冲突，酿成械斗。双方纠缠不清，告上县府，亦无法调解。全赖袁华照居中调和，方告平息。

全面抗战爆发后，袁华照返回家乡重新纠集队伍。1938年10月12日，日军在惠阳大亚湾登陆。随后，传来广州沦陷的消息。在麻涌河口外狮子洋一带，也常听到日军橡皮艇、机动船只马达声。

1939年冬，日军侵犯麻涌。袁华照所部被国民党收编为莞增特务大队，主要负责在石（龙）增（城）一带戒备。同年秋至次年6月，袁华照率部联同东江游击队及其他抗日团队，多次在东莞境内抗击来犯日军，他作战勇猛，敢打敢拼，常亲自率队伍冲锋击溃日军，令日寇闻袁华照之名便胆颤心惊。老百姓也多夸袁华照从过去的"枭雄"转变为抗日的"豪杰"。

香港《星岛日报》1938年11月13日发表了《袁华照部歼敌建功》一文，宣传有关袁华照抗日的事迹。

其一，描写他率部在敌人偷渡时击沉三艘敌舰，敌人"死伤人数，虽未可确计，然有百数十人也"。

其二，描写袁华照部与敌在斗朗混战各有死伤，"袁部初不在意，后乃应战，纷乱中，打成一团。混战结果，敌人死伤百数十人，袁部亦死伤数十人。卒因袁谙熟地形，故虽仓促应战，仍占优势"。

其三，描写在袁华照部的打击下，"敌退增城，不敢犯莞"，且袁华照切断了敌人的交通线，"敌军自被袁部歼后，即退回增属泥梓，袁部亦退集广虎公路一带。现敌人慑于袁部之威名，不敢直逼广虎泥梓，敌人欲打通广虎路，与莞太路之敌通线，终成梦矣"。

抗日战争期间，袁华照历任增城县抗日自卫团支队长、莞增特务大队大队长、东莞游击队别动队司令、广东东路守备军特务营营长、第七战区惠淡守备区挺进第二支队支队长。他既积极参加一些抗击日伪军的战斗，又曾奉命参与"围剿"过中共领导的抗日游击根据地。

东江纵队对袁华照是既团结又斗争，通过斗争达到共同抗日的目的，同时，通过地下党员和爱国人士对袁华照进行正确引导和教育。

第二批北上延安的青年

在日寇进犯的危急之时，莫伯治、萧泗材、莫甘澍、莫康明曾经带领青年男女三十余人，携带着少量武器、干粮，划着几艘小木艇，冒着敌人盲目的扫射，迅速转移到第五涌之河滘。在地名叫"五龙困现"之处暂时隐蔽起来。天黑后，他们再转移到漳澎村去。

到达漳澎村后，得到林、陈各姓亲友接待。两天后，由莫甘澍带领着这支队伍，撤离麻涌到沙围庄。

由于与上级组织失去联系，斗争形势险恶。为了保存抗日斗争力量，减少不必要的牺牲，于是该队暂时分组疏散，继续开展地下活动。

有些人疏散到香港、澳门去，有些人到药房、商店或茶楼打工。其中莫伟堂、莫荫荷、莫完玉三人，1939年冬联合香港的几个工人，从香港出发，取道粤西的湛江，又经过广西、贵州、北上重庆、成都……他们的目的地自然还是延安。

出发前，有几人学第一批去延安的先行者的样子，也改了名字。从此莫荫荷改叫杨以平、莫完玉改叫莫玉。

一路上，众人几天几夜的乘车、倒车，几次三番晕车，吃不好、睡不好。

虽然坎坎坷坷，但几个同乡人说说笑笑，却也常能把心底的不安全感都驱赶得烟消云散。

在重庆，这些年轻人的路费花完了，身上一文不名。莫荫荷联系亲友再寄路费，被告知必须要从香港寄出。他们不得不暂时滞留在重庆。可惜在战乱年代，莫荫荷亲友告知已经寄出的路费，却一直没有收到。

几经周折，历尽艰辛，他们来到四川广元。

疲惫不堪的一行人，在途中与几个悄无声息地出现的陌生人狭路相逢。

当时，莫荫荷正想和莫完玉、莫伟堂等同伴说说话，突然看见几个陌生人往自己这边挤，而且紧盯着莫完玉和莫伟堂，明显是有企图的样子。

她急中生智，用眼色招呼同伴往岔路上钻。

"站住！"陌生人蓦地就是一喊。

莫荫荷不开腔，停住脚步等着看对方要做什么。

"你们干什么去了？"

"管得着吗？"

"哟，好大口气！这地方还有我管不着的事？把书包拿过来！"

莫荫荷自然不肯把书包交给他。那里面有香港地下党开的介绍信。

"交给我！"

那人凶巴巴地继续喊。

几位年轻人用百米冲刺的速度向前跑。

"拦住他们，拦住他们！"

一群歹徒虎狼般追赶。

他们到底还是追上来了，两拨人纠缠在一起。

"为什么追我们？"莫荫荷、莫完玉和莫伟堂不示弱地问。

"你们为什么跑？"虎狼般追赶的人恶狠狠地反问。

"你们追我们，我们能不跑吗？"

"不许逮捕学生！"一些群众围过来，口号声震天响。

领头的陌生人个子不太高，头上鸭舌帽压得低低的，几乎看不见眼睛，只露出胡子拉碴的下半个脸。

"到那边去的？"鸭舌帽下面的嘴唇蠕动了几下，嗓音很粗，且有些嘶哑。

莫完玉漠然地看着他，没言语。

"你们还是先跟我走吧！"鸭舌帽说。

莫荫荷一下子睁圆了眼睛。

旁边蓦然又闪出另十余个人，二对一地扑向这几个年轻人。

莫荫荷、莫完玉和莫伟堂的血管暴胀了起来，本能地挣脱架住他们的歹徒，猛地从这个人群跑进另一个人群，夺路而逃……大多数同行的伙伴们也跟着跑了过来。

不幸的是队伍中有一个同伴被几名追赶的歹徒扭住。

他一时挣脱，高一脚低一脚地跑出几步，突然一只脚伸过来，又把他绊倒，还是没有逃脱，终于束手就擒。

其实，此人原本有机会逃脱，但他倏忽间就没了影，消失在莫荫荷、莫完玉等的视线外，容不得问询打探一下，令人诧异得回不过神来。

莫荫荷、莫完玉和莫伟堂渐渐想起：那个同伴这些天情绪一直低落，不回来或许也有原因——是不是想离开大家？

果然，事后他们得知，这个人被那些陌生人抓走不久，就对北上延安只剩麻木与沉沦的感觉，迅速思量着取舍……他在强势的敌人面前，禁不住利诱威逼，原先的信仰彻底无力了。他想到自己在这伙人里不过是个边缘人物，不妨换个活法，可免受皮肉之苦，遂答应参加了他们的"组织"——一个特务组织。

对莫荫荷、莫完玉和莫伟堂等爱国青年来说，这里自然不能久留。他们一方面仍然想方设法寻找那个同伴，一方面不得不把事情往最坏处想，考虑是不是先脱离险境，再做打算。

在这个川北小城，莫荫荷、莫完玉和莫伟堂等满眼看到的都是难民。这些人一路上扶老携幼、饥寒交迫。有时火车的车厢顶和机车头上，都挤满了难民。

莫荫荷问："完玉，此刻你心中最真切的情绪是什么？"

"仇恨，对日本侵略者的仇恨。"莫完玉和莫伟堂都肯定地回答。

莫荫荷赞同地点头。

"大哥大姐们说得对。是仇恨，对鬼子的仇恨。"一个陌生的声音也在附和。

莫荫荷、莫完玉和莫伟堂同时朝那发出声音的地方看去，只见几位面目和善的陌生人。

"请问尊姓大名？"

那几位面目和善的陌生人觑了他们仨一眼："我们的姓名并不重要……重要的是我们也是要到'那边'去的。"

"你怎么知道我们去哪里？"莫荫荷、莫完玉和莫伟堂等看了陌生人一眼。

"能感觉到。"几位陌生人高深莫测地微微一笑。

莫荫荷、莫完玉和莫伟堂等看到他们也拖着疲惫的身体，身上的衣服也很破旧，没再说啥。

也没有谁再应答什么，那几位面目和善的陌生人在如潮的人流中自作主张地跟上了莫荫荷、莫完玉和莫伟堂。

后来慢慢聊起来，才搞清楚这些人的确不是坏人，而是被阎锡山那个战区招去的青年学生，人数一百好几十。莫荫荷、莫完玉和莫伟堂等心想：既然两队人马同路，不如把他们也带往延安，那样对革命可能还是一种贡献哩。

北上的队伍壮大了，竟然有近二百人！

为了赶路，他们又搭了一段火车。因为"芝麻粒"似的小站也照停不误，火车跑得很慢。车过潼关的夜间，突然遭到在风陵渡的日军炮击，车上的灯顿时全部熄灭，所有乘客都屏住呼吸，不敢发出任何响动。火车在黑暗中疾驶，所幸冲出险境。

他们一行领受着关中大地恢宏的丰盈和沉雄的生机，却不能完全避开国民党警察和宪兵的检查站。把守人员与劳苦大众有刻骨仇恨，一旦发现是投奔共产党的进步青年，多极其残忍地立即装进麻袋扔到河里淹死。

当时国民党封锁解放区，严格控制后者缺少的食盐和火柴，时有小商贩带这类禁运物资混过检查站，获些小利。过检查站的人必须成排整齐地蹲在烈日下，不乱说乱动。几个警察和宪兵站在屈身于检查站边的群众前，腰配手枪，手持棍棒、长鞭，居高临下，踱步慢走，审视人群，逐一查找可疑人物。

一农民模样的小贩，猛然站起，大声嚷着要去"解手"，一警察赶了过去当即抽打一鞭，正巧击中小贩挎在手臂上的火柴包袱，只听"砰"地一声，火苗蹿起，包里的货物，顷刻间全部烧光。

莫荫荷、莫完玉和莫伟堂等过检查站时，仍学生装束，因此显得自然。他们编造说绕经这里先去西安，然后再去山西阎锡山当司令长官的那个战区。

因为行前香港地下党的领导曾经告诫：在真空地带绝不可暴露政治面貌，这里仍有敌特出没，发现"目标"就会抓人，不可不防。

抵达西安时已是黑夜，站台上空荡荡的，天上下着鹅毛大雪。

这支队伍，历时一年左右，才在1940年初到达延安。

南梅先生与田心之子田小邕两年来9次讨论其父辈北上延安的这段党史

这就是麻涌第二批北上到革命圣地延安的青年。据说，这是各地青年学生成群结队奔赴延安的最后一批。

在延安，莫伟堂被分配进抗日军政大学，莫荫荷（改名杨以平）、莫完玉（改名莫玉）被分配进延安中国女子大学。

麻涌那些留在东莞的青年志士，如莫藻鸿、莫帼英（即莫宜）、莫翘英、莫荫章、萧逸群等，有的先后离家投奔大岭山游击区去，有的参加东江华侨回乡服务团，有的参加了东江纵队……

在延安的进步

1938年12月底，田心、丁农、余一虹在陕北公学的学习结业。毕业前的12月16日，他们都经所在党小组讨论，并经所在党支部通过，也经上级组织批准，转为中共正式党员。

为了执行党中央的六届六中全会决议，陕北公学动员大批学生去战地服务。陕公、抗大也要迁到华北战区，抗大在晋东南组织分校，陕公则迁到晋察冀边区改组为华北联大。

"西青救"派董昕同志到陕北公学动员，挑选了一百多名青年，培养开展青年统一战线工作的干部。田心、丁农都被选到安吴堡战时青年干部训练班（简称"安吴青训班"）。1939年1月4日出发，8日到达。

丁农因字写得好，被抽调去学习"速记"，准备毕业后去党中央书记处做速记员。他们一行十余人，在青训班干部带领下，又进入一个新的学习环境。

余一虹则因学习成绩优秀被留在陕北公学，并准备随迁到晋察冀边区进华北联大。

田心在安吴青训班学习不到一个月，就被组织上调到刚刚成立的西北青年战地工作团。这个工作团下面设6个分团，每个分团30多人，分赴华北前线参加战地服务工作。其中三个分团到晋东南（及晋冀鲁豫边区），三个分团由董昕率领去晋察冀边区。田心在第三分团，团长王介夫、副团长章泽、指导员刘俊一，田心在团里负责美术工作，党内担任小组长。

他们出发前，毛泽东、陈云、张闻天、胡乔木等都来工作团讲了话，勉励他们在战区好好工作。

1939年3月底，田心等抵达晋察冀边区的中心区——河北省阜平县城南庄。彭真、刘澜涛等负责同志都给他们作了报告。

因为当时正值日寇大扫荡不久,根据地区较前缩小,边区五个县城仅剩阜平城未沦陷,客观形势不允许工作团大规模集体活动。于是化整为零,三个团的同志分别参加了冀西、冀中、平西的地方青年工作。

1939年底,晋察冀边区党委通知田心到四分区的行唐县青救会宣传部当干事,编辑边区刊物,党内则担任县青救会的党团书记。

这时整个边区主要工作是发动群众,组织人民武装("青抗先"和"自卫队"),反对日寇三光政策,坚持游击战争,坚持抗日根据地。在敌后根据地做群众工作的两年,田心深刻认识了毛主席"论持久战"的伟大预见,认识到只有依靠人民、依靠党的领导才能坚持战争,才能坚持抗日根据地,才能依托乡村夺取城市,才能以简陋的武器战胜强大的敌人。

1941年春,中央通知将工作团的干部集中几十人,由章泽同志带回延安。田心被选为党支部委员。

回延安后,他们二三十人都被分配到泽东青年干部学校学习。此期间,是国际国内形势最紧张、最困难的时期,德国法西斯打到莫斯科大门口,日寇加紧对中国抗日根据地的"扫荡""蚕食",国民党则发动了三次反共高潮,整个边区和各抗日根据地都要精兵简政,开展大生产运动和整风运动。中央机关大大紧缩人员,中央青委与妇委、工委合并为中央民委,主任邓发,副主任蔡畅。中央青委的名义仍然保留,由蒋南翔同志负责。

战地工作团安排了很多人下乡,中央青委机关仅留下十多人。田心被分配到中华全国青年联合会(即"中央青委"机关)组织部地方科负责整理华北战区青年工作资料,以后又先后担任行政干事、行政秘书。

1944年,延安地区经过两年大生产运动,群众离温饱水平虽然还差得很远,但毕竟已经解决了生存问题。他们强烈要求创办小学,普及文化知识。

磨家湾召开村民大会,一致认为:过去,周围数十里路远的村子"动员"娃娃到学校寄宿念书,使娃娃不能在课余时间帮助家庭劳动,而且学校里吃饭比在家花钱多,搞不好。此外,学的东西不顶用,有时还念不成书……大家提出:"咱们自己在本庄办一个学校,不要娃娃跑到远处去念书……咱们要教汉字。"

许多人自告奋勇："如果咱庄成立学校，咱娃一定来上学！"不一会儿，就有十二三个家长给娃报了名。

谈到学校校址，村民大会决定就用西区水利管理所借住的那三孔窑，又宽敞，地点又适中。学校需用的杯、盘、水瓮等零星家具，则从众人家里借出。

只是教员问题没有得到解决。会后，村长马光誉向区上反映，区委书记贺志亮答复："教员可以由政府给你们请！"

此事反映到中央青委，蒋南翔同志派田心去实地调查。

田心找到乡、村干部和部分老乡，大家热情地反映了情况。他了解到，延安地区由于自然条件差，生产落后，加上国民党封锁，人民生活极其艰难，所以当地没有任何私塾和学校。大生产运动以来，人民生活条件逐步提高，许多群众可以一天三餐喝玉米糊糊，也可以种点葱、蒜做菜了。群众看到共产党领导得好，开始向往更美好的前途，有了学文化的强烈要求，希望得到党的支持和帮助。

追根溯源，陕甘宁边区各乡村申请自办小学，起源于劳动英雄田二鸿创办的"裴庄小学"。田二鸿参加边区劳动英雄大会后，想办个小学提高本乡的文化水平，从各方面建设裴庄模范乡。他在会议上提出这个问题，大家都有同感，于是作出决定。在筹办学校期间，大家公推田二鸿当校长，并组织校董委员会帮助管理学校。至于校舍及锅盆等，均由老百姓捐出，并拨出二亩水地做学校的菜田，学生也由原来报名的14人增加到23人。这时，大家才发现乡村很难找到教新学的老师，便向中央民委提出了委派教员的请求。

说干就干，田心和王云第二天就打起背包下乡。从那时至1946年10月，田心一直做民办小学教员兼枣园乡的文书。

在磨家湾，他住在村长家，和他们全家人挤在一张土炕上睡觉，铺的是芦苇席，一天三餐吃的是玉米面糊糊，有时有些生葱、生蒜，就是很好的菜了。马光誉木工出身，亲自动手为学校做了桌子、板凳、黑板，村民们也捐献了一些。他们在市政府、区政府的直接领导和民委的帮助下，迅速完成了两所学校的一切筹备工作。

就这样，"民办公助"的磨家湾小学和裴庄小学成功地办了起来，并在1944年3月28日联合举行了隆重的开学典礼。村民选出村长兼任校长，还选出学校管理委员会。

田心创办的磨家湾小学，最初共有学生17人，其中男娃11人、女娃6人；磨家湾本村14人，附近枣园村来念书的3人。他们中年龄最小的6岁，有2人，最大的14岁，有1人，9岁的4人，13岁的3人，平均年龄9岁多。

田心虽然也没有上过中学，但看到有党的领导和群众的支持，还是满腔热情地迎着困难上。没有教材，他就按大伙的意见，把群众的生活编成教材。例如今天下地种小米，就教"小米"两字；明天要开会，就教"开会"两字。从字到词，从词到句子，由浅入深，由近及远，由易到难，受到群众真心实意的拥护和欢迎。

没有作业簿，田心与村民一同上山打柴，卖掉柴禾后买回延安生产的土制马兰草纸，自己用线装订成笔记本。

第一次上课，田心走进教室，看着学生们的神态，和自己刚上小学时差不多嘛，紧张感一下子就飘走了。他觉得孩子们非常可爱，于是更充满信心。

田心按学生年龄大小，分成幼稚生和一年级生，另外两个曾经读过二三年书、年龄也较大的则算作二年级生。由于学生绝大多数都没有念过书，学生年龄又都还小，因此，教授和学习的中心便是认字。由此出发，田心上识字课首先教一些简单写法的单个字，如人、手、山、水、田、地、牛、羊等。接着，田心教的是全校学生的姓名、村名、区名与市名等，另用教育部门编的新课本第一册作辅助教材。这样由近及远，由简单到复杂的一些实用字，教授效果相当好。学生认会全校同学名字后，发榜时能比较自己和别人的成绩，更激励了他们的上进心。二年级的课程，除识字以外，还教开便条、报告条、通行证等实用字条和格式等。

这些课程怎么教和学呢？田心在教学中摸索出一些切实可行的做法。识字课是田心在黑板上写一个字，依着它的写法顺序一点、一画、一撇、一捺、一钩地写，学生在下面石板上照着写，每写一笔，田心都逐个检查，及时把写错的纠正。就这样写二三次，大家都学会了，才讲这个字的意义。这时便把黑板和石板上的字擦去，让大家都默写，再按顺序叫大家到黑板上一人写一个，写时评论谁写得好，谁写错了（倒笔反写也是错）。这样的教法，最初很麻烦，进度也比较慢，但日子一长，进步便一天天加速，一年级生一天学会七八个字不太困难。个别特别调皮的与绝大部分幼稚生跟不上,就在每天上午学会一二个字,如果吵闹便让他们去游戏,留下一二年级的再学,让先学会的教不会的,等不会的比更落后的先学会了,就又让这些刚学会的学生去教幼稚生。这时教员便来给二年级与先学会的教打条子等其他课程。这样一来,小先生不是固定的,人人都可以当小先生,也就不会使先进来的耽误学习,而教员也可以抽出时间来做准备工作。

学生们都爱听田心讲课。他和学生们的交流完全是平等的、推心置腹的。因此大家觉得他不是一般的老师,而是一位引路人,给自己的命运涂抹上一层希望的色彩。

就这样教和学,在5月20日总结了一个半月工作后,22日举行学生成绩展览会及给奖会,奖励了三个成绩优良的学生,奖品是由校长马光誉捐款并亲赴市场购买回来的。

展览会及给奖会在隆重、热烈、亲切、融洽的气氛中进行,除学校师生与学生家长外,区、乡、村党政干部都亲临参加。

田心熟悉每个学生的身世,了解学生的特点,教育的针对性很强,获得全体学生和家长的认可与赞扬。

在教好学生之外,田心还做了三件深受当地政府和广大群众欢迎的事。这就是:附设夜校、帮助政府调解民间纠纷、推行卫生工作。

民办小学的学生们,有的刚学会几个字,回家就教家长和邻居。这引

宋一平、田心、田小邕1983年9月于中南海紫光阁

起村民的学习兴趣。

4月2日学校正式上课的第二天下午，田心教娃娃们唱老百姓最喜欢的秧歌，娃娃们都很高兴，校外的一些农民也都聚拢来看。

10日下午，青年农民王满仓对田心说："先生，我想来上学，白天放牛不能来，想每天晚上来请你教，将来白天有空也可以来。"

田心当即答应，并发给他课本。王满仓十分高兴，不到两个钟头便学会了10个阿拉伯数字。

第二天晚上，他又带了两个弟弟来学，从此人员逐渐增加，使夜校学生达到16人。此外还有要来报名的。

5月22日的成绩展览会与给奖会上，田心奖励了两个夜校学生。

给奖会后，59岁的放羊老汉徐茂祥笑着对他说："白老子可也老来红啦！咱老汉也能学！"

应他们要求，村民还组织了识字组、读报组。孩子们白天上学，村民们晚上上课，田心不但教识字，教文化，讲时事，讲政治，讲革命和抗战必胜的道理，讲新的道德观念，还帮助普及科学卫生知识，发动村民灭蝇灭鼠，预防传染病，带领村民建立公共厕所，协助村干部工作，调解村民的纠纷，等等。很快，村里就以小学为中心，形成了学文化、学科学、讲政治、讲革命道理的新风气。

《解放日报》记者和《群众报》记者采访、报道了夜校的发展情况。杨家湾乡的乡长和东郊小学、延安市小等都派人来磨家湾小学参观，赞叹不已。

5月22日，徐茂祥、高成治、贾俊富和杜俊财（都是夜校生）因为拿粪不公起了争执，闹到要拆伙。这时田心到他们住处把几人找到一起，查明了原委是高成治分配拿粪不公平。田心说："只有分配公平，别人才能服从领导；只有大家团结，才能翻身前进！……"就这样大家同意和事，欢笑而散。

民间有时因误会而起的小小拌嘴，田心通过夜校学员的关系给他们和解，使他们更团结，减轻了区政府的行政事务，便于全力引导生产。

除校内建立男、女生小便池，隔天大扫除一次，督促学生洗手、洗脸、洗衣服，替学生点眼药治眼病外，由于时疫流行，政府发出注意清洁卫生防止疾病传染的号召，学校动员7个10岁以上学生，替抗工属打扫院子和街道，又发动学生回家扫街扫院子，老百姓都很喜欢。

田心在磨家湾小学创造出了学习、劳动、家庭、社会相结合的模式，受到当地学生、家长、群众的一致欢迎，也得到了陕甘宁边区政府的肯定。

村民都把田心当成自家人，过年过节纷纷邀请他作客，要他增加一些营养，弄得田心分身乏术。为了减轻群众的负担，更好地执行三大纪律八项注意，后来一遇到节日，他就到区政府办公室睡，避开群众的盛情款待。窗外，寒风习习；田心心里，暖意融融……

当时，中央还派了许多同志分头到边区各地创办小学，中央妇委的王云被派去创办裴庄乡小学，中宣部的陶端予被派去创办杨家湾小学。整个延安抗日根据地的群众，都开始了学文化、学科学知识、学革命道理的热潮。1944年10月，磨家湾小学、裴庄小学、杨家湾小学等被评为边区模范小学。

在陕甘宁边区政府办公厅的牵头组织下，四位办学当教员的战友走到了一起，共同交流经验。王云以《三个月来的裴庄小学》为题，就"群众的意志""怎样教和学""田二鸿的方向""学校逐渐成了文化活动中心"等方面的内容，介绍了自己的看法与做法。田心以《磨家湾小学成立后的两个月》为题，就"学校是怎么样办起来的""教什么和怎么学？""学校还做了些什么事情""咱们的学校"等方面的内容，介绍了自己的看法与做法。陶端予以《记杨家湾村的北郊小学》为题，就"老百姓为什么要办学校和对于学校的希望""公家怎样帮助学校创办起来""摸索中的教学方法""怎样管理娃娃""学校、劳动、家庭、社会的结合"等方面的内容，介绍了自己的看法与做法。薛民锋以《沟门村小学概况》为题，就"刘主任创办教育合作社为群众设立学校""薛教员第一周的工作和第二周的工作计划""教学内容和怎样进行教学""怎样管理学生生活和培养他们做好学生""三个月的教育成绩""小学成为群众的文化中心"等方面的内容，介绍了自己的看法和做法。

最后，田心将四人的发言和经验梳理归纳，上报给中央民委和陕甘宁边区政府。

边区政府办公厅于是编印了《四个民办小学》一书。书的扉页《编者的话》中说："这四个小学两个属于延安市西区，一个属于延安市北区，一个属于延安县南区（柳林区），都是今年三四月间才开办的，都在很短的时间得到了很大的成绩。"书中指出："这里的介绍较有系统，是报纸上所没有发表过的。田心和战友办的这四个小学共同证明了我们教育工作中四个主要的原则：（一）民办公助的方针是正确的，民办公助缺一不可。（二）教育与生产的方针是正确的，边区教育的主要目的应该是为了生产（主要的课目就是识字和珠算），教育的过程中也应该同时进行生产（减轻农业负担，养成劳动观念）。（三）学校与家庭社会结合的方针是正确的，边区的学校应该成为农业文化动力（识字、卫生等）的中心。（四）教员对于一个学校有决定的作用。热心为农业服务的小学教员，是光荣的革命家，政府、党和人民应该重视和尽力帮助他们的工作。"

田心及其战友办学的事迹得到了毛泽东、刘少奇等中央领导同志的高度评价，延安《解放日报》和《边区群众报》也陆续作了报道。这件事很快在延安乃至全国各个抗日根据地流传开，各界人士认为这是共产党办教育的一个方向，值得认真学习与研究。

1944年10月，田心以教育模范的身份参加了陕甘宁边区文教大会，亲耳聆听了毛主席作的《文化工作中的统一战线》的著名讲演。其中"没有文化的军队是愚蠢的军队，而愚蠢的军队是不能战胜敌人的"这一名言流传甚广。

会上，田心获得教育甲等奖，领取到一面奖旗和当地群众编织的羊毛毯等奖品。

不久，田心因积劳成疾大病一场，小学教师由中央工委的张建接替。田心病愈后，又回到中央青委机关。

1945年9月，抗日战争一结束，《四个民办小学》一书即由东北书店正式出版，面向全国发行了1万册。由此，田心及其战友在陕甘宁边区办学的故事一时在全国传为美谈。

麻涌人在家乡兴学十分优秀，到了外乡办学也出类拔萃。田心及其战友在陕甘宁边区办学的事迹，便是一个很好的例证。

1946年，田心调入中央青委参与创建新民主主义青年团的工作。

延安的爱情

社会上有人之处，即有爱情。正如延安时期著名女作家陈学昭所写的："爱情！爱情！'前方正酣热于炮火，后方一切还照旧继续着，人们恋爱……'"

延安的生活虽然不乏浪漫，不乏婚恋，但囿于条件，婚恋浪漫指数很低，除了"三天一封信，七天一访问"，周末文娱活动成了最大的享受，有京戏、电影、话剧、活报剧、秧歌剧……1941年后又开始跳起交谊舞，打谷场上，油灯底下，一把胡琴伴奏，穿着草鞋跳舞。

延安婚礼更是革命化。1942年9月1日，长征老干部舒同（后任山东省委第一书记）与女知青石澜结婚，中央党校校长彭真主婚，举行庄重婚宴——"粗面馒头，西红柿炒洋芋片，并以开水当酒。"这还算好的，有面有菜，办了婚席。延安的大多数婚礼只能吃到花生米，俗称"花生米婚礼"。

延安婚恋花絮多多，自由恋爱、组织分配、历尽坎坷、爱上老外，三姐妹嫁三兄弟的"三刘嫁三王"，各有各的故事。

在延安，人们都忙于战争和学习，恋爱的方式比较简单。男方与女方的结合，首先是以革命理想作基础的。丁农和麻涌爱国青年莫玉的恋爱即如此，他们的恋爱、婚姻既严肃，又得到领导的关心和支持。

在延安的街市或延河旁的碎石滩上很多人都能看到这对"南方青年"。那女的神采飞扬，男的面带微笑。大家看得出他们交谈的内容一定很愉快，而且还很青春……

那时，每逢星期六下午，延安女大校门口就十分热闹，会客室挤满男人，女大学生谑称："礼拜六，四郎探母了！"

星期六是规定的团圆日，亦称"阵地战"，其他日子相聚，呼为"游击战"。延安新歌谣唱道:"女大窑洞方丈高!抗大学生够不着……延水河边一对一对真不少,西北旅舍游击战争逞英豪……"

新婚青年没有房子,就把十几孔窑洞专门辟为"青年宿舍",只有一张床,被褥自带,不开饭,一天五毛钱。每到周六,小俩口背着被褥来住一晚,第二天各回单位。生活供给制、组织军事化、思想斗争日常化,延安人都有单位,

晚年的莫玉和丁农

无所谓家,夫妻在各自机关工作,每周见面一次,同一机关也各按各的待遇吃饭。

当时组织规定"258团",也就是年满25岁、八年军龄、县团级干部才能考虑"终身大事"。丁农和莫玉,以及其他干部,自然都严格遵守这一规定。

他们在结婚一年后便有了儿子。丁农和莫玉为了表示不忘家乡,特意给儿子取名为"东江"。

同样幸运的还有杨以平、邓思持。

邓思持和杨以平同在中共中央军委二局工作。杨以平老家东莞麻涌,邓思持老家防城(当时亦属广东省管辖)。正像俗话说的那样:"老乡见老乡,两眼泪汪汪。"杨以平、邓思持从乡情发展到产生爱情,并在1947年喜结连理,建立起家庭。

在延安,杨以平、莫玉也结识了一位老家广东的女前辈,她就是1940年作为"七大"代表北上延安参加会议的区梦觉。

区梦觉的家乡在珠江三角洲的佛山。那里的西樵镇松塘村和东莞的麻涌一样,也有一派美丽水乡的风景:一排排古建筑沿池塘而建,把整个小村装饰得古朴典雅。松塘村还是南海有名的"翰林村",仅明清两个朝代就出了14名进士和举人。

名村出名人，著名的中国妇女活动家区梦觉1906年就出生在这里。

区梦觉曾用名白霜、区润燕、周爱霞等，16岁就读于广州坤雅女子中学。在那里，她认识了因"刑场上的婚礼"而闻名遐迩的女革命家陈铁军，并在共产党员老师谭天度的启发下，逐渐走向摆脱封建枷锁、探求革命真理之路。在其他大户人家小姐还在父母的荫庇下生活时，区梦觉就已在思考妇女解放了。她参与组织了时事研究会，参加了学生爱国运动，还参加了广州的"六二三沙基惨案"的游行示威。

1926年区梦觉加入中国共产党，随后，受组织派遣，先后到广东省救济会、广东省妇女解放协会等单位工作，并担任广东妇女解放协会第三、第四届主任。在蔡畅和邓颖超的领导下，区梦觉参与组织广东省妇女运动，领导建立各县妇女解放协会。通过她的艰苦努力，广东的妇女运动蓬勃发展，成为全国妇女运动的一面旗帜。正是在那段时间，她与谭天度结为夫妻。1932年，区梦觉先后两次被捕，她在狱中坚贞不屈，严守机密，坚持斗争。

1937年抗日战争爆发后，区梦觉经党组织营救获释出狱，到澳门、广州、韶关等地参加抗日救亡工作。1939年2月任中共广东省委委员兼妇女部部长，参与领导发动广东妇女参加抗日救亡活动。抗战初期，广州的抗日妇女团体比较多，并广泛开展抗日救亡活动。在广州抗日救亡团体出版的进步报刊中，妇女报刊颇为引人注目。由广东妇女抗敌同志会于1938年创刊的《妇女大众》就是当时较有影响的妇女刊物，李峙山、区梦觉等负责主编，何香凝题写了"妇女大众"版头。以妇女团体为阵地开展抗日救亡运动，是抗战初期广州妇女运动的一大特点。

区梦觉一生为革命事业而献身，为千万家庭的幸福而奋斗，在延安仍十分关心青年人的成长、婚姻、家庭以及社会的进步。

她在见到杨以平、莫玉等来自广东家乡的女青年时勉励她们说："工作搞得好，家庭关系好，人的精神就会舒畅，就有充足的劲头干革命。孩子也会受到好的教育和影响……"

因结识区梦觉，杨以平、莫玉以及田心、丁农、余一虹等来自东莞麻涌的男女青年，才晓得了她20世纪20年代中期，曾经和自己的老师谭天度结婚。后因谭天度被捕，这一对情侣不得不分离，从此音讯隔绝。他们渐渐得知谭天度后来的妻子陈新竟是自己东莞麻涌东太村的同乡。

东太村的女儿

芳草街位于广州中山三路,过去是明清年间达官显贵与文人墨客聚居的区域。如今它西邻的毛泽东主办的农民运动讲习所旧址,在明清年间是番禺学宫,而麻涌历史上曾属番禺管辖,因此麻涌的书香门第、名门望族、文人墨客多有迁居到芳草街生活的,而且绝大多数都在芳草街与麻涌乡间各有一处甚至多处房产,如麻涌魁楼的主人、明末大中丞萧奕辅就曾与一帮志同道合的仁人志士聚居在芳草街,还与陈虬起、梁佑逵、黎帮瑊和区怀年等人于明崇祯末年在芳草街的芳草精舍结为芳草精舍诗社(史称芳草诗社)。

陈新于1922年出生在芳草街一个名门望族的大家庭里。其父陈德明(1875—1945)原名陈兆骥,考取官费留日,毕业于早稻田大学化学本科。1935年青岛火柴厂一案牵连甚广,入狱者数以十计,陈德明接任青岛高等法院首席检查官,昭雪冤案,官声流芳。后日陷广州,军至新塘,日酋铃木是陈德明留学日本时的同学,逼德明出任广州增城伪县长。陈德明不忍存个人名节而陷父老乡亲于水火,乃应族人、乡绅、百姓所请,以不扰民、不驻兵为条件,并为保护乡梓,将家乡麻涌划入增城辖区,以护民为宗出任伪增城县长。陈新家中兄弟姐妹共19人,同她一个生母的有三哥和十二妹,其他都是同父异母,陈新排行第九,此外还有祖母和堂兄弟姐妹、姑姑、表哥、表姐等,全家几十人。这个典型的封建大家庭繁重的家务活,一直由陈新母亲担负,父亲没有钱寄回来,只能由伯母持家。

抗日战争爆发前,陈新考进中山大学附中初中部。那时富有革命传统的中山大学已是广州学生救亡运动的主力。陈新在进步老师的教育和启发下,积极投入救亡的革命洪流中,假期与同学们一同下乡宣传、发动群众起来反对内战，一致对敌。

1937年7月，抗日战争爆发。陈新参加了中大附中的广东青年抗日先锋队，经常对群众进行爱国抗日的宣传。她还参加了战时文化界服务团及抗日救亡歌唱队等活动，到从化做抗日宣教一个多月，用演唱形式宣传、发动群众，办民校、夜校、识字班，教育农民。陈新通过参加这些革命活动同时教育了自己，提高了思想觉悟。在地下党的启蒙引导和革命实践的锻炼提高下，陈新于1938年被吸收为中国共产党党员。

1938年10月广州沦陷前夕，年仅16岁的陈新随着党领导下的广州战时工作队，到农村、到抗战最需要的地方去。战时工作队是由广东省抗日动员委员会所组织的，任务是广州失陷后转到各地农村去继续开展群众工作，参加者都是爱国青年、工人、学生，其中不少是中共地下党员。陈新被编入128队，由广州出发步行到鹤山瓦瑶村。她立即开展抗日宣传，组织人民自卫队及难民救济。

1940年皖南事变发生。国民党不顾大敌当前，掀起反共恶浪。为了保存力量，地下党布置全体党员分别撤退，陈新被迫撤离政工总队。

1941年秋，省委从各条战线抽调有条件的党员到已经沦陷的广州长期埋伏。陈新和邓克达由省委青年部吴华通知调向广州敌后。他俩抵达广州的第二天，找到了党组织联系人王磊。王磊分析形势，传达了党"隐蔽精干，长期潜伏，积蓄力量，等待时机"的工作方针，要求陈新和邓克达首先站住脚，然后广交朋友，建立群众基础。

陈新家在惠吉西路一所洋房里。日本侵华南支派遣军司令铃木是她父亲留学日本时的同学。有这层关系做挡箭牌，日伪人员从未对他们进行过搜查。这给地下党提供了很大方便。陈新的三姐当时任市一家小学校长，四姐任洪门小学校长，四哥四嫂在广东大学读书，四哥又在汪精卫女儿汪文煦办的工读学校教滑冰舞技，与汪女熟悉。这些都是掩护陈新为党工作的有利条件。她首先争取得到四姐陈淑珍的支持，陈淑珍安排陈新和初恋男友邓克达入大学读书。经考试，他俩都被广东大学录取。可惜后来邓克达意外身亡。接着，王磊调走，把陈新的关系交给何君侠。陈新入广东大学时，曾和林照明、何君侠在洪门小学共同建立一个小组，林照明分工洪门小学的工作，陈新分工广东大学工作，何君侠则为两校工作的直接领导人。洪门小学后来组织了"游击之友"，陈新的四姐陈淑珍也参加进来，成为爱国的进步分子。他们在学生中发展了一些中共党员，在洪门二小建立秘密印刷据点，油印东江纵队《前进报》及其他宣传品，在广州四处散发，成为广州地下党的一个重要据点。陈新在广东大学读到三年级，已经开始写毕业论文。她和李少华还通过学生会同意，共同组织了一个民众夜校，设在学校旁边的康乐村，由黄莹杰、冯淑珍、张国欢等任老师，教农民识字、算术，并进行抗日宣传。

1943年底，陈新找何君侠汇报工作。地下党认为她已经受到学校注意，有暴露危险，应立即撤退。因此，她连放在学校宿舍中的行李一件都没有取回，立即离校转到广州市光孝路芽苗巷东江纵队交通站躲藏，后由东纵交通员关婉明带到东江纵队，先进入青训班学习，后被安排到东江纵队路西敌后的东宝行政督导处《新大众报》社工作。

那时，东江纵队路西敌后的东宝行政督导处主任是谭天度。他经常来《新大众报》社指导工作，一来二去就与陈新相识。两人工作上相互配合，生活上互相关心，彼此心中都有一份好感。

谭天度原名谭鸿基，乳名贞元，字振中，学名夏声，化名夏钊、谷风、伍拜一，1937年秋改名为谭天度。他1913年7月从广东高等师范学校毕业，1917年在广州教书，后参加过新文化运动和五四运动，1920年夏天就开始参加陈独秀、谭平山等人在广州创建中国共产党和中国社会主义青年团的活动。

谭平山（1886—1956）和谭植棠（1889—1952）、谭天度均是广东佛山高明区明城镇人，被世人誉为"革命三谭"。1921年他们在广州创办《广东群报》，建立广东共产党支部。当时全国仅有的50多名党员中，就有谭平山、谭植棠的名字；当时包括巴黎、日本在内，中国共产党仅有8个党支部，其中广东支部就是他们建立的。1921年春，谭天度就参加过陈独秀在广州召开的关于正式成立中共广东党组织、建立全国统一的中国共产党及商量派人出席中共一大等各次会议，在中共广东早期党组织创办的广东省立宣讲员养成所任教员，在广州机器工人补习学校负责实际领导工作。1922年，谭天度成为1921年7月中国共产党成立后最早发展的一批中共党员；1922年2月，他参加了支援香港海员大罢工的斗争；5月出席了在广州举行的第一次全国劳动大会及中国社会主义青年团第一次全国代表大会。

同年10月，谭天度参与创办后来成为中共广东党组织第一份机关报的

《广东群报》。1923年6月中共三大后，他以中共党员身份加入国民党，参加了第一次国共合作。这期间，谭天度与周恩来筹建民族解放大同盟，负责宣传工作，并与越南胡志明和朝鲜崔庸健等共事，曾任国民政府广东兵工厂训育部主任及该厂中共支部书记、广东农工商学联合会秘书长、广东省党政军民各界慰劳东征军总团团长、广东省各界对外协会副主任、国民党广州市党部商民部秘书等职，曾在广州农民运动讲习所兼职授课。1925年谭天度参加五卅运动和省港大罢工，引导陈铁军等大批优秀青年走向革命道路；1927年4月15日广州国民党右派发动政变后被列为通缉要犯，同年参加八一南昌起义，任革命委员会政治保卫处秘书并代行处长职责。起义部队在粤东失败后，撤退到香港，谭天度参加开创中共地下工作，打通华南地下交通，策应广州起义，到南洋联络失散党员并筹集经费等，负责创办《针锋》周刊、《正义》周刊及《济会小报》，并任省委机关报《香港小日报》副刊主编。抗战初期，谭天度在高明县组织青年和妇女的抗日活动；1939年9月后，在韶关任中共广东省委文化工作委员会书记，并任省委机关刊物《新华南》半月刊主编。1941年9月赴东江参加抗日武装斗争，先后任中共惠阳前线工委书记、东江军政委员会委员、惠阳大队政治委员。1941年12月香港沦陷后，参加文化人士和民主人士撤离香港的秘密大营救，是惠阳宝安地区营救行动的主要负责人之一，积极开展在惠阳、东莞、宝安及香港新界等地区的抗日游击战争，领导和参与指挥了著名的铜锣径战斗，创建和领导东江抗日民主政权，任东宝行政督导处主任等职。

　　自谭天度的前妻区梦觉北上延安后，就音讯隔绝。东江纵队的领导尹林平、曾生、杨康华等都很关心他，同情老谭已届中年仍形单影只，主张他再行结婚。

　　当时，陈新在报社担任副刊编辑兼外勤记者，经常要离开报社到农村采访，把各地开展减租减息等工作情况写成新闻寄回报社刊登。这些文字极大地鼓舞了党员和农民、妇女的斗志，此外，陈新还写一些评论投稿《新大众报》，既做到为党进行宣传，也联系了群众。看到斗争的发展形势，陈新经常抱着愉快的心情到处活跃地找群众谈天说地。《新大众报》是用自制的油印机印刷出版。因为怕敌人随时扫荡，也为了群众携带方便，字要写得很细小。有时为赶任务，同志们常常工作到深夜不眠。报社的机构也很简单,属于督导处辖下的一个小单位,由谭天度领导。谭天度和陈新在工作中,互生爱慕之情。陈新才貌双全,又经过长期斗争的考验和锻炼,与谭天度很相称。在战争年代谈恋爱的方式也与和平环境有很大不同,工作紧张,经常要争分夺秒,时刻准备投入战斗,也随时有牺牲的危险,没有在花前月下卿卿我我,只是互相了解对方的过去和现在,看是否适合自己。谭天度资历深,比陈新年龄大许多,相互间存在较大差距。经过反复思考,陈新认为爱情并没有年龄的绝对限制,只要两人信仰相同,立志为共产主义奋斗终生,就能成为好伴侣。天度已有21年党龄,在革命旅途中经过许多重大考验,人和蔼可亲,胸襟广阔,虽然比自己年龄大得多,但多少革命同志为了革命献出自己的生命,只有对党的革命事业做出贡献,才是真正的幸福!于是,两人感情更加深厚。再经过党组织调查天度和前妻区梦觉的情况,陈新知道他们离婚属实。于是,谭天度和陈新就准备结婚。办喜事时,同志们向他俩祝贺,两人微笑不语,但看得出他们很幸福。就这样,陈新和谭天度在革命烽火中历经坎坷,相遇相知,喜结连理。

东宝行政督导处旧址

1945年8月抗战胜利，谭天度和陈新被派到香港工作。那时，党为了实现全国人民建设和平民主的新中国的迫切期望，联合各民主党派同国民党进行和平谈判，但国民党反动派却破坏停战协定，悍然发动内战。根据抗日战争结束后出现的新形势，中共广东区党委在香港也加强了对各阶层群众工作力度。

1946年底，党中央为了加强华南地区党的领导，在香港建立中共中央香港分局，下设立中共香港工作委员会。谭天度被分配搞统战，陈新被分配筹办港工委会群委妇女组。

当时祖国大地内战阴云密布，人民群众反迫害、反饥饿、反内战的斗争日渐走向高潮，香港需要有一个民主、进步的妇女团体来开展工作，以团结港九各阶层妇女的力量。中共广东区党委决定要成立港九妇女联谊会，指派陈新、林琅两人负责组织筹备。她们分头到各界知名妇女和知识妇女中串联发动，进行大量准备工作，用雷英、黄维新、刘伟三人的名义向香港政府申请，并由当时在天一图书公司任秘书、熟悉英语、有一定社会地位的雷英到香港华民政务司联系，港九妇女联谊会注册提出的宗旨是："团结妇女，加强联系，增进友谊，互相进步。"经过批准成为香港的合法团体。

港九妇女联谊会会员大多数是文化、教育界职业妇女，各民主党派、民主人士的中上层妇女和家庭妇女、女工、女学生。会员中除了少数共产党员、共青团员外，有相当数量的民主党派成员，尤以民主同盟的盟员为主，其他大多数是思想倾向于民主、进步的团体。港九妇女联谊会紧紧抓住宣传教育这重要环节，有计划、有步骤地组织会员参加学习。并根据当时的情况成立了许多读书小组，有的放矢地请政治家、名人、学者，如郭沫若、胡绳、乔冠华、龚澎、饶彰风、张铁生、金仲华、孙起孟、茅盾等前来组织专题讲座。此外，编辑出版妇联刊物《港九妇女》，成立"海燕歌咏团"。

1947年，陈新接受党组织指示，组办香港工联的劳工子弟学校，学校共12个班，设立在各个工会，分上、下午上学。陈新当校长。她教过书，有一定经验，有能力开办这种课室分散、班级分散、师生分散的分散式学校。陈新团结一帮老师，共同克服困难，学校如期正式开学了。她们在学校里教贫苦的劳工子弟读书识字、学工艺、学习革命道理、提高思想觉悟，培养出一批成熟的劳工子弟成为共青团员或共产党员，不断输送到广州做党的地下工作。

在香港搞地下工作的那些日子里，谭天度因为工作需要，为了掩护自己身份，穿着长袍，拿着算盘漫步而过，表面真像个大老板。当时直接或间接认识他的人都叫他"谭老板"，有的干部只知有谭老板其人，既不知其真名，也未见过他。

陈新那时只有30多岁，与谭天度一起做地下工作。

1948年谭天度、陈新、谭波于香港

1949年，由于谭天度被英政府诬指为贩卖鸦片，逮捕到拘留所。因为是被英国人逮捕，故号称坐"洋牢"。谭天度在革命生涯中，可谓九死一生。他曾五次被捕，四次入狱，其中两次在上海，两次在香港。1927—1931年，谭天度在香港主办过多个革命刊物，包括《针锋》《正义》《济公小报》《香港小日报》等，曾经两度被港英当局逮捕。而1933年，他再次在上海被捕，并以"危害民国罪"被判处十年徒刑。到了1937年，抗日战争爆发，释放政治犯，他才得以提前出狱。

英国人逮捕谭天度，家也被抄得乱七八糟，还把陈新写的劳工子弟学校总结抄出来。为了不暴露目标和身份，陈新不能再回劳工子弟学校当校长了，只得去给别人当家庭教师。而谭天度几经党组织营救而被释放，不能继续留在香港，便回到湘粤赣边区，赴东江参加人民解放战争，担任粤赣湘边区党委委员、东江人民行政委员会主任。而陈新和母亲带着三个孩子在香港继续作战，搞统战工作，直到全国解放。

难忘的延安

丁农初到延安，吃小米肠胃受不了，连续便血。当时每年仅发一套单衣，无法换洗，他只能趁到延河洗澡将单衣脱下，光身子下水，把衣服洗干净晾在河滩上，洗完澡穿上就走；冬天被子不够暖，常蜷缩着睡，大家互开玩笑：我们都是"团长"！……

物质匮乏并没有消磨革命斗志，反倒能激起更大的热情。延安的精神生活丰富充实——人与人之间的关系是同志式的，互相帮助、关怀，真诚相待，没有尔虞我诈，不用彼此怀戒心……

丁农1939年5月从速记班结业，被分配到中央机关。

中央机关对政治学习抓得很紧——每天坚持两小时，人人都不能缺席。

毛泽东的报告最受欢迎，深入浅出、风趣生动，逻辑性、说服力皆超一流。丁农亲耳听过他《改造我们的学习》《整顿党的作风》《反对党八股》等讲话。毛泽东博览群书，讲话中时而引经据典，又时而引用群众流行的通俗语言，总是恰到好处而有魅力。现场听众不时鼓掌，发出欢快的笑声。

中央秘书处由文书科、机要科、材料科组成，文书科下设文书股和速记股。文书股仅四人，丁农是股长，负责油印、刻写中央的一些重要文件和其他资料，还出版了《中央通讯》和《党的资料》两本小册子。当时没打字机，中央领导有报告，他们负责记下来，整理抄正后用复写纸复写，或蜡纸刻印。油印机也很落后，是推滚子一页一页印的。还有中央文件、材料、通知以及表格的复写、刻印。因任务多，经常要加夜班。那时他们都是20岁左右的年轻人，感到在中央机关责任重大，任务光荣，所以工作起来劲头十足，工作效率也很高。由于刻蜡板、复写都使用钢板，所以他们自豪地自称"钢板战士",总是当天工作当天完成,常干到深夜,甚至通宵,第二天休息半天又继续工作。有的重要文件由副科长王仲珊(他字体很秀美)和丁农负责刻印,常受到中央首长表扬。

1941年至1942年是法西斯势力最猖獗的年代。因日本的残酷进攻和国内反动派的包围封锁,加之连续自然灾害,根据地遇到极大困难。在毛泽东的号召下,延安开展了轰轰烈烈的大生产运动。

这里人少、山多,大片荒山没开发。毛泽东、周恩来、朱德、任弼时等带头开荒种粮、种菜、养猪、养羊。中央机关、人民团体、学校和驻军人人扛起锄头上山开荒,许多人手打起血泡、磨出老茧,平均每人种地两亩左右。一些从敌占区来的知识青年与工农兵打成一片,汇成一支雄伟的大军,达到了丰衣足食。丁农在1941年被评为陕甘宁边区劳动模范。

1945年8月,抗战胜利,可是内战却随之而起。国民党对解放区发动全面进攻,重点是陕甘宁边区。

1947年2月底,国民党方面通知留守南京、上海、重庆三地的中共代表,限于3月5日前全部撤退,最后关死了一切和平谈判之门。3月中旬,国民党军胡宗南部进攻陕甘宁解放区,中共中央主动放弃延安,胡宗南占了一座空城。

撤出延安后,毛泽东、周恩来、任弼时率领中共中央与解放军总部留在陕北,指挥全国各战场作战。

为对付敌人,中央将机关里的老弱妇孺和附属单位撤到瓦窑堡。头批疏散人员名单中本没丁农,但出发那天机关党委书记曾三临时宣布他为疏散人员的领队。疏散途中遇到不少困难,除帅孟奇、杨之华、李培之等老大姐乘轿窝子(两匹牲口架着的小窝棚),职工委员会几个老同志和产妇乘小毛驴外,都是步行。队伍天黑才赶到目的地。

挺进敌后

1939年6月初，为了坚持敌后抗战，党中央决定陕甘宁边区的几所主要学校都向华北敌后挺进，抗日军政大学由罗瑞卿任校长，陕北公学、鲁迅艺术文学院、安吴堡青训班、延安工人学校四校联合成立华北联合大学，由原陕北公学的校长成仿吾任校长；同时决定这两所军政学校一起开赴华北敌人后方，在到前方的路上合编为一个纵队。罗瑞卿为纵队司令员兼政委，成仿吾为副司令员。华北联大编为一个独立旅，成仿吾兼任旅长和政委。余一虹在一团二连担任政治助理员。

出发前，余一虹见到田心、杨以平和正在速记训练班学习的丁农。

原来，1938年秋党的六届六中全会决定召开"七大"，需大批文稿记录员。此时王明刚回延安不久，介绍了苏联的速记工作：斯大林在各种会议上讲话，几十名速记员现场记录，会议一结束就可将讲话整理出来。中央认为这办法很好，决定办一速记训练班。学员是从抗大和陕公选调的20名男女青年，政治和文化条件要求非常严格。没教材，都是教员自己编，自己刻蜡版印刷，一面编一面教。

丁农说："我也很想到前线去，真刀真枪地跟鬼子干！"

余一虹则说："搞速记不是一件简单事儿，没一定的政治文化水平和理解能力很难胜任。"

丁农道："我刚进速记组时，曾因一点儿小失误感受到压力。那天傍晚在食堂，我一人躲在昏暗的角落，越想越委屈。这时组长坐到我对面，她年纪其实也不算大，但显然比我老练许多。一碗小米粥放下，问：'小同志，你是刚来的吧？'听我怯怯地应声后，她忽然提高声音：'哦，失败是成功之母，不要怕！'这中气十足的'不要怕'，勉励我向着理想大胆走。正是在她的鼓励下,初出茅庐的我接连参与了多场重要的'战役',长了见识,添了胆识。常和她交流,除了让我敬佩,更多的是有什么事都愿同她讲……"

余一虹赞许地点点头。

丁农还说:"搞速记确实很苦。特别是赶上会议多。一般都是白天记录,晚上翻译。白天记录1小时,晚上就要翻译3小时,还要复写出来。天冷时我们在大会上作记录,没棉鞋也没袜子穿,就用一块布包在脚上,穿着草鞋。天热时我们又汗流浃背。但工作再累、生活再苦,我心里也是高高兴兴的。"

6月下旬,原陕北公学的一千多人由成仿吾校长率领,从陕西省栒邑(今旬邑)县看花宫出发,经宜君、黄陵、洛川、富县、甘泉等地的长途行军,于7月初到达延安,在桥儿沟一带稍事休息。毛泽东主席和中央书记处的其他几位负责同志,先后来到新成立的华北联合大学,给师生们作了报告。

7月12日,联大1700多人浩浩荡荡地从延安出发。师生们打着裹腿,身背行李,一个个精神抖擞。

余一虹在延河边向送行的田心、丁农、杨以平依依惜别。他们虽然依依不舍,但想到这是奉党中央和毛主席的命令,到敌后战场办大学,这在历史上是前所未有的英雄事业,是完全崭新的创造,便又信心百倍地释然了。

田心握着余一虹的手说:"天高地阔,哪儿的黄土不埋人?一虹,你先去,算是打个'前站'。我已经向领导提出申请,随后也要前往敌后。不久,我们就会在前线相聚的。"

余一虹道:"但愿那一天早日到来!"

> 是时候了,同学们!
> 该我们走上前线……
> 我们的血已沸腾了
> 不除日寇不回来相见……

雄壮的歌声点燃起战士豪迈的激情。然而要向党中央告别,大家的心情又像整装待发向母亲告别的战士，既向往战场上的胜利，又留恋慈母的温暖；抗战的热血在胸中奔腾，惜别的感情又在心头缠绵。

身穿粗布军装的队伍行进在风沙不断的小路上。他们知道这次征途行程千里，困难重重，要穿越敌占区，要准备流血牺牲……但他们毫不畏惧，昼夜兼程。

余一虹回望宝塔山，深情地说："延安的日子可以说是我最重要的历程，它注定能承前启后，影响我的一生。"

华北联合大学的队伍经过延长县，抵达延川县，原定直接去晋东南，后来由于大雨滂沱，黄河、汾河涨水，大部队渡河非常困难，经请示中央，决定改道经清涧、绥德、米脂到佳县。过佳县后，队伍沿黄河北行，蜿蜒曲折地行进在靠山傍水的山腰小道上，十分难得地饱览了九曲黄河的壮丽景色。

骤然降临的大雨，把他们困在黄河边。

左边刮着呼啦啦的风，右边传来浊浪粗砺的水击声。奔腾的黄河水在跌宕的河床一泻千里，扬起巨浪飞溅。余一虹所在连停在河岸，离翻滚的黄河仅数尺之遥。密集的雨点箭一般射在人们身上，对岸的山崖笼上一层薄纱，朦朦胧胧，显现出一副神秘相，缠绕山峰一片乌云烟一样飘浮。回头望，来时的那面陡坡被雨水浇得发亮，湿漉漉地悬在远处。雨雾中的河面反倒异常清晰，浪花跳跃，水涡盘旋，几只鸟在水面上悠然飞翔。突然雷电一闪，布满黑云的天空中裂开一道白色的缝，接着雷声在头顶炸响，盖住了涛声。

余一虹透过蒙蒙细雨，只见这条金色巨龙由北而南，自晋陕峡谷波光粼粼而来，沉重地呼啸着奔腾而去，河水混沌，水势浩大，铺天盖地，泥浪喧嚣，风雾迷离，浪头上回旋着、翻卷着一块块烂木板和一堆堆黄泡沫，甚至一些小羊皮筏子也被一道接一道的巨浪掀翻、吞没……那黄色的激流仿佛在挣脱着什么，发出轰隆隆的震耳巨响……

这是余一虹第一次近距离接触黄河。它给人的印象太深刻太丰富了——时而像性情刚烈的父亲，裹风挟雷，斩关夺隘，势如破竹；时而又似心绪郁结的少女，蜿蜒曲折，波澜不惊，只能听见其轻微的呼吸。

他知道黄河两岸与中华民族有关的历史遗存极为丰富。"黄帝战蚩尤""嫘祖养蚕""舜耕历山""禹凿龙门""后稷稼穑"等，不论遗迹还是典故传奇，可圈可点之处数不胜数。此刻他虽没条件凭吊，可是所经之处，一砖一瓦，一堵颓墙，一座残雕，河沿上一片青苔，都能让他敞开心扉遐想。途经这里，就像生活在历史的空气中，伸开五指就能触摸历史，闭上眼睛就能和历史对话。

雨水不断，有的地方山洪暴发，给行军造成更大困难。指战员虽披着雨布，但半截身子都湿透了。有时夜行军遇上下雨，天漆黑，黄土粘泥的路脚都难拔起来，大家跌跌撞撞地行进，滚得一身烂泥。

说也奇怪，白天雨过天晴，太阳又猛烈地喷火，格外灼人，路硬泥干，被烤得滚烫。

1939年8月17日，华北联合大学的队伍在佳县的盘堂至黑峪口一带，分批摆渡过黄河。

> 灯瓜瓜点灯满窑窑明，
> 烧酒盅盅舀米不嫌哥哥穷。

这首情歌是陕北老百姓唱出来的，从词到曲都很动人，表达了一种坚贞的信念，一种对理想爱情的追求。

当余一虹乘羊皮筏渡河，望着浑黄的滚滚波涛，不由得生出一种庄严的情感，思绪也仿佛旋转不定的线团不断朝外抽，他似乎已遥遥听到华北人民昂扬的抗战歌声，同时暗下决心，自己作为战士，在民族濒于危亡时，一定要像所乘的羊皮筏一样劈波斩浪，搏击向前。

为躲避敌机轰炸，羊皮筏上都盖了树枝、茅草一类的简单伪装。筏子与筏子之间也保持着相当距离。有几次，还是险些被炸弹激起的巨浪掀翻。

不知是谁在路边的土崖上写着：

> 长江里的轮船黄河里的水，
> 苏联人的飞机八路军的腿。

这是在形容队伍走得快。他们得抢时间。为了抢时间，就必须争速度。

当轰隆隆的水声一下逼近，当瀑布将一条大河的全部激情展示在天地之间，整个世界仿佛在瞬间凝固了。无论是雄浑起伏的山峦还是葱郁浓绿的树林，全都屏声息气，战战兢兢地注视着身边这条如万马齐奔般的喧腾之水。那壮阔的气势，是整条河流从74米高、81米宽的山崖上跌落而生成的。无路可走的河水、身处绝地的河水、不能回头的河水，在它们面前只有一个选择，甚至可以说没任何选择。于是它们毅然决然地坠落了，伴着声声激昂的呐喊，共赴一个未曾预测的前程。

此地历来是兵家必争之地，曾几度毁城，地面上的遗迹已无处可寻。黄河从这里蜿蜒走过，那黄酱酱的水，没多少润泽之意，反而使大地更显得凋敝。平日大多数时间，它是伏在河堰底下低低地流。而一到涨水季节，河水就溢出岸，漫进两边的人家。

部队渡河过程中，敌机一直在头顶盘旋，向下扔炸弹、扫射，它们落到河里，溅起无数浪花和水柱……战士们义愤填膺，把机枪架在船上，一齐向天上打。河面上大小船只、木排在惊涛骇浪中接踵而进。

全校人马终于胜利地渡过黄河。

这时，一边是黄河天险，激流险滩，一边是日军居高临下地盘踞着的大山。时逢乱世，盗贼丛生，趁火打劫，杀人越货。这些乘民族危难兴风作浪的败类们，靠山而居，据险而守，虎视眈眈，真是危机四伏。这给八路军带来很多困难，但又一时没精力清除他们。

快天黑时，队伍走到一个岔路口。前面有两条路，一条离黄河近些，河边土匪出没，当地老乡闻风变色。一条离日军的岗哨近些，可以看到敌人的刺刀在夕阳下闪着寒光。

该走哪条路？

大家分析：靠黄河边走，听说有劫路的，你不给钱，他就把你杀了扔进黄河。咱们手中是有些武器，但都是防身自卫的，对付大股儿土匪也抵不了什么事，一开枪，还会把日本人惊动。靠山走，鬼子的岗哨把山脚下赶路的我们看得很清楚……

成仿吾道："我看还是靠山边走。因为靠河边走，要是遇到劫路的，咱每个人身上都没多少钱，被土匪杀了扔进黄河，死得就太冤枉了。那算怎么回事？如从鬼子眼皮底下闯，过去就过去了，即便死在他们手里，还是抗战烈士呢！俗话说，最危险的地方没准也会最安全。"

其他领导都同意了。一路上，大家的心一直吊在嗓子眼里。

这条险路，终于让他们给通过了。

队伍继续前行，扑入眼帘的是一派劫后余生的悲惨景象：国民党守军不敌日军，纷纷溃退，如潮水般涌过，一批批守军用步枪挑着弹药和抢来的包裹、母鸡，垂头丧气，惊恐万状。不少房屋被烧毁，到处是颓垣断壁，废墟瓦砾，有的地方余烬未熄，黑烟缕缕……许多逃难的群众也不得不离乡背井，洪水似地朝没日军的地方奔。各式车辆、挑担的、背包袱的、牵牲口的……人人争抢，大哭小叫，道路几乎梗塞。衣衫褴褛的老人和小孩手捏被烧焦、撕烂的血衣，向路人哭诉家破人亡的遭遇。不少被害者的尸体还来不及掩埋，横七竖八地或躺或卧，有的被剥光衣服，有的只用草席或稻草盖了盖，妇女裸露的私处伤痕累累，乌黑的淤血上苍蝇嗡嗡地飞，令人目不忍睹。空气中弥漫着浓重的尸臭味……

哭声，时而哀婉凄楚、时而激越飞扬的哭声，在山野间回荡。还有一些显然是东北籍的流亡学生，唱着悲壮的《义勇军进行曲》，其情慷慨激昂，其声凄切哽噎，此起彼伏如山呼海啸……啊！东北已沦陷，整个华北也在风雨飘摇之中，亡国亡家的灾难，眼看就要落在全国人民身上……这景况，纵使草木有情，也会流泪；纵使天地有知，也会啜泣！

为防止国民党溃兵影响部队士气，制止"恐日病"的发生和蔓延，联大的领导命令队伍改走小路，避开他们。

一位领导指着一道道山壑说："以后在这里或许会打一仗！"

天上有了云，一会儿太阳出来，一会儿又躲进云里。太阳出来那会儿就亮得刺眼。

当晚抵达山西兴县一个小村庄，休整了二十多天。为顺利冲破敌人在同蒲路两旁的"封锁面"，他们进行了多次夜行军、急行军训练，准备了充足的干粮，每人准备了两双草鞋。

由于不是作战部队，成员多数是做地方工作的干部，只好想方设法地绕开敌人据点，以避免不必要的损失。只听"嚓嚓"的脚步声一阵紧似一阵。

为了封锁消息，一路都是夜行军，翻越了巍峨的吕梁山，在娄烦镇东面徒步涉水过汾河，又爬过高耸的云中山。它的山顶的确高到云里。一夜急行军70多公里。许多师生觉得血从脚底一寸寸地涌了上来，心跳得仿佛耳朵都能听得见。

过了云中山就接近敌占区的同蒲路"封锁面"了。他们走到据点附近,听见里面传出咿咿呀呀的唱戏声。显然鬼子正在悠哉悠哉地看戏。而联大的队伍,就这样神不知鬼不觉地通过了。

过同蒲路时,大家也是跑起来像一阵风。铁路两边都是开阔的田野,绝对不能停留,否则就要暴露目标。仗着人人都年轻、体力好,他们一跑就是十几里,一口气跑到距敌人较远的地方,才能停下来稍稍喘一口气。

有时徒步行军实在累得不行了,大家才在山脚下的小河边停下来洗洗脸、洗洗手,然后坐在被雨水冲刷得干干净净的大石头上一边休息,一边畅谈革命理想和现实斗争。虽很累,可心里有成就感。

长途行军中,大家一直没脱过衣裳和鞋袜。人人脚上的尘土和臭汗都和成泥,将袜子和脚掌牢牢粘固在一起,以致后来要想脱下袜子跟扒层皮一样难,只好把脚和袜子一块儿泡进水盆,等袜子泡透、泡软,再从脚上扒下来。这时,脚还没洗,盆里的水已成了黑泥浆。

过了同蒲路,就算到了安全地带。队伍在一个山村边停下。时值拂晓,曙光升起,清点时才发现一对夫妇带的孩子丢了,这孩子是驮在驴背上筐子里的,此时连人带驴都找不到。过封锁线时,人们精神高度紧张,全部注意力都集中在不让敌人发现上,结果毛驴顺着铁路跑掉,孩子的父亲手中只牵了一根空绳儿,走了很久竟然都没发觉。校领导先后派两批人,装扮成干活的老乡顺铁路线寻找,野外没找到,又到附近村子里询问。幸运得很,当地农民很善良,外出干活时发现了走失的孩子,遂领回家中,将孩子照顾得很好,驴也给喂上了。

山西多山。过了同蒲路,就要翻越五台山的一座山谷,名叫鬼魂谷。关于它的种种离奇故事,传了一代又一代,当地老百姓干脆把进出的路叫阎王路。几天前一个夜晚,联大的一位先遣队员从这条路上活着经过,名字很快就传遍附近大小村庄。一些老百姓争相从几十里外爬山涉水到先遣队驻地,一定要亲眼看看从死亡之路活着过来的小伙儿。

那个年轻的先遣队员特地趆了回来。

因情况紧急,上级下达命令——当夜继续急行军。时值深秋,北风开始呼呼地刮,荒山野岭间风势更猛,没任何遮挡地向队伍扑来。夜色深沉,天上看不到星月,地上看不清路径,整个队伍都是后边的人盯着前边人模糊的身影。人困马乏,一边走一边打瞌睡,加上路陡难行,不时有人从马背、驴背上掉下,发出声声惊呼,又被周围的人着急地制止。他们一直走到天蒙蒙亮，才在一座小村庄停下，连背包都来不及打开，就倒在老乡的土炕上睡着了。

太阳升起后埋锅造饭。一碗棒子面野菜糊糊还没完全咽下，集合的哨声就像长长的钢链从大家耳垂上拉过。

又上路急行军了。大家觉得这路走得乏味，就唱起抗战歌曲，其实不是唱，是喊，是吼！大家争先恐后地扯着嗓子喊，比着嗓门吼，谁嗓音喊得大，吼得远，谁就是英雄！一路上喊声震天，吼声如雷，吼得大山发抖，路程也似乎缩短了许多。

也许是太过偏僻，附近的几个村子很少有人来，车就更少见了。

队伍走着走着，发现村舍渐渐稀少，只有路边梯田里的玉米在风中高高地扬着焦黄的须穗。再过些时辰，房屋渐渐绝迹，梯田也消失了，只剩了大片的野地，连草都不甚旺盛。偶有河泽，一汪一汪地静默着，仿佛已存在了千年百载、衰老得已懒得动一动涟漪。夏虫一片一片地扑向行进中的人们，溅出斑斑点点壮烈的绿汁。放眼望去，小路如同一条巨幅灰布，弯弯曲曲地扯向天边地极。

晚上，他们宿营在一棵足足生长了百年的大塔松下，树下的落叶又厚又软。

连日的疲劳向他们袭来，加之饥饿劳顿，在松软的"床垫"一躺下就香甜地入睡了。夜里，狂风夹杂着暴雨袭击了"天然别墅"，却未惊醒疲惫万分的他们。

9月24日白天休息时，成仿吾和负责掩护联大师生过封锁线的八路军358旅彭绍辉旅长研究决定：17时出发。

届时，指挥部传下命令："一会儿就要过封锁线了，要连续急行军三四十公里，才能抵达路东的山下，翻过山就是晋察冀边区。敌人也可能发现我们，但千万不能慌乱，无论如何一定要向前进，决不能后退，一定要跑到路东，到晋察冀边区去！"

一夜急行军，队伍从大山下到平川。

他们在崇山峻岭间连走七天七夜，25日拂晓终于抵达阳曲县的路东游击区，在冒着缕缕炊烟的南北温川村休整。

看见那个小小的村落时，大家已精疲力竭。他们扶着树干喘息，发现村里一群光着屁股的娃娃，吵吵嚷嚷，好奇地看着队伍。娃娃们的叫喊声也唤出不少大人钻出黑门洞瞧热闹。

或许是余一虹长得白白净净、文质彬彬，乍看着不太像兵。一位高大壮实的中年汉子警惕地拦住他，盘问："你是哪部分的？找谁？想干嘛？"

一连串口气粗重的问话，一连串浓重的北方腔，问得他一时不知如何回答才好，只是看着对方一身古铜色的肌肉，友善地微笑。

好在没过一会，村里干部就来了，介绍说：这里是受鬼子"扫荡"最频繁的地区。他们所到之处，除杀人、放火、抢劫、凌虐之外，还时常游戏一般地把残存人家的饭锅砸烂或拉上屎，把妇女的乳房割下来摆弄；破开孕妇的肚子，将婴儿插在刺刀尖上嬉闹；把轮奸致死的农妇，往阴户里插上芦苇或擀面杖，再将尸体拉到大街上"展览"……这种种兽行，连叙说的人也羞于开口，还能把他们叫做人么？……因此，村民对外来的人，都有一种本能的警惕。

余一虹理解地点点头，依旧友善地笑笑。

翌日，队伍集合在村外河滩上，瘦高瘦高的罗瑞卿讲了话："我们胜利了！我们的胜利就是敌人的失败。再向东走就是晋察冀边区的巩固区了。那时，我们就可以大摇大摆地走了。"

话音刚落，敌人便疯狂地朝队伍集合的地方开炮。一时间硝烟弥漫了小小的村庄。原来，这里是山西定襄、五台等县几个敌伪据点的间隙，敌人用望远镜可以看到八路军的队伍。

于是，刚刚驻扎下来的队伍，又登上五台山南端的大山。他们经过一天一夜60公里的急行军，终于抵达晋察冀边区的巩固区，胜利完成了从延安到敌后、历时三个多月、跨越黄河和汾河、突破同蒲铁路封锁线、行程两千公里的长途行军。

余一虹后来听说：敌伪报纸不久便以"万余徒手共党越过同蒲线"的大字标题作了报道。这也恰恰说明敌人对我们无可奈何，共产党人是战无不胜的！

到达晋察冀边区后，抗大的队伍继续越过正太铁路前往晋东南。

联大原定也要去那里，因晋察冀中央分局建议将其留下，中央覆电同意。于是，它就在这里安顿下来。

来到渴望已久的抗日前线，年轻人无不激情难耐，欣喜若狂，笑啊，跳啊，把帽子、手巾抛到天空，怎么也平静不下来。

中央晋察冀分局和晋察冀军区决定将自己的驻地阜平县城南庄、易家庄、栗元庄让给联大。这几个村子周围都是庄稼地,村南有一片柳林,柳林南边是滹沱河,滹沱河再往南走十几里就是连绵起伏的五台山。

这时,成仿吾写出《华北联合大学》校歌,音乐家吕骥谱出曲子。校歌唱道:

跨过祖国的万水千山,
突破敌人一层层封锁线……
战斗啊,胜利就在明日!

激昂的歌声,随着师生的足迹,传遍晋察冀的山山水水。

1939年11月7日,在阜平县城南庄的打麦场上,举行了华北联大的开学典礼。从这时起至抗日战争胜利,华北联大为全党和晋察冀边区培养了大批干部。余一虹在联大工作了三年多,担任过学员队的政治助理员、社会科学院的党总支组织委员、校政治部组织科的科员、校部直属总支组织委员和政治经济学研究室的研究员。1942年冬天,由于敌人的疯狂扫荡和封锁蚕食,根据地面积缩小,粮食困难,联大师生每天只能吃到两顿黑豆和高粱米粥,十分艰苦。

南梅先生与余一虹之子陈永康在麻涌道德讲堂讲革命传统

余一虹行军途中曾在《七律·从陕北公学到华北联大》一诗中写道：

　　雄雄赳赳学生兵，辞别延河去远征。
　　突破敌军封锁线，赢来群众笑欢迎。
　　精研马列勤攻读，抗日救亡献至诚。
　　掌握中央三件宝，驱除外寇向光明。

　　1942年2月，余一虹离开华北联大，被调到晋察冀边区政府做专职党务工作，担任边区政府党总支组织委员。边区政府当时是党领导的统一战线的高级政权机关，领导人和一般干部都有许多非党的民主人士，党的组织尚未公开，党总支是以学委会名义进行工作的。而且边区政府的直属单位很多，除政府本身各部门之外，还有公安局、高等法院、贸易局、边区银行、印刷局、工厂管理局、边区中学等单位的党务工作，都要由边区政府总支领导。由于人员与任务都相当复杂，驻地又非常分散，工作上有不少困难。但也有有利条件，主要是领导对总支的工作非常重视，分局指定由政府党团书记张明远同志领导总支的工作，总支专职书记是位很有经验的老干部。此外，边区各部门负责实际工作的党员干部都是总支委员。

　　1943年1月晋察冀边区成立边区参议会，在阜平县温塘召开首届参议会成立大会，成仿吾被选举为参议会议长。在会议期间，余一虹受命带领边区中学一部分学员担负组织接待、安全保密等工作，任招待所的指导员和党支部书记。

　　1943年秋季，日寇对晋察冀军区的北岳区进行了一次残酷的大扫荡。余一虹带领边区政府十几名干部组成的工作组，分散到阜平县一区、五区帮助工作。他们曾经被围困在马石山上，周围全是日伪军队。这里没有深山老林，怎么和日本兵周旋？全是靠老百姓，干部们穿的和老百姓一样，与老百姓平起平坐，一样下地干活，成为日出而作、日落而息的一家人，这是血肉结缘、深入骨髓的情与爱！日本兵来了，分不清楚谁是八路军，谁是老百姓，这样，八路军才能生存下来。余一虹等在敌人的反复清剿下，始终和区村干部一道坚持斗争，胜利完成了反扫荡任务。

　　类似这样的"扫荡"和反"扫荡"，贯穿了抗日战争的全过程。不对称的交手，八路军和边区政府的每一场胜利都来得异常惨烈。

余一虹曾在《望江南·从延安到敌后》词三首中写道：

青春忆，
最忆是延安。
千里崎岖寻圣火，
神驰何惧路艰难。
赤子矢心丹。

求真理，
窑洞读书忙。
小米陋居虽是苦，
广场听课最难忘。
血热化冰霜。

黄河水，
日夜向东流。
宝塔红星光照远，
日军残暴海深仇。
敌后写春秋。

经历延安整风

生活像激流中一只扯满风帆的小船。

"皖南事变"后国共矛盾加剧,各抗日根据地都面临被国民党封锁甚至吃掉的威胁。

在生存危机的压力下,内部的纯洁和防敌渗透成了高层共识,气氛仿佛攥紧的拳头。

当然,延安整风还有着更深刻的历史背景。

首先是因为以王明和博古为代表的"左"倾路线给革命造成了严重危害,必须从思想、政治路线上来总结和清算。

在中国共产党成立后的十几年中,在三次"左"倾路线中,以王明的错误最为严重,持续时间最长,影响最深,危害最大。王明路线直接导致了第五次反"围剿"战争的失败,使大部分根据地丧失,30万红军减少到了3万多人,党员队伍也从30万人减少到了4万人,白区的党组织几乎损失殆尽。尽管遵义会议结束了博古和李德错误的军事指挥,但在思想和政治路线上,王明路线并未得到肃清;左倾教条主义在党内和军内的影响,还根深蒂固,不少人还照样打着共产国际的旗号,搬出马列主义书本里的词句来吓唬广大党员和干部,抵制以毛泽东同志为代表的正确路线。这使毛主席认识到:必须在全党和全军范围内,开展一次以学习马克思列宁主义、肃清教条主义为中心的整党整风运动,才能从根本上解决思想和政治路线问题。

其次是抗日战争初期,王明又从"左"倾立场跳到右倾立场,犯了右倾错误,并一度造成了党内思想的极大混乱。1937年11月他从苏联回国后,继续搬用共产国际的指示,提出了"一切服从统一战线,一切通过统一战线"的口号,要求党放弃在统一战线中的独立自主路线,一切服从国民党。由于当时的共产国际支持王明，党内不少同志还分不清是非，就使王明的右倾思想占了上风，一度造成党内的思想混乱，给抗日战争带来了危害。要纠正这种右倾思想，也必须通过学习和整风，才能肃清教条主义的影响。

另外，这时的抗日战争进入到相持阶段，陕甘宁边区和延安的政治、经济和军事形势也越来越好，党中央已有了比较稳定的条件来总结党内多次失败的教训，从而提高广大党员和干部的觉悟。

1942年4月田心开始学习整风文件，接着结合本人思想写笔记，写自传。

通过学习他认识到：延安整风是中国共产党的一次伟大的马克思列宁主义教育运动和思想解放运动，它整顿党内存在的"三风"，即主观主义、宗派主义和党八股，纠正了学风、党风和文风，提高了党的干部，特别是高级干部的马列主义水平和领导能力。

在整风前一阶段，毛主席先后作了《改造我们的学习》《整顿党的作风》和《反对党八股》三个重要报告，号召全党同志主动端正学风、党风和文风。

1944年4月，毛主席作了对延安整风运动总结性的报告《学习和时局》。

这段时期田心感到自己思想上、政治上都有很大进步，经过整风运动，深刻地认识了国民党的反动本质，认识了理论与实践的正确关系，认识了个人主义、主观主义对革命事业的危害，从而进一步巩固了为人民服务的人生观。

他亲身经历了延安整风在党内党外引起的无产阶级思想和小资产阶级思想的大论战。看到全党高级干部认真总结党的历史，联系实际，进行两条路线的学习和讨论，系统而全面地分析了过去历次错误路线，特别是第三次王明"左"倾路线的内容和表现，产生错误路线的社会根源、历史根源和思想根源，达到了既弄清思想又团结同志的目的，使全党的思想实现了在马列主义和毛泽东思想基础上的统一，为党的"七大"的胜利召开做好了充分的准备。

正如1945年4月党的六届七中全会扩大会议所作的《关于若干历史问题的决议》指出的那样："二十四年来中国革命的实践证明了，并且还在证明着，毛泽东同志所代表的我们党和全国广大人民的奋斗方向是完全正确的。""到了今天，全党已经空前一致地认识了毛泽东同志的路线的正确性，空前自觉地团结在毛泽东的旗帜下了。以毛泽东同志为代表的马克思列宁主义的思想更普遍地更深入地掌握干部、党员和人民群众的结果，必将给党和中国革命带来伟大的进步和不可战胜的力量。"

与田心不同，余一虹是在敌后参加整风运动的。

当党中央开展整风的精神从延安通过各级组织传达到晋察冀边区，他极其虔诚地领悟、贯彻，没等上级布置就开始阅读有关文件。

有一天，余一虹迫不及待地打开一本薄薄的小书，纸张是灰白色的草纸，上面星星点点的草屑和线头之类的杂质隐约可见，边角切得也不很整齐，封面上写的是《在延安文艺座谈会上的讲话》一行大字，署名"毛泽东"。

毛主席的声音仿佛响起在他耳边：

你要群众了解你，你要和群众打成一片，就得下决心，经过长期的甚至是痛苦的磨炼。在这里，我可以说一说我自己感情变化的经验。我是个学生出身的人，在学校养成了一种学生习惯，在一大群肩不能挑手不能提的学生面前做一点劳动的事，比如自己挑行李吧，也觉得不像样子。那时，我觉得世界上干净的人只有知识分子，工人农民总是比较脏的。知识分子的衣服，别人的我可以穿，以为是干净的；工人农民的衣服，我就不愿意穿，以为是脏的。革命了，同工人农民和革命军的战士在一起了，我逐渐熟悉他们，他们也逐渐熟悉了我。这时，只是在这时，我才根本地改变了资产阶级学校所教给我的那种资产阶级和小资产阶级的感情。这时，拿未曾改造的知识分子和工人农民比较，就觉得知识分子不干净了，最干净的还是工人农民，尽管他们手是黑的，脚上有牛屎，还是比资产阶级和小资产阶级知识分子都干净。这就叫感情起了变化……

这声音使余一虹倍感亲切，心想自己不也是如此吗？从南方到北方，虽硬着头皮克服了吃棒子面、地瓜干等生活上的种种不适应，但内心深处的习惯还是难改，一天战斗下来，手上、身上、脚上都满是臭汗味，最渴望的是打盆清水洗一洗，至于穿别人的衣服，就更是不情愿的了。整风显然极其必要……

余一虹所在的中共平西地委根据中央指示，抽调一批干部参加整风，他参加了学习班。开始时余一虹担任党支部委员，后来进入审查干部阶段，他虽然是单纯的青年学生，但由于来自广东沿海大城市，因而在半年多的整风学习中，既严于解剖自己，又坚持实事求是，经过半年多的整风运动，余一虹和广大学员一起对党的历史经验、马克思列宁主义和毛泽东思想的认识，有了空前的提高，为抗日战争的胜利打下了坚实的思想基础。

更让他感到宽慰的是，根据地的群众始终对他信任、关怀。

春节前夕，房东大娘从90里外的村子送来一篮年糕，呈金黄色，镶嵌在上面的红枣似颗颗玛瑙，柔光闪闪。

这一带每逢春节家家户户蒸年糕是固有习俗。房东大娘就是在家庭最困难的情况下，依然会想方设法蒸上一锅年糕，用它坚守着一份虔诚的祝福和美好的祝愿。余一虹闻着年糕的香味儿，仿佛看到大娘忙碌在灶台旁的情景，心头顿感比年糕还要粘的亲情。乡亲们的心愿，让他热泪盈眶。

大娘坚强且善良。余一虹记得第一次去她家，大娘正一刻不停地缝衣裳，边做活边和他说话。当时是春天，因买不起布做新衣，只能将孩子们穿在身上的棉衣用晚上时间掏出里面的棉花，再做成夹袄第二天穿。如头天夜里做不完，第二天孩子们就没得穿。余一虹也替她着急，就动手帮她拆。棉衣里的棉花拿得还要小心翼翼，一定要保持完整——因为到了冬天还要把它放进去。这样循环往复几年，直到一点儿都不能缝补了，才算完成一件衣服的使命。

愁了穿的，更愁吃的。大娘家有口大锅，要供十来人吃饭。饭一端上来，孩子们就抢吃一空。她总是看着孩子们吃完，自己才吃几口剩饭。为了让一家人吃饱，大娘粗粮细作，用多样杂面擀面，用腌咸菜的汤熬几遍当卤。孩子们不是一碗一碗地盛，而是围在一个特大的盆周围直接用筷子勺子吃，像风卷残云般。

记得有一年春节前大娘曾派孩子叫余一虹："我妈请您去吃饺子。"

他怕惹她不高兴，不能拒绝，就称了几斤白面去了。一进大娘的门，就见一个瓦盆装着馅儿。因请余一虹来，她特意在给他的馅儿里放了点儿肉。余一虹很感动，执意不肯接受，硬是把那碗馅儿倒到瓦盆里。包饺子像一场战斗，大人小孩全忙活，包得五花八门。饺子下锅后，余一虹发愁往哪盛，只见大娘将炕席反复擦几遍，当饺子被大笊篱捞起，就倒到炕席上。孩子们高兴得一拥而上，用筷子夹、勺舀，有的干脆手抓，场面的热烈着实叫余一虹捧腹大笑。他感到看他们吃也是一种享受。孩子们吃饱了，饺子已寥寥无几。大娘不好意思地说："让您见笑了。"

余一虹捧腹之余，心里酸酸的。但大娘那吃苦耐劳、乐观开朗的精神也深深感染了他。

多雪的冬天终于过去。清明后一场春雨一场暖，春风一刮，树绿了，花也开了，熬了一冬的人们开始跃跃欲试，趁春暖花开时节实现自己的一些想法。

田心、丁农、余一虹、杨以平通过信件交流了各自的情况。

田心、丁农、余一虹、杨以平离开家乡东莞，一晃就是六七年，亲人、老师、同学……就如同家乡的雨，在每人心头淅淅沥沥的，仿佛很远，很迷蒙；又仿佛很近，很清晰，难以道尽无穷的感受。

他们来往信件中谈论最多的话题，除了这些年各自的经历，就是故乡。他们都高兴地得知：为了更有力地打击日寇，东莞抗日"模范壮丁队"和东宝惠边人民抗日游击大队以及广东人民抗日游击队3大队和5大队早已合编为广东人民抗日游击总队，并在1943年12月2日改称东江纵队。他们的思绪都不禁飞回遥远的南方，飞回故乡东莞麻涌。

1944年2月，晋察冀边区政府在反扫荡之后进行精简整编，调整组织，边区政府总支只留下一个专职书记，余一虹被调到平西地委担任巡视员。

他到平西之后，曾随地委书记到北平、张家口郊外的游击区、半游击区检查工作，直接参加了前线的对敌斗争。

余一虹在《望江南·忆旧》一词中写道：

> 崎岖路，
> 战火历艰辛。
> 北岳深山曾驻马，
> 滹沱河畔步留痕。
> 犹记旧征尘。

战争的车轮如流星闪电，在中国大地上滚滚飞驰……日本不可战胜的神话，仿佛肥皂泡一般消失在硝烟弥漫的空气里。

迎来抗战胜利

1945年是一个注定要在人类历史上留下浓墨重彩的年份。

这一年的7月24日，美、苏两国参谋部举行第一次会议，讨论了双方在远东的战略配合。苏军参谋长安东诺夫说，苏军正在向远东集结，准备8月下旬同日本作战。美国一方面积极寻求苏联参战，另一方面又准备向日本投原子弹。

8月6日，美国的第一颗原子弹落向广岛。不一会儿，整个广岛就被耀眼的闪光笼罩住。原子弹在距地面600米的高度爆炸，顷刻间形成直径110米的蘑菇状火球，温度高达30万摄氏度，爆炸中心下面半径一公里内的石头都被熔化。这里顿时没了人，也没了生物。距爆炸中心较远的地方，横七竖八地躺着燃焦的尸体。即使侥幸活下来的人，也烧得惨不忍睹。带有放射性的酸雨，使很多人在随后漫长的几十年里受尽了折磨，然后慢慢死去。

广岛当时的34万人口中，仅这一天就有13万人毙命。日军第二军总司令藤井也被炸死在司令部里。全市化为一片焦土。

但出乎美国意料，第一颗原子弹爆炸后，日本没立即投降。于是杜鲁门又向斯波茨将军发出命令："须依照计划进行。"这就是说，第二颗原子弹要按计划投向下一个目标。

这时斯大林也在考虑向日本宣战。8月7日他签署命令，要求苏联远东红军于9日零时向日本关东军发起进攻。这就将原定8月11日发动的进攻提前了两天。

8月8日莫洛托夫约见日驻苏大使佐藤，代表政府向他宣读宣战声明："从明天起，即从8月9日起，苏联将认为其本身已与日本进入战争状态。"

9日零时10分，苏联150万大军分三路越过中苏、中蒙边境，向关东军突然袭击。

3个半小时后，美军一架轰炸机腾空起飞，机上装载着一颗原子弹。飞临小仓上空时，那里正被厚厚的乌云覆盖。飞机环绕三周，依然找不到轰炸目标。这时机上燃油已不多了，驾驶员只好飞往长崎去试一试。就这样，老天爷挽救了小仓几万人的生命。10时半，飞机经岛原半岛西部橘湾上空飞抵长崎。尽管这里的天气状况也不好，但云雾正慢慢消散，透过薄薄的云层，长崎的轮廓依稀可见，给轰炸提供了机会。11时零2分飞机对准目标，将原子弹挂在降落伞上投了下去，长崎10万多人遭了大殃！

11时，日本正举行内阁会议。铃木首相表示：唯一的选择是接受《波茨坦公告》和结束战争。他话音刚落，第二颗原子弹就在长崎爆炸。

苏联出兵，美国摔原子弹，日本投降，几乎是同时发生。西方一些国家，以及中国国民党的宣传机构，对原子弹的威力大肆渲染，将其作用吹得神乎其神。

就在中外媒体连篇累牍报道原子弹消息的当天，毛泽东发表了《对日寇的最后一战》，对苏联出兵东北的意义给予高度评价，出人意料地一个字也没提到原子弹。

西方领导人尽管不遗余力地吹嘘原子弹厉害，但后来也不得不承认，原子弹不能解决战争问题。丘吉尔在回忆录里客观地写道："认为日本的命运决定于原子弹是错误的。在第一颗原子弹投下以前，它的失败已经注定……"

1945年8月10日，日本政府发出正式照会，接受《波茨坦公告》。并由瑞士公使、瑞典公使分别向美国、中国、英国、苏联以最快速度转达这一意图。

8月15日，日本天皇发布"诏书"，宣布无条件投降。

一大早从广播里听到这个消息，田心、丁农、杨以平所在的延安人人欣喜若狂。大家纷纷要求，由领导出面，组织队伍，去中央军委，向首长祝捷。

王家坪位于延安城北门外二三华里处的延河东岸，是中央军委总部所在地。朱德总司令、叶剑英总参谋长、王稼祥总政治部主任以及总参、总政机关，都住在这个小小的村庄，沟口有一大片桃树林，环境优美，桃林深处新建了一座大礼堂，为军委直属机关院校等单位大型集会之用。

欢乐的人群带上各种乐器，在路上吹吹打打，扭着秧歌，沿延河北行。到了军委机关门口，通报进去，军委首长们都出来接见。随即在军委大礼堂开了大会，各方面代表致祝捷词之后，朱德总司令的两只眼睛笑得眯成了一条缝。

整个会场沉浸在一片欢乐的气氛中，歌声口号声连绵不绝，大家高奏革命进行曲，合唱八路军的军歌。朱总司令登台讲话，大礼堂顿时鸦雀无声，大家伸长了脖子，洗耳恭听。会场里庄严肃静。即使丢下一根针，也能听到声响。

首长讲话后是通宵的跳舞晚会，叶剑英总参谋长的舞姿翩翩，格外引人注目。来宾中还有几位外国朋友，他们也兴高采烈。大家踏着悠扬的乐曲，缓缓起步，边舞边唱，尽是优美动听的歌声。整个礼堂都陶醉了……

余一虹所在的张家口市也万人空巷，人们都涌到街上欢呼雀跃，脸上无不带着胜利的微笑，眼里更多漾出的是战士冲锋陷阵时所特有的锐气。曾惨遭侵略者蹂躏的人们奔走相告，燃起火把，敲锣打鼓，鞭炮噼噼啪啪地从四面八方响了起来。他们和同志们一起扭起传统的秧歌舞，千万条红绸在人们的手中快速飘动，宛若彩霞满天。他们满身大汗淋漓，内心充满胜利的喜悦。八年的血与火、仇与恨、苦与乐、辗转与坚持、血汗与奋斗……都化作了声声爆竹，阵阵歌声。一位大腿受伤的战士，扔掉拐杖，出奇地站起来高举双手尽情欢呼。余一虹感到，这是不屈不饶的信念和民族力量所支撑的持久抗战的胜利。他和大家一样，摘下帽子，把它高高抛到空中，大声拍手、欢呼……

傍晚，广场上生起熊熊篝火，又将人们的激情引向高潮。许多人看着夜空中异彩纷呈的焰火，喃喃自语：焰火，真漂亮。余一虹靠在广场旁的一棵大树下，望着漫天烟花，也不由自主地说了句："焰火，真漂亮！"

是啊，焰火，真漂亮！只有从战场上下来的人，才能更深刻地体会到这句话的意思。炮火和焰火，都是火药的爆炸产生的光芒，两者的目的和效果却天差地别。炮火是为了进攻，为了征服，为了反抗，为了破坏，为了杀戮，是人间最可怕最惨烈的景象，是战争、灾难和死亡的象征；焰火是为了庆祝，为了团圆，为了展示和平的欢乐，为了表现人间的繁华和喜悦。同样是火花，同样是爆炸，两者所展示的，却是人类生活中完全不同的两个极端。在满天绚烂的焰火中，余一虹默默地为人类的和平祈祷：但愿有那样一天，人间本来用于准备战争的火药，都被改做成了烟花，在一个全人类共庆的夜晚，让象征和平团圆的火焰之花开满地球的上空，万紫千红，此起彼伏。

这天晚上，一些小饭铺推出了一款小吃"油炸鬼"。其做法是把面片先擀成长方形的，折一下就手捏成口袋形状，随之往袋口打入一个鸡蛋，然后放进热油锅里开炸，两面都炸成棕黄色，捞出来即食，香酥味美，比油炸棒槌馃子好吃得多。当时，卖的、买的人都称它为"油炸鬼"，以它来寓意罪恶的日本鬼子。

与此同时，千里之外的麻涌百姓得知日本侵略者宣布无条件投降的消息，无不欢呼雀跃。他们在古梅学校门前高搭舞台一座，开庆祝抗战胜利民众大会，会上特邀"国土不重光，立誓不剃头"的爱国乡耆莫信南，登台将留蓄多年的长长须发，在老百姓热烈的掌声中剪掉。

让一些东纵老战士记忆最深的是1945年9月到樟木头接受日本投降的一幕。"那时，路上都成了花海。会场上鬼子们耷拉着脑袋，解下佩刀。围观人群的欢呼声把耳朵都要震聋！"

他们充满自豪地说："我们只想把这段历史留给后人，让他们知道以前的战争是多么残酷，东纵战士的生活又是多么艰辛。希望后人看到这段历史，知道好日子来之不易。"

余一虹再次亲眼见到日本兵，是在他们成为战俘之后。一天早上，他看到日本俘虏三三两两，其中一人拉一辆用木板围着的板车，另两人手执扫把"嚓嚓"沿街打扫。这些人哪里还有吓人的气势和狰狞的模样啊！有一群流浪儿捉弄他们——或是抢他们买来正要送进嘴里的糕饼，或是抢夺他们挂在背后腰带上的猪腰形铝制宽口饭盒。他们只是无可奈何地笑着点头哈腰，伸着手，口里嘟囔着什么，一个劲地要求把东西还给他们。那副可怜兮兮的龟孙子相与他们原先的狰狞脸目形成了鲜明对比。

当时由平西地委和北岳一分区合并组成的冀察区党委，当即决定党校学员全部结业，大部分立即奔赴张家口市去做接管工作。余一虹被任命为六区（相当于县）区委书记。

张家口是华北较大的城市，因其险要的地理位置而自古为兵家必争之地。战争的硝烟还未散去，各路接管干部就进入市内并迅速到达各自接管地区或部门。这支来自解放区各个战线的干部队伍，以"衣冠不改旧家风"的精神面貌，艰苦奋斗，廉洁清明，高效率执行城市政策，得到张家口人民的拥护和爱戴。

刚到六区，映入余一虹眼帘的是怎样一幅情景啊：几乎都是清一色的小平房，矮趴趴的东倒西歪，寥寥无几的几座楼房也很陈旧。路况更差，几乎到处都是"搓板路"，主干道布满泥潭，坑坑洼洼，道中间长着一人多高的蒿草。行人晴天一身灰，雨天一身泥。空中的煤烟久久不散，黑乎乎的，如同黑云压顶。许多人家的窗子都用厚厚的被子蒙上，灯泡也是特别制造的。周围一圈漆黑，只有灯泡底端玻璃是透明的，微弱的灯光投射下来，比窗外的月光还暗……市区饥民成群，大米是根本看不到的，粮价一天三涨。普通人家能吃上杂合面就很不容易了。每天半夜，面铺门外就挤满人，等着买玉米面，早来的人买到几斤，后面就只能买杂合面。苦难中的底层大众累死累活养不活一家老小，许多人饿倒在街头，真是惨不忍睹！繁华处抢劫、偷盗的事就更多了。有时一人从面包店出来，突然背后会跑出一个人，一把就从你手里将面包抢走。抢劫者一面逃跑一面啃面包，那情景谁看了都不肯再去追了。

余一虹心里像塞满乱糟糟的茅草，扎得五脏六腑很疼。初到六区的时候，他对于根据地工作全无经验，加上人员不熟，初来乍到就担负起主要领导责任，的确深感责任重大。因此，他在对待日常工作问题和处理同志间普遍关系问题上特别兢兢业业、谦虚谨慎，对个人的生活作风也特别注意克己，甚至堪称谨小慎微。

余一虹思索最多的是：应该为老百姓做点什么？

他原本白皙的面庞，印上严寒酷暑的痕迹，只有双眼依然闪烁着坚韧与睿智。就是这位看似寻常的人，掌管着全区数万人口的命脉啊！

赶到区委上班后，余一虹立即和区长王立明带几名干部去接管明德大街原敌伪区公所，并立即开始清理物资、接收工厂企业、进行社会调查、稳定社会治安、处理敌伪旧人员，建立政权和工、青、妇、合作社等群众组织。

他们迅速恢复了城市功能，严厉打击了各种反动组织及土匪、恶霸、会道门等黑恶势力，没收了官僚资本，建立起新的金融秩序……

第一站，余一虹是到张家口最大的工厂——华北机器厂去考察。

吉普车沿着曲曲弯弯的土路千回百转。一路上朝阳的山坡开满一簇簇艳红的野花。漫岗上，黑黝黝的大地被犁开，在白白的日光照耀下油油发亮。

吉普车翻过梁上,一片松林尽收眼底。他双手紧紧地抓住车门上面的扶手,一言不发,脸色也十分凝重。

听说上级有人来,人们早早就聚集在路口,远远地躲着,偷偷地张望。

一道道企盼的眼神,一张张憨厚的面孔,立即将他融进了浓浓的民情之中。

站在平坝上,举目四眺,一派战火洗劫的荒凉。厂房乌黑、倾颓、开裂,门窗多被砸碎,铁框和钢件多被撬走,风从敞开的水泥门窗吹进,有力地回响在空荡荡的厂房中,又吐出低沉的呜咽。

厂长被吓跑了,余一虹做工人的工作,欢迎厂长回来,结果他还是不敢回来。余一虹就叫工人自己组织管理工厂,直到一切都走上正轨。

经过紧张的工作,张家口市的局面很快就稳定下来,成为当时全国解放区最大的一个城市。那一年多的时间里,余一虹既担任区委书记,又兼任华北机器厂的党总支书记,后来还奉命筹办了《张家口晚报》。

余一虹就是此时和河北姑娘杜九梅结为夫妻的。

杜九梅从小就受到战争与艰难困苦的磨练与考验,13岁就加入了中国共产党。那时根据地军民的生活很苦,人人都过着缺衣少食的日子。粮食不够吃,他们就把花生壳磨成粉,到了春天,杨树发芽,就摘杨树芽充饥。

杜九梅参加革命后先在边中上学,师生们都寄住在老乡家里,根本没有桌椅,在树林里、空地上,大家拿着小马扎朝上一坐就开始上课了。冬天穿的衣服被人们戏称为"真空管",也就是外面只穿一件棉袄,里面则没有其他衣服可穿。有一年赶上洪水把庄稼毁了,老百姓的生活就更苦了。师生们借住在老乡家里,曾看到瘦得皮包骨的孩子把手伸到石磨里去掏花生壳磨成的粉末吃。尽管师生们的口粮也少得可怜,但他们还是把当天的口粮给了那个孩子。日本侵略者

余一虹和河北姑娘杜九梅结为夫妻

经常发动"大扫荡",实行"杀光、烧光、抢光"的"三光政策"。日寇所到之处一派狼藉,满是废墟,老百姓被枪杀,房屋被烧毁,有些水井都被尸体填满了。这些村庄成了无人区,晚上看去一片漆黑,空荡荡的,非常凄凉……

他们在单位举行了一个简单得不能再简单的婚礼。本应欢度蜜月的日子,他们却一刻也闲不住,几乎把时间都用到工作上。爱情,无疑能给人的工作和生活带来活力。

杜九梅后来长期在部队和国家机关工作,一直保持着工农干部淳朴、厚道、平易近人的特点。

此时的中国,是一个满目疮痍、军困民乏、经济几乎破产的国家。抗日战争的胜利,是百余年来中华民族在大规模反侵略战争中第一次取得彻底胜利,而且,在抗日战争期间,以英、美废除对华不平等条约为先导,百余年来列强强加在中国身上的不平等条约已基本废除,租界已经收回,领事裁判权被废除,被日本强占半个世纪的台澎列岛即将回到祖国的怀抱,中国在联合国任常任理事国,百年积弱的中国一跃成为"五强"之一……

庆祝抗战胜利,锣鼓喧天、载歌载舞的光景没多久,乍暖还寒、时晴时阴的政治气候便来到了。

重庆发生较场口事件,特务捣毁会场,打伤郭沫若、李公朴等进步人士。接着,特务又捣毁北平军事调停处执行部,继而捣毁重庆《新华日报》……

时局紧张,一天天恶化。前线传来消息,国民党白天起降飞机,夜里调动车辆,军人则夜行昼伏,以进攻的态势向解放区潜进。中国的前途吉凶未卜。

1945年8月25日,中共中央发表《对目前时局的宣言》,阐明中国共产党争取和平民主、反对内战独裁的方针。8月28日,毛泽东、周恩来、王若飞在赫尔利、张治中陪同下,乘专机到达重庆,与国民党进行谈判。

那段日子,余一虹反复学习中央精神,眼睛因过度兴奋而熠熠生辉,搞清楚了:谈判也是一种斗争,要使每个干部都懂得和平谈判的必要性,同时又不对和谈抱过高希望。对群众,他一面抓形势教育,保持高度警惕;一面抓训练,随时准备抗击国民党军的进犯。

1945年10月10日，蒋介石与毛泽东签署"双十协定"。

让余一虹刻骨铭心的是晋察冀根据地纪念"四八烈士"的那个阴寒的日子。

1946年4月8日，出席重庆国共谈判与政治协商会议的中共代表王若飞、秦邦宪等由重庆乘坐一架美式运输飞机返回延安，准备向党中央汇报和请示工作。随机同行的还有在皖南事变中被国民党囚禁刚释放不久的新四军军长叶挺、中共职工委员会书记邓发、民主人士黄齐生等人。途中由于天气恶劣，能见度很差，飞机与地面失去联系，迷失了方向，14时左右在山西省兴县东南80里的黑茶山失事坠毁，机上十七人全部遇难。

那天整个会场格外沉寂，大家都静静地等着悼念仪式开始。往日威武、严峻的聂荣臻司令员，此刻一脸的悲痛和疲惫，黯然红肿的双眼怔怔地看着大家，先是沙哑无力地致完悼词，接着便掩面大声痛哭起来。余一虹知道，聂荣臻司令员与多位"四八烈士"都是老战友。从那一刻起，他似乎瞬间明了了什么是英雄有泪不轻弹，什么是战友真情！

更让余一虹刻骨铭心的是不久蒋介石故伎重演，撕毁"双十协定"，在美国帮助下把大批兵力从空、海运往东北、华东、华北，伺机对各抗日根据地大举进攻。

傅作义遵从蒋介石的命令，从归绥东进到绥东、察哈尔、热河去接受日军投降。可这些地方大部分是八路军游击区，八路军在这里与鬼子打了几年的仗，按理应由八路军受降。

至于天津等若干大城市，则由盟军代替国民政府受降。他们在那里的作为，实在让市民寒心。一些美国大兵带吉普女郎横冲直撞地兜风，逛妓院，酗酒打人……报纸上时有他们驱车撞死市民的报道。有老百姓编歌发泄对老美的不满。其中一段是：

打跑小日本，
又来美国兵，
坐着吉普车，
撞死中国人，
强奸又杀人，
人人都恼恨……

自从日本一投降，中国人就在思考未来中国之命运。稍有些头脑的人都能看清，国民党不行了，连美国人都认为它没希望了。大家都猜测共产党肯定胜利："共产党么，就是创造奇迹的党，什么史无前例的奇迹都能创造出来！"

1946年9月10日，蒋介石就命令"沿平绥路东西并进，向张家口攻击"。他志在拿下张家口，除军事目的，还有为即将召开的国民大会做铺垫的政治目的。

由于整个国际国内形势的变化，中央组织大批干部去东北。田心亦在这批干部之列，编队和路费手续已办妥。后来只因中央民委撤销，工委、青委与妇委又分别成为独立机构，中央青委的冯文彬同志由米脂县回机关工作，把田心留到机关做行政秘书。

1947年3月，胡宗南率部队进攻延安，田心跟随中央机关撤退至晋察冀边区，跟随冯文彬同志到平山县丰城村搞土改，7月列席全国土地会议，之后又出席全国青年工作会议，总结建立新民主主义青年团的经验。

会后，他被派到山东渤海区，参加区党委召开的土改整党会议。1948年2月会议结束，田心被分配到渤海区党委民运部青年科当科长。后这一机构改为中共渤海区党委青年工作委员会（对外称新民主主义青年团渤海区工作委员会），田心任青委副书记（书记由区党委副书记李广文兼任）。他下乡参加土地改革，主要从事放手发动群众、建立新民主主义青年团组织等工作。

1947年年底，田心在参加渤海土地会议时与江苏姑娘章凡相识并恋爱，于次年4月结为夫妻。

1949年4月，田心被选派到北京出席中国新民主主义青年团第一次全国代表大会。5月又参加了第一次全国青年代表大会。这段时期，正是中国人民革命走向胜利的时期。人民解放军粉碎国民党的重点进攻而开始战略反攻，一步步粉碎敌人重点防御进而歼灭敌军主力，并突破长江防线，四处追歼残敌，解放全中国。

解放战争中的麻涌

1945年8月，日本侵略者宣布无条件投降，麻涌百姓无不欢呼雀跃，祈望民族解放、祖国富强、人民安居乐业。

然则，国民党反动派发动了内战，麻涌的政治、经济和人民生活再度陷入困境。在短短四年当中，麻涌竟然走马灯般地换了四任乡长，这客观上说明国民党的黑暗统治正在大幅度削弱。

1945年9月，国民党当局委任萧子虎为抗战胜利后第一任麻涌乡长，接管当地政权。然而，盘踞在这里的"大天二"黎福庆武装势力并没有变。如果说有一些"变化"的话，那就是过去敌伪时期的联防大队长是"大天二"黎福庆，国民党当局接任的联防中队长是他的亲信军师钟芘伯。敌伪时代的恶势力人物"大天二"黎福庆摇身一变，成为"太上皇"，同样坐地分肥。麻涌百姓瞠目结舌，无可奈何。

1946年，萧广华（又名萧佐高）接任麻涌第二任乡长。其任期内的社会状况没有改变，除马元市烟、赌馆林立之外，官府还增加苛捐杂税，实施保甲制度。当局为内战需要，实行分坊抽壮丁制度，乡民惶惶不可终日。走投无路者只好背井离乡，或卖身去当猪仔兵。

1947年，莫咸亨成为第三任麻涌乡长。政局仍然不稳，但因铁路货物运输未能恢复，市场供应严重失调。货轮海运先行一步，商贩们及时收购香蕉远销上海，使蕉价突然飞涨，每担香蕉的售出价，等于一钱黄金的价值，且持续了多月……农民卖了香蕉，便拿着银钱到金铺去兑换金粒或首饰，以求保值。因而马元市的金铺，最多时有十余间，其中稳记、月记、时兴、忠信、进记、光记、打银弟等字号较旺。而茶楼酒馆、小食店和番摊牌九馆、麻雀馆（骰子馆）等也多了起来，还设有鸦片、私娼和高利贷典当等馆行。一时间灯红酒绿，纸醉金迷……所以当时有人称麻涌是"小澳门"。但不少无节制者因染上嫖、赌、饮、荡、吹的恶习而导致家破人亡，妻离子散。正如麻涌谚语所云："杀人放火金腰带，修桥整路发鸡盲。""大天二"黎福庆、"跛周"、萧盘石之流，专横跋扈。在沦陷、光复这两个"朝代"，他们都是出则前呼后拥，入则戒备森严；穿的是绫罗绸缎，食的是百味珍馐；猜拳喝令，呼驴喝雉，一掷千金，不可一世。

1948年，莫咸珠成为麻涌第四任、也是新中国成立前最后一任乡长。此人曾兼任学校的教师，但他经常喝得醉醺醺地上课堂讲课。有一次，他涨红着脸、瞪大双眼，站在讲台上对学生们说："你们要听我的，如不听话，请看这是什么东西！"——随即从腰间拔出一支左轮手枪，"啪"地一声放到讲台上。学生们见状，当堂受惊。莫咸珠作威作福还不止于此，天气炎热时，曾在课堂上叫女学生为他扇凉；有时还拿出账本簿子叫男学生为他到赌馆去收黑钱，师道全无。这种无德无能的人当乡长，可谓权威尽失！因此麻涌的国民党政权几乎名存实亡，处在失控与真空的边缘。

与此同时，抗战胜利后麻涌的革命力量也在发展。

1946年6月东江纵队北撤，为保存力量，东莞地方组织执行"隐蔽待机"的方针，分散隐蔽，单线联系，转入秘密活动。11月东莞的地下党员和武装骨干，迅速组织起十余支武工队，成为全省恢复武装斗争最迅速的地区之一。这里物产丰富，战略位置突出，是国民党征兵、征粮、征税、实施资源补给的重要区域，国民党军对东莞解放区的进攻异常频繁，对此处农村的控制也更严密。而对中共东莞组织及其所领导的人民武装而言，东莞远离解放军主力，条件更为艰苦。

其中最艰苦卓绝的要数1947年底至1948年底的两期反击"清剿"的斗争，有数百名共产党员、革命战士英勇牺牲。中共东莞组织在解放战争时期，开展一系列卓有成效的人民政权建设工作，创造和积累了较丰富的政权建设经验，为新中国成立后中共执政东莞地区开辟了道路……

在这段时间，大步地下党组织继续运用统一战线这个法宝，对当地三股土匪势力进行分化，利用他们之间的矛盾，联合其内部的李文伦等"积极分子"，进而打倒绰号"烂鼻子"的土匪头子周满兴。

1946年，大步地下党组织利用开明人士何协吉当十五屯乡长的时机，安排祝福亮、史家容、姚礼三位党员打进乡村政权当首席保长和保长，搞

"白皮红心",坚持长期地下斗争。他们及时通报敌情,掩护遭受国民党怀疑的祝锦龄等地下党员,购置武器,建立武装自卫队。

一天,有人报告祝锦龄:"我知道哪儿有枪……"

祝锦龄顿时兴奋起来,在当天午饭时间,跟着那人来到一个以杂货铺为幌子的伪军情报站。祝锦龄递给"老板"一张面额颇大的钞票,说要买几十元一箱的王老吉茶。"老板"找给他钱,就带他到另一个通道里搬货。就在"老板"转身时,发现祝锦龄挡住了出路,此时,几名战士已翻出他们藏在柜台抽屉里的两把手枪。全过程不足五分钟。祝锦龄等得手,立即跑出杂货铺的店门,跳上几辆自行车,飞快地跑得无影无踪。

1946年东江纵队北撤后,麻涌党组织根据上级"长期隐蔽,积蓄力量,等待时机,坚持斗争"的方针转入地下。

这年7月,祝锦龄被委任为中共东莞水乡区指导员,统一领导东莞水乡区党的工作。他在自己家里秘密召开了第一次党员大会。

祝锦龄的家十分贫穷,一家几口挤在一间很不起眼的小屋里,面积不到20平方米,摆设也很简单,除了烧饭的炉灶和一张用来吃饭的桌子,就只有一张残破不堪的旧床,床前用一道布帘隔开,露出一点儿缝。风从窗户吹进来,吹得布帘飘飘悠悠,很有点儿神秘感。

会上传达了上级党组织关于新形势和恢复水乡武装斗争的决定,明确水乡地下党组织要全面恢复组织活动,既要积极进行合法斗争,又要发动群众,开展武装斗争活动。会议决定把水乡南北区合并成立水乡区委会,先后由卢焕光、黄永光和祝锦龄担任水乡区委书记,吸收湛潮泰、祝窝成、祝窝群、祝志球、祝国良、黄乞儿、祝应祥、祝裕辉、祝灼坚、祝木头为中共党员。

后来,水乡区委又先后培养发展了陶明禧、陶耀通、陶佑权、史冠生四名男同志及萧焕兴、李旺容、洪美福、莫爱欢、莫巧维、莫顺茜、雷赞冰等七名女同志加入党组织,并相继在东仁坊、漳澎、麻涌地区建立了地下党支部,党员达到100多人。其中麻涌党支部书记是萧大钧,党员有谢燕娟、萧志杨、萧定乾、萧翰跻等。

中国人重视人情与义气,这使他们在生活和战斗中平添不少温暖。

同时祝锦龄得知,抗日战争中曾经帮助过麻涌党支部的中堂战友霍锡熊,1945年曾先后任增城县永和区抗日民主政府副区长、区长。1947年1

月，他在惠阳富美村召开秘密会议，向东江纵队复员人员传达中共中央香港分局关于公开恢复武装斗争的决定。由于有人告密，国民党保八团两个中队和地方反动武装共300多人，层层包围了富美村。霍锡熊、黄卫民、刘友、郭贵四位同志在突围中牺牲。为缅怀霍锡熊等四烈士，富美村群众在村后背山修建了一座纪念碑，顶有红五星，墓地周围种满了四季常青的松树。

1946年11月27日，中共中央香港分局作出恢复广东武装斗争的决定，号召各地重新开展游击战争。

1947年1月初，中共江南地区特派员在香港动员东江纵队复员干部回乡组织武装。

麻涌水乡武工队是水乡片区建立最早、战斗力最强的一支队伍。

1948年4月初，水乡区委书记祝锦龄在大步村组织了水乡北区的水上武工队（后统一改为水乡武工队），最初仅有祝厚良、郭奖贤等六七人，但很快就发展到十六人。他们划小船游弋于麻涌、大步、漳澎一带珠江口河面。随后由区委罗金润组织了黄嘉、丁仲田等人组成的武工队，黄嘉任队长，丁仲田任指导员，活动于黄涌、高埗、中堂一带，并一步步扩展到冼沙、梁家村、石碣。

当时，缺少枪支弹药是制约武工队发展的首要问题。祝锦龄设计由打入敌人内部的祝福亮出面，将地下党员祝厚良等一批进步青年介绍进大步敌伪乡公所。

1949年5月，祝锦龄带领水乡武工队夜袭大步乡公所，早有准备的祝厚良里应外合，一路鸣枪"追击"武工队，带领一批进步青年携带着步枪及弹药，投奔了水乡武工队，使水乡武工队一下子发展壮大到70多人。

队伍人多势众之后，武器弹药还是不足。祝锦龄再次把眼光瞄准大步乡公所，指示祝福亮向国民党乡长和地方士绅建议购买20多支新枪，用来"保境安民"。由于祝福亮是伪乡村政权的首席保长，平日里与国民党伪乡长和地方士绅的关系又很好，他们便很信任地让祝福亮操办购枪事宜，并任命祝福亮为乡公所队长。

1948年6月，县委卢焕光、黄永光在黄涌举办了"发展水乡武装"的学习班，贯彻县委"发展水乡武装，向敌人后院点火，牵制打击敌人"的指示，研究水乡扩大武装队伍问题。麻涌党组织派出祝锦龄、祝厚良、祝应湖、郭奖贤等多名骨干参加学习。

学习班决定公开树起水乡武装大旗，建立水乡武工队，动员各支部出人、出枪、出子弹。

仅仅两个月后，祝锦龄重施故技，派祝厚良带领水乡武工队再次夜袭大步敌伪乡公所。祝福亮也像祝厚良一样，如法炮

南梅先生带队开展革命遗址普查工作。当讲到水乡武工队三战三捷智取枪支的故事时大家都笑了

制地一路鸣枪"追击"水乡武工队。与祝厚良不同的是，上次祝厚良是人手一支步枪，这次祝福亮是人手数支步枪，将新购的20多支枪悉数运送到了水乡武工队。从此以后，麻涌水乡武工队真正做到了人多枪齐、兵强马壮，成为日后重新组合的水乡三支武工队（蛟龙队、青龙队、过江龙队）中的主力军。

也正是在黄涌学习班之后，武工队迅速发展壮大，成立起战斗力颇强的"蛟龙队"，由祝厚良担任指导员。水乡游击区废除了敌伪时期设立的苛捐杂税，并禁烟禁赌，整治了社会不良风气。

随着形势发展，"蛟龙队"上调。留在麻涌的党员骨干祝厚良等四人重新在水乡扩军组编"飞龙队"，由祝厚良担任队长。在中共水乡区委领导下，大步、漳澎相继成立农会，水乡区武工队协助农会反"三征"（征兵、征粮、征税）、减租减息、清匪肃特。麻涌地下党员祝应湖、祝耀棠等人到新沙边地，收缴了漳澎大地主刘文放在鸭排（寮）的步枪四支，并上交水乡游击队。

为了加强和统一粤赣湘边区解放斗争的领导，中共粤赣湘边区委员会和中国人民解放军粤赣湘边纵队分别于1948年12月和1949年1月成立。活动于东江南岸地区的广东人民解放军江南支队改编为粤赣湘边纵队东江一支队，江南支队第三团改编为东江第一支队第三团，主要在东（莞）宝

（安）地区开展游击战争，参与创建和巩固以东江为中心的战略基地，迎接和配合南下野战军解放东江和广东全境。

1949年1月，祝锦龄、祝应湖上调东莞工作。大步党支部书记由祝如亮接任，湛潮泰、祝厚良分别任组织委员和宣传委员。不久祝如亮也上调，由祝志球接任支部书记。

麻涌与中堂共属水乡片，两镇相邻，你中有我，我中有你，历史上曾经多次共属一个行政区划。1949年初，中共东莞县委指示扩大水乡武工队，建立连队。随即将各支水乡武工队重组扩编为连队，取名"蛟龙队"，由黄嘉任中队长，先由中堂的陈成来担任指导员，后由麻涌的祝厚良为代理指导员。

蛟龙队不断出击保警刘发如的三大队，破坏其交通线。牛牯洲战斗后，又把中堂和麻涌的水上武工队18人并入蛟龙队为一个排，任命麻涌的祝厚良兼排长。

水上武工队并入蛟龙队后，由于兵强枪齐，充实了力量，活跃了连队，鼓舞了士气。蛟龙队经过补充，不断出动袭击黄涌驻敌，截击其交通联络运输线，困扰敌人。由于它不断伏击敌运输交通线和粮船，敌人寻机报复，集中匪徒连日出动"扫荡""围剿"，妄图消灭蛟龙队。蛟龙队灵活转移，避免和敌人硬拼。

1949年春节期间，县委书记卢焕光在河田方东家召开会议。祝锦龄代表麻涌水上武工队到会。会议决定响应华南分局提出的"十万党员十万兵，大力发展地下党员和武装队伍"的号召。这一年，祝裕辉继任大步党支部书记，并兼农会主席，领导农会夺了国民党乡政府的权。由祝厚良带队，祝福亮将乡公所的20多支步枪全部送到水乡游击区。

1949年5月7日，中共中央华南分局发出《大军渡江后的工作布置》，要求在解放军南下到达之前，必须将农村完全解放，同时加紧城市接管工作。东一支三团向国民党军队展开全面攻势。

1949年7月，在麻涌大步村又成立起水乡武工队生龙战斗队，麻涌的大步、漳澎、泗涌、杜屋、朱平沙等村的所有共产党员都成了武工队员，人数达到70多人。他们与国民党军队残余部队和土匪势力进行了坚决的斗争，为维护百姓安全，整治社会治安，配合南下人民解放军，做好支前工作和接管乡政权发挥了积极作用。

1949年8月1日，中共中央决定组建新的中共中央华南分局，并确定由第二野战军第四兵团和第四野战军第十五兵团组成独立兵团，由叶剑英、陈赓率领进军华南，担任解放广东全境的任务。

一天早晨，蛟龙、青龙两个连队和非武装工作队以及后勤人员，从袁家涌转移到吴家涌。他们接到情报——刘匪部三大队纠合刘秋、卢其、陈雨顺等联防大队600余人，配轻重机枪10余挺，迫击炮、六○炮多门，分两路向袁家涌包围进攻。这时蛟龙、青龙两个连队已转移吴家涌，敌人到袁家涌扑空，后又跟踪向吴家涌扑来，蛟龙、青龙两个连队撤退不及与敌展开激战。由于敌众我寡，蛟龙、青龙两个连队大部便迅速撤出战斗，仅留下祝厚良蛟龙队的一个排在村中隐蔽。

敌人进村后，翻箱倒柜，大肆抢掠。在村中掩蔽的一个排未被发现。直至下午3时左右，全排向敌人反攻。敌遭突如其来攻击，乱了阵脚。撤出村外的蛟龙、青龙两个连队回过头来支援，形成内外夹攻之势，吓得敌人争先恐后逃命，先前抢来的群众衣物，丢弃满地。水乡武工队乘胜追击，毙敌4名，蛟龙、青龙两个连队没有伤亡。

水乡武工队把敌兵抢掠的衣物交群众认领；群众也在河中拾获步枪六支，自动上缴水乡武工队。这一仗迫使敌人撤出潢涌据点，将中堂、麻涌等水乡联成一大片。

中堂毗邻麻涌，在唐代后期散居农、渔人家，以农居多，至唐末，居户有所增加，已具立村规模，到宋朝建立之始正式立村，定村名为"春堂"。它地处附近乡村的交通汇合点，各村村民多来此作买卖交易，很快就发展成一个中心墟市。因当地方言中"春"与"中"同音，人们在文字书写方面图方便，常把"春堂"写作"中堂"，久而久之，春堂也就成了中堂。

中堂地形开阔低平，呈卧蚕状，沿东北—西南走向，域内没有山地丘陵，全部是平坦稍高的旱地与水田，西部的下芦、马沥、斗朗、槎滘等村旱地多，东部的潢涌、三涌、湛翠和中部的袁家涌、吴家涌等村则大部分为水田。

1949年8月，县委书记卢焕光指示建立水乡游击区区政府，定名为东宝县新四区区政府。下面有2个连队、3个武工队，一个有组工、宣传、青年、妇女、民政、民兵等的工作队。

留在麻涌水乡的进步青年始终坚持武装斗争，先是参加东江纵队，后又组织了水乡武工队。图为作者李华（左一）、南梅先生（右一）采访大步地下党员、水乡武工队队员祝裕辉（中）

区政府成立后，水乡武工队的蛟龙队、青龙队、过江龙队三支部队集中在潢涌下二世祖祠整训。

一天，武工队派出的情报人员来报：中堂国民党警察所长邓君达每天早上6点到如心茶楼饮茶，可劫持作人质，胁迫缴械。武工队当即召开会议研究，由陈成来和罗金润主持，有蛟龙队长黄嘉、代指导员祝厚良、青龙队长黎耀、副队长严计初、过江龙代队长吴康、指导员苏庭，武工队梁胜、陈池等参加，研究确定采用突袭方式，挟持敌警察所长为人质、迫使他们投降。

于是武工队组建起突击队，于8月29日连夜摸入中堂，在如心茶楼附近埋伏好，三个连队继续跟着，进入中堂接应。

可是8月30日，敌警察所长邓君达没有到如心茶楼饮茶。原来水乡武工队在渡河时，被邓君达的情妇水上妹发觉，向邓君达告了密。他立即掉转艇头，逃向望牛墩请救兵。这时敌警已登上炮楼戒备，准备顽抗。水乡武工队于是改突袭为强攻，包围警所和炮楼，各中队抽一个小队，轮流强攻。敌警踞炮楼顽抗，互相交火。水乡武工队加强政治攻势，喊口号叫敌人放下武器投降，接受优待。

相持至下午4时，敌警兵仍不见望牛墩方面救兵，知救援无望，遂挑起一件白衫投降。这一仗击毙敌警兵3名，俘警长谢福以下官兵15名，缴步枪17支、手枪2支、子弹千余发、军用品一批、档案文件一批。9月2日晚，水乡武工队分数路撤出中堂，分散发动群众。敌联防队和保警又进驻中堂，在中堂又大肆抢掠，弄得中堂鸡犬不宁。中堂圩商民群众找到武工队驻地，要求赶走敌人。

水乡武工队应群众要求，于9月11日派陈池率队趁夜摸入中堂，向敌人驻地打枪佯作攻势，扰乱敌营。敌人提心吊胆，不敢安眠。次日，慌忙全部撤回望牛墩，中堂又成为水乡武工队的天下，当时东一支三团政治处印发了《潢涌、中堂相继解放，打到广州去》的油印战报，这极大地鼓舞了与之相邻的麻涌革命力量。

次日，敌保警三大队和刘秋、卢其、陈雨顺等组成的联防队出动300多人，气势汹汹地分三路反攻中堂，又被水乡武工队击溃。其中，祝厚良带领蛟龙队一个排伏击从蕉利一路来攻的联防队，蛟龙队以轻机扫射，伤毙联防队各1名，敌人狼狈撤退。

1949年9月中下旬，方东代表县委来传达形势和任务，要求水乡武工队抽调一个连队，编入主力部队东一支三团组建新二营。武工队领导考虑到由原麻涌水上武工队为主力的蛟龙队兵强枪多，当即决定蛟龙队除留下指导员祝厚良等四人外，全队人枪上调，共74人，编为三个排，原麻涌水上武工队的郭奖贤、祝群分别担任了正副排长。蛟龙队上调后，水乡区委决定补充组建一个连队，要求各地下党支部积极支持。祝厚良带领蛟龙队留下的几名骨干到厦庐、马沥等地扩军。杜屋村地下党支部积极行动，党员带头参队。杜周成从土匪杜任处拉出轻机枪一挺，步枪、手枪十余支，杜运通向杜亮增借来轻机枪1挺，步枪数支，朱平沙领导的地下党支部也配合行动，共有20余人，轻机二挺。

9月下旬，在马沥成立连队，初名"飞龙队"，后改名"生龙队"，中队长祝厚良，副中队长杜周成，指导员丁福生，并将梁胜、陈池武工队并入，增至30多人，分两个排，梁胜、陈池分任排长。生龙队成立后，连续击败陈雨顺匪部，继续在厦庐、马沥、东涌、西涌、西华、泗涌等地扩人扩枪、开辟新区。

7月至9月，他们先后占领大朗、寮步、金桔岭、大坪等地的国民党军据点，解放部分重要乡村，巩固和扩展大岭山游击根据地，并积极开展东江沿岸和水乡地区游击战争，打击国民党地方反动武装，先后解放潢涌、中堂等乡镇，将水乡游击区连成一片。

随着南下解放大军以秋风扫落叶之势，横扫华南残敌，为配合他们解放东莞全境，两广纵队和粤赣湘边纵队组成广东战役南路军。两支部队在河源会师后，分兵两路直插博罗、东莞。

1949年9月28日，叶剑英、陈赓签发《广州外围作战命令》，决定以第二野战军第四兵团组成右路军，第四野战军第十五兵团组成左路军，两广纵队、粤赣湘边纵队组成南路军，先歼灭曲江、翁源、英德地区的敌人，然后迅速南下，解放全广东。

10月2日，南下野战军发起解放广东的战役。按照南路军前线委员会的命令，两广纵队及粤赣湘边队五个团和第四支队，在东江第一、第二、第三支队的支援下，分三路向广州东南方向疾进。在解放广东的战役中，东一支三团和武工队积极配合南下野战军的战略行动，展开了肃清残敌的战斗。

10月14日，广州解放，国民党军逃窜至虎门。莞城守敌也从水路逃窜，国民党县政府人员逃往南沙。其余驻莞城的国民党东莞县党、政、警人员四处逃窜。15日，东莞县城成了无政府的"真空"地带。伪警察大队长刘发如扬言洗劫莞城。全城民众商贾异常惊恐。莞城商会成立一支有30多人的自卫队进行抵抗。当晚，土匪卢连乘乱来莞城四处洗劫，并袭击莞城自卫中队，缴去自卫队全部武器，副中队长被杀。为了保卫莞城的重要设施和人民群众生命财产安全，东莞地下党连夜召开会议，决定急召包括水乡武工队在内的各支地方武装进入莞城稳定局势。

10月16日，祝福亮奉命率领游击队飞奔敌人据点，把几个坏蛋堵在被窝里"点了名"，摧毁麻涌国民党警察所，狠煞了敌人的气焰。水乡区委随即成立漳步乡人民政府。

为了支援莞城解放，东莞县新四区区长陈成来，授命祝福亮、麦新生带领水乡武工队收缴麻涌警察所武器，计有日式步枪三十余支；办好遣散工作，凡属警察人员每个发给遣散费若干。当时，名存实亡的麻涌警察所人心浮动，警员们已经数个月没有领薪了。一盘散沙的警员们三三两两地偶尔来警所应个卯，大多数时间都各自在家，有的甚至将配枪也随身带走。祝福亮、麦新生采用擒贼先擒王的战术，一枪未放即控制了伪警察所所长，要他派人挨家挨户通知全体警员上午赶到警察所领取薪金。不知底细的警员们信以为真，一个接一个地自投罗网，垂头丧气地交出枪支弹药。当水乡武工队按上级指示将遣散费挨个发给伪警察时，他们一个个喜出望外地连声道谢！并夸奖武工队好，共产党政策好！祝福亮、麦新生要求警员们在麻涌正式宣告解放、正式接管政权之前，还要尽力维持当地社会治安。随即，祝厚良、麦新生便集合水乡武工队全体人员，带着新缴获的武器，与陈成来率领的水乡武工队大部队会合，紧急向莞城方向进军。

还是在10月16日，县委书记卢焕光指示，迅速派地方武装进城维护治安。当天16时，黎柏芳带领黄沙武工队11人和部分民兵率先进入莞城西城楼和民众教育馆一带。温塘武装民兵60多人进入莞城，驻在附城岗贝。17时，水乡武工队负责人陈成来率领青龙队和过江龙队从江城洲奔向莞城，在新河口遇上县保警第一大队李球中队乘电船逃走。水乡武工队鸣枪射击，李球拖了一挺机枪，弃船向龙屋基逃窜。水乡部队立即过河检查电船，收缴步枪四十五支、手提机枪二支、子弹一箩及军用物质一批、电船一艘。18时许，青龙队和过江龙队开进莞城，途经黄屋沙、脉沥洲、大西路、振华路，后经西门到东门、县政府、莞中转到南门，后驻扎下来，编为三团二营第七连。当天，方东召集连队和武工队负责人陈成来、黎柏芳、苏爱庭等在西门口民众教育馆碰头，布置防务：吴康、苏爱庭率过江龙队驻上清观和西城楼制高点；黎耀、严计初带领青龙队进驻陈氏家祠，控制省渡头；祁日升率领独立排进驻北隅关帝庙。如此布局，形成"品"字形的阵势，严密控制莞城，同时派出巡逻队四处巡逻，维持社会秩序。随后，在城内水乡武工队等地方武装的配合下，东一支三团副团长何棠带领二连昼夜兼程赶到莞城，接受了刘发如、刘培等国民党县警第三大队和土匪队伍的投降，使莞城的社会秩序和人心安定。

依然是在10月16日，粤赣湘边纵队命令东江第一支队第三团回师东莞，配合兄弟部队解决莞城之敌。祁烽、麦定唐、杨培、何棠立即率领三团从天堂围出发，当天夜晚赶到寮步宿营。

10月17日上午9时，三团战士在团长麦定唐、政委杨培率领下，浩浩荡荡开进莞城。当天中午，东一支三团从西门开进莞城，沿途受到数千群众夹道欢迎。国民党县警第三大队尚存部分队伍投降。东莞正式宣告解放。

10月18日,解放军四野132师进入麻涌、虎门等地。

一名叫王进财的解放军排长,带领一个排来到麻涌,驻扎在大步关口渡头碾米机铺内。他们高举"八一"军旗,唱着《三大纪律八项注意》的歌曲,对沿途的老百姓丝毫无犯,受到麻涌人民热烈欢迎。王排长等访贫问苦,了解敌情,肃匪安民,附近乡村敌伪、土匪闻风逃遁。然而,由于大步与麻涌分处河东、河西,加之南下大军势如破竹,形势发展比预想的还要快,王进财又接到了追击南逃残敌的紧急任务,没来得及过江去麻涌解决苟延残喘、名存实亡的国民党白色政权。

10月下旬,两广纵队教导员陈沈潜带领部队进驻麻涌剿匪。他们由洪屋涌出发,先到漳澎,后到新基。土霸莫老光闻风逃脱。盘踞在麻涌的黎福庆、钟芷伯、"跛周"、萧盘石等反动势力,开始还梦想又来一个改朝换代,再捞一把;后来,他们见势不妙,一个个逃之夭夭。

1948年至1949年新中国成立前夕,在地下党组织的发动和领导下,大

麻涌革命烈士纪念碑

步、麻涌、漳澎等村分别建立起青年团或"青年社"等进步组织。为了中国革命的胜利，他们将一批又一批先进青年分别输送到游击区或江南公校受训。大步地下党支部曾分派湛潮泰、雷振声、黄国华、袁德宏、萧志扬等人在麻涌秘密串联，发展了雷振声、黄国华、袁德宏等人为地下党员，进一步扩大了活动范围。

他们曾通过合法手段，在袁氏当铺内公开组织"青年社"，开办免费的民众夜校，吸收百多名青年，"青年社"分为甲、乙、丙三个班，向青年们宣传革命道理，动员青年参加革命。后因夜校停办，"青年社"转入各村，由学校组织开展学习时事和军训活动。同时，一些党员参加了不脱产的乡巡，维持治安，保护群众利益，以合法的身份掌握武装。有的党员还打入国民党基层政权内部，掩护地下党活动和收集情报。

1949年10月底，萧志扬和青年社的骨干们听说莞城已经解放，又听说麻涌大步村的祝锦龄（水乡区委书记）和祝厚良（武工队指导员）都已进入莞城，祝锦龄还担任了莞城市（即莞城镇）市长（后改任东莞县人民政府社会科科长）。萧志扬便进城向祝锦龄汇报工作，请示麻涌地下党和"青年社"下一步该如何行动。祝锦龄告诉他，11月2日将在莞城公园举行庆祝东莞解放大会，希望麻涌地下党人能在同一天升起五星红旗，以示包括麻涌在内的东莞全境获得解放。

因此，尽管一河之隔的麻涌暂时还处在国民党白色政权统治下，但河东的大步早已是解放战争的游击根据地，实际控制权已掌控在地下党和"青年社"等进步力量的手中。而且，由于10月中下旬四野132师和两广纵队教导员带领部队先后短暂地进驻过麻涌，麻涌的白色政权早已土崩瓦解，土匪反动势力也闻风而逃，白色政权已经是名存实亡。

萧志扬激动地接受了这个光荣的任务，在领取了一面崭新的五星红旗后，立即赶回了麻涌，并连夜召集地下党员和"青年社"骨干开会，商议在麻涌升起第一面五星红旗的事项。会上，大家一致表示坚决完成任务，并表示要提前一天（即11月1日）将五星红旗升起，以庆祝中华人民共和国成立一个月，也代表东莞庆祝解放大会（即11月2日）的前一天麻涌已获得解放。就这样，1949年11月1日，在旭日东升之时，地下党人和青年社骨干就勇敢地在青年社所在地袁氏当铺（即原大东亚当铺），升起了麻涌境内的第一面五星红旗。这面迎风飘扬的五星红旗是地下党组织，为号召全体麻涌人民积极行动起来迎接解放而树立的，它是麻涌历史上升起的第一面五星红旗。

1949年11月2日，东莞各界在东莞公园隆重举行庆祝新中国诞生暨东莞解放大会，有2万多人参加。会后，举行热烈而盛大的巡行。当晚在公园举行游艺晚会，军民联欢，同庆解放。

1949年11月9日，在麻涌地下党组织配合下，中共东莞县委书记卢焕光带领原属东江纵队的人民子弟兵（内有麻涌籍的党员骨干和麻涌、大步、漳澎、新基等村的青年）开进麻涌接管政权，并组织召开民众庆祝大会，宣布麻涌正式获得解放。

这一天，成为麻涌解放日。

南梅先生每年清明都会在麻涌英烈墙前讲革命史。图为南梅先生与主持人周舸合影

解放！解放！向着胜利前进！

1946年，对张家口是坚守还是放弃？在一些干部中曾经出现两种意见。有人认为守不住：敌人兵力火力那么强，如不主动放弃，损失将难以估量；有人主张坚守：张家口是日军投降后我军占领的唯一一座大城市，怎能轻易丢掉？

9月15日，聂荣臻在晋察冀中央局干部大会上作了《不计一城一地得失，力争战胜敌人》的报告。会后，军区在给中央的电报中申明："在敌东西夹攻张家口的情况下，我拟在敌人进攻时只进行掩护战斗，不作坚守。"

显然，此时张家口成了诱敌的诱饵。

10月8日，傅作义的主力部队出现在张家口北部。这一消息令战争危险突兀而至。

此时，市内多数人还不知危险将近，解放区党政机关和大批物资也还没转移。

10月10日晚间，皓月如银。国民党军的轰炸机掠过，洒满月光的道路上，一辆接一辆的骡马大车上坐的是机关人员、医护人员以及伤病员，他们身边装的是粮食、布匹、药品、盐等生活物资……一切都是按部就班的，毫不慌乱。

10月11日，余一虹带领六区的干部随部队撤离。张家口被傅作义的部队抢占。

国民党还乡团开始向解放区进攻。许多地方形势大变，白天枪炮声不断，群众昼夜挖地道。走在街上的人笑脸少了，不少人换上一副不知是担心还是害怕惊恐的面容。敌伪家属暗中高兴。反霸斗争中分了东西的人，有的偷偷跑到地主家道歉，请求日后不要算账。有的不法商人甚至拒收

"边币"。一时间张家口变为我区与敌区接壤交错的地带，和抗日战争的游击区一样了。

与此同时，蒋介石还攻占了华东解放区的政治中心——淮阴，随即单方召开国民大会，把和谈的大门关死。他趾高气扬，踌躇满志，以为只要三个月或半年就能消灭共产党……

行军途中，余一虹被上级指定去万全县任县委书记。

万全县城不大，只有5万人口，清一色的一片连着一片的平房，街上只有几家小杂货铺和连幌子都不需挂的小饭铺，处处散发着清贫之气。

县委的工作还没来得及展开，此县就又被傅作义的部队占领。时任晋察冀中央局秘书长的原张家口市市委书记刘秀峰同志找余一虹谈话，讲明现在解放战争已经开始，野战部队需要一批政治工作干部，中央局决定调你到军区去，由军区政治部分配工作。

这话对有着浓厚军人情结的余一虹来说，无疑是"心有灵犀一点通"。刘秀峰问余一虹有什么意见，余一虹愉快地表示服从调动。于是，他与当时调入部队的几位地、县级干部先后赶到晋察冀军区报到，光荣地成为中国人民解放军中一员。

1946年10月，余一虹被分配到晋察冀军区前方指挥机关——野战军政治部担任民运部地方工作科科长。野战军的编制后来陆续演变为华北二兵团、解放军第十九兵团，司令员杨得志，政委罗瑞卿，副司令员兼参谋长耿飚，政治部主任潘自力。

余一虹亲身感受到这是一支全新的军队，遵循完全不同于其他军队的原则，使得这支军队具有一种独特的核心竞争力和难以限量的生长潜力。它里面的平等和民主激发了干部、战士的主动性，使得它拥有强大的战斗力和凝聚力，能够在极端险恶的环境下生存、战斗、发展、壮大。

余一虹在民运部工作期间，随部队转战于冀晋、冀中两地区，经常行军打仗。

他在《卜算子·小捷归来》一词中写道：

塞外雪花飞，马蹄声声碎。昨夜平原小猎归，缴获装车载。
百姓笑呵呵，俘虏排成队。指点边区子弟兵，威武人人爱。

还有大部分时间余一虹是受命到各专区、县调查和帮助处理有关军民关系、地方支前的一些问题，并向野战军首长和政治部写出报告。

1947年4月，军区派余一虹到军区卫生部白求恩医科大学附属医院担任政委。

这个医院是从接收日本人的一所侵华陆军医院改编过来的，刚从张家口搬到解放区，情况比较复杂。余一虹受命从前方赶到军区卫生部报到，又赶到设在河北省唐县张各庄的医院。该医院医疗设备和技术水平在军区堪称最好，但全院思想状况复杂，院长和各科主任、医生、护士大多未经严格审查和思想改造，还有几名日本人和台湾人。

到职第一天，余一虹带几位科主任和医生一道查房。

内科19床的病人是一个精瘦的男子，躺在病床上像一片飘落的树叶。

20床的病人面朝下静静地趴在那儿，仿佛一具干枯的标本。

21床病人的爆发力非常强劲，唾沫横飞地和病友们闲聊，他最感兴趣的是自己能评几级残废。战场上的奇闻趣事，也是他津津乐道的。每当他聊起这些，都能让人忘记他是一个病人。

可以说，22床的病人几乎是农业生产的百科全书，他让病房里完全不懂农业生产的病友都越来越了解了此类知识。大家还相约着，等出院了，请22床做老师。22床毫不客气地享受着大家的尊重，几乎成为病房里的英雄。

到了外科病房，余一虹推门进去，见到近处散洒着几滴血迹，颜色红中有紫，浓重的地方，甚至变成一片漆黑。朝里走，是一摊血。他转过身，看见床上被褥，有好些地方都被血浸染透了。再看墙上，涂着好几个五指伸张的血手印。有一只手印半边清晰，另半边虚拖下来，连接到地上。他俯头看床底，也是斑斑点点，全是血痕。

外科主任已从新任政委的脸上看到了不满，赶紧布置人抓紧清理。

科里的护士长把余一虹领到重伤员顾全床前。

顾全想睁开被厚厚纱布裹着的眼睛，看看新政委。但他努力了一下，很快便自知徒劳。

凭直觉，顾全意识到即使有拆掉纱布的那一天，他也只能是个睁眼瞎。他的全身像是开了个布店，只有耳朵上没有缠纱布。

顾全在一片黑暗中充满焦躁地说："护士长，可别说我是什么英雄，我现在是废人。"

余一虹的声音热情、真诚："小顾，我知道你。"

"你知道我什么？"顾全的声音直扑愣腾的。

"什么都知道。"余一虹的声音依然热情、真诚。

顾全一时不吭声了。

传染病区，是让许多人望而生畏的地方。一进病房，余一虹就能感觉里面弥漫的死亡气息。他想到有人曾告诉自己：只有当女性医护人员出现的时候，病人和探视的亲属们才会感觉到希望和欣慰……于是立即指示医务处主任做适当安排。

很快，余一虹就熟悉了全院情况。

病房里不知何时流传这样一句话："每一张床都死过人。"这话让有些伤病员不免有些恐慌。他们并不是怕死，只是不管是年长的还是年少的，都有种种未了的心事，因此种种忧虑与迷茫，缠绕心头，让病房里一下子失去以往的活泼，变得死寂、压抑甚至窒息，原本对健康充满期盼的心情一下子变得麻木失望。

余一虹的到来，使这种气氛有了克星。他忙碌急促的身影，满腔热忱的表情，像放电影一样在每个人的脑海中一一闪现，令他们感到温暖，受到启发。于是，病房里很快又恢复了往日的活泼与欢笑。

在西北某地，人们流传着"零峒野，野零峒"的说法。意思是那个叫零峒的山区，人野蛮、莽撞、剽悍，尤其是外出当兵的，十有八九是莽汉。前些年，某部队就发生过"大雾山血案"。一位零峒籍战士因一些个人的问题没得到解决，和党支部结下疙瘩，结果乘全连就餐之机，用机枪堵住饭厅，一下子扫射死二三十人！

那年，18岁的伤病员梁高高又要铤而走险了。

他平时话语不多，但说出的话却像一根根软软的刺，让人听了怪怪的。

一天，余一虹未点名地批评了一种现象，指出没事不要与民女闲谈。梁高高疑心是说自己。因为下午在院子里活动时，他刚与一位民女谈过。其实，那时梁高高没别的意思，只是发现那女孩儿像自己家乡那位刚病逝的未婚妻——一个朴素自然、本色清纯的女孩儿。认识她的时候，是梁高高生命中最暗淡的日子——父亲患肺结核被当时的医学判了死刑、只是不知何时执行。梁高高的整个世界都是灰蒙蒙的，女孩儿正好是那个病区的护士，她是他在灰暗中看到的一丝光亮。护士大眼睛，圆圆脸，高高的鼻梁，无论人们用什么眼光去看，都属于传统美女的一类。梁高高想：就是那一丝光亮，成就了他和她之间相识、相知的机缘吧？

当时的解放军，是他们家乡寻常百姓眼中的天之骄子。这女孩自然也在其中。只是她和那些如花的姑娘相比，更多了一分天使般的温柔和善良。

病房里有些病人到了人生的晚期，疼痛难忍，会挣扎着大喊大叫；或是进入昏迷状态，死神时刻伴随着左右。病房里那痛苦和恐怖的情景，总会使那些年轻的女孩子恐惧、畏缩，服务也会显得简单潦草，而饱受病痛折磨的病人自然更加烦躁。只有这个女孩，总是不厌其烦地忙碌在病人身边，她那善良的面容上没有丝毫畏惧和怨烦。

梁高高和女孩的友谊，就是从此建立起来的。

……梁高高认为政委的批评，是给自己难堪。他一下子崩溃了，患上严重的抑郁症，几乎天天想也让余一虹难堪。

看到梁高高成天失魂落魄的样子，他的两个同乡担心这年轻人承受不住，这辈子恐怕真的毁了。他们也附和着说余一虹太苛人，成心跟我们零岬兵过不去。

两个同乡点着烟，抽一口便几乎全部吸进肺里，过许久才一点一点吐出来。他们怂恿梁高高晚上将泻药和安眠药混合在一起，放到余一虹杯中。放时他俩放哨，用学斑鸠叫报平安。

夜终于深了，医院里一片沉寂，只有一只猫头鹰躲在院西北角的一棵老榆树上，一声声叫着，像哭泣似的。三人各自把需要的东西藏在怀里，悄悄溜出，一个个提心吊胆，又兴奋异常。梁高高躲到院部墙下，刚好听到管理员向余一虹汇报。

管理员说："梁高高生性野蛮。他在部队当的是炊事员。烧饭时遇到不顺心，甩手就撂挑子，使饭一糊糊一锅。和同班的战士话不投机，上去就是一巴掌。他还有夜里尿炕的毛病……今天遇到一位女护士，主动凑上去拉刮，一聊就是半天，并对同乡说：'这女孩儿像自己死去的未婚妻。'……我们建议将梁高高处理走。"

听到这里，梁高高火冒三丈，暗骂管理员："好小子！有机会我也叫你不得好死。"

梁高高继续躲在墙下。只听到余一虹政委在管理员汇报之后，明确表示不赞成将梁高高看死，说："我看这零岬娃身上，还有亮点，并不都是野蛮的，如他看到女孩子像自己的未婚妻，善意地聊聊天，也是一种人性美好情愫的反映。"

听到这里，梁高高心里不由地一动。这时，余一虹查哨走了。暗处传来斑鸠声，是放哨的老乡催梁高高"下手"。

他到窗前，打开余一虹的水杯盖，猛地愣住。盖上写着："多喝水，起夜叫高高。"

梁高高心头又受到撞击。原来他自小患有尿炕的毛病，每晚都难免在被褥上"画地图"，常受人们耻笑，包括那两个同乡，有时也拿他开心，弄得他十分恼火。但这些天夜里，朦胧中总觉得有人拍拍自己，叫自己起来撒尿。朦胧中，梁高高感到是儿时在家里母亲唤自己起来吃奶、把尿……他不禁潸然泪下。

这时，催他"下手"的斑鸠声又传来。梁高高用沙哑的声音大骂一声："滚！都他妈滚！"

从他的嗓音里，人们都能听得出激动。梁高高把手中的泻药和安眠药使劲一扔，睡觉去了。第二天早上他起来后，觉得头昏眼花，心情特别沮丧。

从那之后，梁高高把余一虹当作知心朋友，一天比一天进步。出院后返回部队，在战斗中还立了小功。

有一天，护士推着病床大步走，在拥挤的过道十分准确地前进。余一虹发现这病号很面熟，但那人借口脸部负伤，总戴个大口罩，使余一虹认不清楚。

有人悄悄把他拉到一边："我了解过，这人曾整过你。我看不是什么好东西！"

余一虹顿时想起来了，就是整风中那个特别爱给自己挑刺的人。他不知出于什么心理，一直像个阴影"跟"着自己。如今，他在病房里也总是戴个大口罩，莫非怕我认出他，给他什么难堪或报复？

余一虹坦率地说："虽然这人没缘由地对我缺乏信任，缺乏真诚，但他还不能说是坏人。"

他还给人们讲了个历史典故：汉朝的韩安国在景帝刘启当政时，曾事梁孝王刘武，因平定吴、楚等"七国之乱"而立下大功，名重一时，后遭人诬陷，获罪下狱，在狱中屡被狱吏田甲欺辱。韩安国曾对田甲说："不要欺人太甚，你难道没听说过死灰还会复燃吗？"田甲却冷笑道："死灰若复燃，我则以尿浇灭之。"不料数旬后，汉廷竟下诏，任命韩安国为梁国内史。田甲听说后怕遭报复，弃家而逃。韩安国却下令："田甲若不就官，我将灭其一族。"田甲走投无路，只得袒背谢罪。韩安国见他如此狼狈，笑道："死灰今已复燃，你可以尿浇灭了！何必吓成这样，公等值得我计较吗？！"遂令复其官，并善待之。他的大度不但被时人称颂，也被史家记下令后人敬佩的一笔。当然，他此举固然可说是心胸宽大，但又何尝不是因他的智慧与识见使然？他若一复职就对田甲报复，必然令人厌惧，并可能因此树敌……

一番话使大家大长见识，茅塞顿开。

为了减轻这伤员的心理负担，余一虹一直允许他在病房里戴大口罩，佯做没认出。

不久，这伤员做了开刀手术，肚子里一塌糊涂。肿瘤大大小小，一个连着一个，腹壁上，各种脏器上，像葡萄一样结满。面对他腹腔里邪恶而奇异的风景，医生和护士都忍不住摇头、叹息。手术台旁，他们一时不知所措，什么话都说不出来，眼睛里满是惊讶与无奈，屋里静得让人难受。最后主刀医生点了一下头，护士端上一个茶杯，递到医生嘴边。医生喝了一口水，默不作声地要把这伤员的肚皮缝上。

余一虹得知了这个情况，与院长一起快步来到手术室，做出的决定是：不惜一切代价和风险，全力抢救！

几天后，这伤员睁开眼，从一场无知无觉又无梦的睡眠中醒来。这场睡眠，是那么深，那么沉，那么长，仿佛有数年。说是睡，其实更像是死了一遍。

死而复生，他慢慢回想起手术的前前后后，也从其他伤病员那里得知了余一虹为自己所做的一切，深深地被感动了，也感到了愧疚，愧对余一虹的以德报怨，直骂自己操蛋。医院领导查房时，他不再戴大口罩了，主动握住余一虹的手，絮絮叨叨，紧张得额头冒汗，洒下歉疚的泪水，一副不知所措的样子。余一虹默默站着，两人只有眼神在交流。

一天，余一虹发现一位原本性格活泼的年轻护士嘴巴撅得老高，当即问:"咋拉? 是不是谁欠你200块大洋不还了?"

"政委,比有人欠我钱不还更要严重呢!"那护士心直口快,"外科有个日本伤兵,曾杀过我们不少老百姓,大家都不愿管他!"

余一虹一挥手:"看看去!"

这伤兵显然受到沉重打击,一只胳膊像一截树枝那样断裂了,大声惨叫着,用另一只胳膊抱住断掉的胳膊……

余一虹一面为我军战斗中凌厉的攻势叫好,一面毫不含糊地命令:"给他治!"

几个医护人员拥上来,给这个日本伤兵排出积血,缠上绷带……

此人因大小便失禁,常在床上拉屎撒尿。护士进了病房,总是一手捂鼻子,一手掀棉被,将便盆支进去,或将床单上的秽物接进盆里,换下脏单子,也是皱着眉头潦草地揉作一团……

余一虹敏感地觉察到有些医护人员对自己的命令心存不解,便在交接会上对大家说:"鬼子可以把中国妇女先强奸后杀掉,或将中国婴儿挑在刺刀上……以炫耀大日本帝国军人的神勇。但我军是仁义之师,绝对不会这样做,只能像救治这名伤兵一样发扬革命的人道主义精神,而日本军国主义者和一切反动军队,却万万做不到这点。这就是人性与兽性的区别!"

余一虹到任后经过半年多的教育整顿,医院工作才逐步走上稳定发展的道路。他的工作渐入佳境,能在须臾间把最难缠的事儿处理了,能把上边不切实际的命令化解得十分得体,还能把那些很容易酿成事故的事儿没冒出来就给按住。

1947年7月,中共中央在陕北靖边县小河村召开了扩大会议,缘由据说是该村的土地改革曾发生过一连串严重违反政策的事件———一些贫雇农吊打地主,甚至还打了开明士绅;土改小组不仅乱划成分,还把个别中农也定为应批斗的"新地主";少数干部更是以"分浮财"的名义侵占本应归公的细软财物……

这年夏秋之间,晋察冀召开全区土地会议,余一虹和军区团以上干部都参加了会议。

在那段时间,解放区的天空蓬勃着一种高涨的革命热情。中国的出路,共产党的前途,人们的未来,都成为大家热烈讨论的话题。

一首民歌迅速在解放区广为流传:

> 晴天霹雳一声响，
> 布棚下面创辉煌。
> 打土豪，烧地契，
> 喜笑颜开分田地。
> 共产党使咱翻了身，
> 咱要报答共产党的恩；
> 去支前，去参战，
> 人人争到打蒋第一线。

它形象地描绘了分到土地的农民的喜悦。一些口号也响彻大江南北："解放军打到哪里，我们就支援到哪里！""前方需要什么，我们就送什么！"

1947年10月全区开展土地改革斗争，为了保证土改胜利进行，首先在党内军内"三查三整"，重点是查阶级、查立场、查思想。余一虹在医院领导和参加了这场斗争，经受了锻炼与考验。

发动士兵们诉苦，并不像他原先想的那么容易。大会一开始无人发言。

为了寻找原因，余一虹决定暂时先不开大会，而是开展谈心活动。他发现有的战士不愿暴露自家的事。如有人入伍前讨过饭，有人母亲给恶霸地主当过老妈子，有人因家里还不起债，姐姐被迫卖给债主当小老婆、当丫头……他们认为这些都是"丑事"，而"家丑不可外扬"。还有的战士说，给地主当长工，地主给钱，怎么是剥削呢？

余一虹慢慢疏导："你爹辛苦一年，才得30块大洋，合理吗？一年辛苦创造的价值，不止30块大洋呀！那多的部分，都是被地主老财装到自己腰包里去了。不是剥削是什么？"

"井水、河水是流动的，河边的石头是无用的东西，你把水挑上来倒在地主水缸里，把石头背上来，给地主修这修那。本来这些无用的东西，经过劳动，变成了价值。而享受了你们的劳动价值，却一分钱也不给，这是不是剥削呢？"……

许多战士恍然大悟，对压迫剥削他们的地主豪绅更加仇恨。诉苦迅速展开，那些所谓"丑"的事，也都痛哭流涕地讲出来了。会场上有的低声哭泣，有的高呼口号："要报仇雪耻！"

有时围观的群众也参加进来，形成军民同诉旧社会的苦。

军区文工团来慰问，演出了歌剧《白毛女》。当看到地主奸污喜儿的场面，一个战士挺上刺刀，要上台捅"黄世仁"。

旁边的同志把他紧紧拉住，劝阻："小伙子，这是演戏！"

那战士说："这戏好像是在演我们家的事。"

诉苦达到一定的教育目的后，余一虹适时地诱导大家挖苦根儿。

苦从何来？讨论很热烈，但都局限在同自己有冤仇的地主恶霸身上。余一虹也对他们表示同情。然而他穿着一套灰军装，笔挺地站在那里，微笑着进一步引导："苦"不是你一个人呀！全国千千万万穷人都同你一样的，这是什么原因呢？

经过热烈讨论，大家脑子想得宽了。有的战士说："外国帝国主义的侵略，国内封建主义、官僚资本主义的统治，封建主义、官僚资本主义同帝国主义又互相勾结，这三个东西被毛主席称之为'三座大山'。只有推翻'三座大山'，全国人民才能得到解放，当家作主，这样大仇报了，小仇也就自然报了。"有些战士过去认为在解放军军队打仗同在国民党军队打仗一样，是为长官打仗，讨论后觉得自己认识太低了。

这些办法基本上是士兵教育士兵的方法，干部起到诱导作用。它比那种灌输式的教育不知要好多少。

"查阶级"是与地方当时正在进行的轰轰烈烈的土地改革和整党运动相结合进行的。

地方上的运动，无疑要反映到部队。解放区的战士都给家里写信，问自己家什么成分？分得多少土地？有的还问家里的土地被分了没有？有些"解放战士"亦有反映，想知道自己家是什么阶级，全国解放后是应分得土地呢？还是土地被分走？

在诉苦中，余一虹对每人的阶级成分都了解了一些。有些事情触目惊心：

一名干部家庭成分是地主，混入解放军后一贯腐败堕落，曾强奸过十三岁女孩，还贪污大烟百两。"三查"中他被揭出，竟抢了十多颗手榴弹公开抵抗，打伤哨兵企图逃跑。

多数"解放战士"说："我们当国民党兵是被抓去的。你想想，有钱人上学去了，是不会当兵的。就是不上学，也都进城藏起来了。即便被抓了壮丁，他们也有办法用钱赎回。被抓去当兵的，都是我们这些穷汉子。"

经过清查，也有个别"解放战士"坦白："我在国民党军队当过排长，感到在这里当兵比在那里当排长还痛快。你们不是说重在表现吗？我打仗不比别人差呀！"

余一虹等没调动他工作，主要是搞清楚了他的政治面目。

这些人原来怕坦白交代后就不要他们了。见领导如此处理，心里很高兴，说："还是共产党政策好！"

"查阶级"结束，各党支部都开了一个团结的大会，强调大家都是阶级兄弟，要互相学习、互相帮助、互相团结，为解放全中国而奋斗。

紧接着是"查斗志"。

从1947年3月起，国民党以十倍于共产党的兵力进攻解放区，当时解放军物资供应、特别是粮食供应十分困难。解放区人口不多，生产的粮食敌人抢、自己吃、解放军也要吃。加上战争环境，群众不能安定地生产。这样，解放军能否打持久战，能否打败蒋介石，有些干部、战士对此抱怀疑态度。

余一虹反复强调："现在我们虽困难一点，但同红军长征时比不知好出多少倍呀！""过去，基层有的干部爱喝酒，多吃多占。连队每人都是3钱油、5钱盐，你多吃多占，大家就有意见。而干部不同战士同甘苦，你说话就没人听。"

还有的干部对后进战士爱否定一切。余一虹就告诉他们：人家有时也做了一些好事嘛。你早晚点名，总是批评，看不到人家一点儿优点，大家也会觉得不公平。他们自己更会觉得无奔头，会说你认定我落后，便破罐破摔……

有个干部，战士给起了个外号叫"铁匠"，因为他爱喝酒，醉了就乱打人。"查斗志"时"铁匠"作了深刻的自我批评，不仅得到战士的谅解，还一致评议说：其实这干部也有一个好处——打仗是好样的，请求组织让他继续留任。

余一虹表扬了这个干部，并将群众对他的态度通报全院。这一方面对他个人是鼓励，另一方面也教育了那些怕批评、同群众对立的人。

通过诉苦、"查阶级""查斗志"和"查工作"，群众进一步了解了干部，干部也进一步了解了群众。这样推选干部就好办多了。

当时连、排干部缺额太多。解决的方法是每个职务，都先推选两三个人，最后群众评议，从中择优录用，报上级审批后正式任命。本连如实在没合适的，便从其他连队调配。经过诉苦和"三查"，缺额的干部都补齐了。

宣教股长方也，父亲在北洋军阀政府当过官，做过坏事，但也为共产党做过有益的工作。他本人毕业于燕京大学，当过中学老师，还在国民党中央军校担任过中尉教官。在当时的环境下，这种政治背景给他带来的思想压力可想而知。余一虹对此却有自己的主见，认为尽管他出身不好，但在旧社会是一个追求"科学救国"的热血青年。当日军的铁蹄践踏中华大地时，他离开大城市，历尽艰险参加八路军，在战火洗礼中又加入了共产党。参加革命后，方也对文化的热爱给他提供了发挥所长的广阔天地。他主动拿出积攒的津贴费给大家买篮球。

后勤处长汤堃肄业于东北大学经济系，其父在伪满时当过保长，"土改"时被老百姓打死。余一虹认为，东北解放初期的土改运动有些地区因政策失控，有过激行为。而且汤堃从小在姐姐家长大，辽沈战役中小小年纪就参了军，受的是革命教育……

他在党委会上力陈己见，据理力争，保护了好几位出身不好或被错误定性的同志，在政治上信任他们，在工作上支持他们，充分发挥其特长。他们也不负众望，均为人民作出了贡献。

对战士提出干部多吃多占，余一虹和其他领导决定：连、排级干部一定要到战士食堂，每天要派两人帮厨，月底公布伙食账目。机关按标准吃大锅饭，不准另开小灶。

他在《七律·记晋察冀军区白求恩国际和平医院》一诗中写道：

> 北岳群山战火飞，
> 唐河两岸插红旗。
> 大夫典范传中外，
> 国际精神播远思。
> 建院育才花茂盛，
> 救人治病术精奇。
> 为民服务人民敬，
> 赢得边区众口碑。

1948年石家庄解放后，晋察冀和晋冀鲁豫两大军区合并成华北军区。晋察冀军区白求恩医科大学附属医院和晋冀鲁豫军区医院合并组成白求恩国际和平医院。

战争年代的岗位调动往往十分频繁，一天军区领导又要找余一虹谈话。他放下手头工作，策马而去。

东方刚显出亮色，初升的朝霞象征着希望的曙光就要降临。湿润、凉爽的晨风轻轻吹着，带来青草、禾苗、露珠淡淡的清香。

病榻上的老首长，已被重病折磨得气若游丝。身边守候的亲属和医护人员闪开路，让余一虹接近床边。

生命的潮水正逐渐退去的老首长，每说一句话都要攒很大劲儿。他告诉余一虹："你不是早有到野战部队的愿望吗？现在正好有一新建单位缺政工干部，调你去担任政治处主任。"

顷刻间，余一虹感到肩头被重重地一击，增加了万种责任，爽快地说："军人以服从命令为天职，自参加革命以来，我都是党让干什么就干什么。只是这项工作我还从没做过，不晓得能不能做好？"

说心里话，他对工作过一段时间的老单位确实有些恋恋不舍。

老首长发现了余一虹眼角闪过的一丝不易觉察的流波，当然也听出了他舌尖上的迟疑。他有意望着不远处的那条小路："你曾经当过好几种类型的单位领导，做这工作是称职的。"

老首长执著的意见充满信赖，使人再也无法回避。见余一虹不再言语，他干脆地把手掌一挥："就这样定了。你收拾一下，走马上任！"

余一虹离开医院，调到新成立的军区补训团担任政治处主任。补训团的任务是为保证前方作战部队兵员的补充，负责收容医院伤病愈和掉队失散人员并负责组织训练输送到野战部队去，这是一个在大兵团作战中保证野战部队兵员充实的重要工作。

一年后，他又被调到军区炮兵团担任政治处主任。这两个团的政委和补训团长都是参加过二万五千里长征的红军干部。炮兵团的张团长则是国民党某炮兵部队的起义军官、著名电影明星张瑞芳的哥哥。他加入解放军后，很快就和余一虹等共产党员干部融为一体，经过一番锻炼与考验后，又加入了共产党。

1948年中共中央公布的"五一"口号，及时传达给广大指战员。其中最显豁最响亮的一句是:"为着打倒蒋介石,建立新中国而奋斗!"

1948年12月,北平和平解放。华北军区炮兵团随大部队在北平郊区沙河镇待命,不久又移驻山西省祁县,准备西征,去解放大西北。

1949年6月,原在华北的十八兵团和十九兵团过黄河编入一野序列,使部队素质和数量都超过胡宗南和青海、宁夏"二马"尚存的兵力。

华北军区炮兵团改为十九兵团炮兵团,由山西省祁县开赴陕西省礼县,准备参加兰州战役。炮兵团的主要重武器装备都是从国民党部队和阎锡山部队缴获来的,是当时为数不多的规模较大、装备较好、战斗力较强的部队。全团3500多人,拥有各式火炮49门,坦克11辆,骡马500匹,汽车120辆。

7月,一野大军西进,一路上沿途干旱,严重缺水,大家渴得嘴唇干裂,很多人流鼻血。因没足够的夏装,许多战士还裹着一身老棉袄在烈日下行军,身上就像贴满热膏药。

看到西北解放指日可待,大家情绪高涨,都说:老百姓祖祖辈辈都生活在这里,我们只是路过,算什么困难?"青马""宁马"叫喊"决一死战",我们只希望部队快些行动。

从7月24日开始,沿途各兵团都顺利消灭或击溃了拦阻我军前进的障碍,8月12日右路十九兵团和中路二兵团兵临兰州城下,一兵团经临洮、临夏直指西宁。

8月,十九兵团的部队沿西兰公路追击马步芳、马鸿逵的"马家军"。根据西北野战军彭德怀司令员"下定决心,一定要抓住敌人,绝不能让它跑了,要把它歼灭在当地"的指示,十九兵团经过几天的长途行军,越过平凉城、六盘山,在瓦子街一战打散了"马家军"。

图为余一虹(前排左一)和其他团首长们

甘肃的气候与内地不同，白天行军在让人焦躁的戈壁滩上，干得冒烟的地面似有看不见的火焰在燃烧，满世界都在袅袅飘动，那星星点点的草稞和灌木发出吱吱的燃烧声，裤脚扫上去就会腾起一股尘烟，让人浑身淌汗，有时晒得发昏；夜间宿营，又被冻得难以入睡。当地人说："早穿皮袄午穿纱。"荒滩上有弯曲稀薄的路，但当地人说那路走不得，得找不显眼的地方走，就这样我军插进了有草丛和灌木的地段。这是戈壁，也是碛滩，只长恶草杂木，人在里面蛇行，的确不易被发现。

他们抵达兰州城下，立即配合兄弟部队抢占制高点，用炮火压制敌人。经过强攻豆家山、马架山、古城岭等敌主要防御阵地，一场血战持续七个多小时，敌军伤亡惨重，全线溃退。十九兵团还在彭德怀司令员指挥下，与二兵团两面夹击，于1949年8月26日2时抢占了黄河铁桥，截断敌军逃跑的退路，并迅速攻入城内与敌人展开激烈巷战。至12时，十九兵团主力全歼东关守敌，解放了兰州古城，取得解放大西北的决定性胜利。只有马步芳、马继援父子等少数人乘飞机向永登、西宁等地逃窜。

部队追击到定西城附近，忽然飞来一架敌机。正在行军的战士赶快就地隐蔽。敌机转了一圈，投下一颗炸弹，十几名卧倒在公路边的战士不幸伤亡。这是炮兵团进军兰州付出的血的代价。

此时退守宁夏的马鸿逵部四个军及若干地方武装部队共约7万人，在马鸿逵之子马敦静指挥下，以银川为中心，依据黄河天险，构成三道防线。企图阻止解放军进入宁夏。

十九兵团在兰州市郊休整几天之后，即进军宁夏。他们连克靖远、打拉池和景泰。至1949年9月21日，先后攻占同心、中宁、惠安堡、青铜峡、灵武等地。马军在解放军强大攻势下四散溃逃，总指挥马敦静乘飞机逃走，第一二八军军长卢忠良率残部投诚。9月23日，十九兵团与宁夏马鸿逵、马鸿宾兄弟等军政当局签署《和平解放宁夏问题之协议》。从此开始，好几天的长途行军，基本上没有再遭到敌军抵抗，堪称是一次武装大游行。余一虹任政治处主任的炮兵团直达中宁、中卫两县境内。9月26日，十九兵团进入银川。9月底宁夏全境和平解放。此役解放军歼灭与和平改编宁夏守军4万多人。

与此同时，二兵团解放了青海，1兵团进军新疆，胜利完成了解放大西北全境的光荣任务，为新中国的成立奠定了牢固的基础。

在新疆庆祝解放的群众大会上，当彭德怀看到人群里有人抬着自己的画像，两道浓眉拧了起来。他对身边的人说："胜利了，要警惕。'万岁'的口号，首先应该还给人民。要知道，一个阿谀奉承的傻瓜带来的危害，将比100个敌人还要大。"说罢，他走下主席台，亲手从画架上将自己的画像扯下来撕了。

三支队伍的汇合

在敌我力量对比转换和国内战局推进的同时，中共中央适时提出建立人民共和国的任务，确立了新中国的国体政体等根本制度和大政方针，并对成立中央人民政府法理的程序和步骤进行了精心的筹划和准备。

在认真审视国际国内形势后，中央决定1949年10月1日成立新中国中央政府，同时举行一个盛大的典礼，宣布中华人民共和国成立，标志着资产阶级民主革命的终结，中国走向社会主义的起点。

10月1日，朝霞托着红日，徐徐地从东方升起，遍地金光灿烂。受阅官兵身着崭新的军装，持着缴获的各种美式武器和装备，精神振奋地列队肃立在天安门广场。

在响彻云霄的礼炮声中，毛主席在天安门城楼上亲手升起第一面五星红旗，并用诗一般的语言向全世界庄严宣布："中华人民共和国成立了！中国人民从此站立起来了！"

这声音以摧山撼岳的力量，从北京穿山越水，传遍天涯海角。

朱总司令向中国人民解放军下达了迅速肃清国民党反动派残余军队，解放尚未解放的国土的命令。接着，开始了空前盛大的阅兵式……

开国大典刚结束，组织部门的同志就分别找到田心、丁农："大军南下，很快就会解放广东。那里需要一些会粤语的干部，你们都做好准备吧！"

尽管他们因在北方战斗、生活了十余年，已把这里当成第二故乡，但这突然的消息，仍使他们浑身一震，兴奋不已。

原来，早在1949年1月25日，国民党政府就决定迁往广州。为了安定人心，他们依然宣称"南京迁地办公，不是政府迁都。"

此时，国共双方军队仅距50公里。兵临城下的局面，很快让他们的通告失去了意义。

"改朝换代"到了最后时刻。广大人民群众热血沸腾，用风起云涌、如火如荼去形容毫不过分，随处都能听到进步歌曲："团结就是力量……"号召大家准备战斗。

"完喽，完喽！"老百姓纷纷传说，"国民党就要完喽！"

1949年2月5日，国民党行政院已整体撤到广州。因缺乏准备，他们的撤退一直在慌乱中进行。大批人员犹如难民，每天都有一大批涌进广州。

中共中央任命从广东梅州走出来的叶剑英为华南分局第一书记，确定了广东战役的作战方案和接管广东等重大问题。

四野四兵团沿粤汉路南下，占领韶关，直取广州；十五兵团经翁源、从化南下，形成对广州的钳形合围；两广纵队则组织地方部队由和平、龙川东进东莞地区，切断敌人南逃退路。

1949年9月22日，解放军以雷霆万钧之势，分路飞越粤北天险五岭山脉，突破敌人吹嘘的"粤湘赣防线"。

国民党一帮政界人士前往关帝庙，找算命先生占卜民国命运。也不知是否算命先生为多赚两个钱，占卜的前途是一片光明。官员们问政局如何，算命先生答："汉室复兴，中原在望，天意也。共魔消灭，国事有为，何时了，一载庆升平。"再问羊城吉凶，算命先生答："君问羊城，五羊免劫灾，共终难得志，禾熟见奔逃。"又问曲江和厦门安危，算命先生说："曲围由厦解，白兔退林彪。厦门危而复安，天意也。"

他一番话令政要们欢欣鼓舞。但也就是在此时，解放军已完成进逼广州的部署。

历史的车轮进入到中华人民共和国的创建初期。

在一盘散沙、灾难深重的旧中国的废墟上，巨人般的新中国神速地挺起了腰。

中华大地的上空"一唱雄鸡天下白"，从此永远是"解放区的天""明朗的天"。到处是飘扬的五星红旗，到处是和时间赛跑的人民群众……

中华人民共和国的成立，标志着中国从半殖民地半封建社会进入新民主主义社会，并开始了向社会主义社会的过渡与全面建设。随着她的诞生,中国历史掀开了崭新的一页。曾经在战争炮火中经历过生死考验的共产党人,又面临了新的斗争形势的考验。

共和国的童年,一切都曾经那样激荡人心!

10月2日,广东战役打响。部队行进到村庄边,一些群众就出来看热闹。以前他们害怕军队,现在不怎么害怕了,就站在路边看,看望不到首尾的队伍,看擦得锃亮的枪刺,看隆隆行进的炮车。年轻人都爱美。一位小战士乌黑的枪口上,插着一枝映山红。粉红色的花朵,密密,茸茸,柔柔,缠绕在锃亮的枪刺上。

烈日像一个巨大的火球,喷洒着炎热的威力。地面像一块炙热的铅板,蒸腾着热气。铁道两旁的树叶都被晒得卷了边……军列嘶嘶地喷着气启动,憋足劲一辆接一辆地掠过一个个停或不停的车站,在平汉线上像排箭一般向南飞弛……铁轮的轰隆声,长久地回荡在原野。

田心、丁农坐着火车飞奔,感觉像在天上,一路上都是进军号声。天边一抹桔黄色的光线在窗玻璃上跳动。只见远山、村庄、一片片鲜绿的庄稼,缓缓地向后移动。像是一道宽阔的、流动的大河,永远也没尽头……昔日的灰尘全像片片落英,消逝在岁月的小河中。

原野上飘洒开雨丝,远处的大地变得灰蒙蒙的。车窗边坐着面容削瘦、神态坚毅的余一虹。车厢里十分闷热,不一会儿,人们的脸上、身上都出了汗……他由于兴奋,脸上红扑扑的,额头沁出一层细细的汗珠。但他似乎根本没在意天气的炎热,两眼像电光一样炯炯发亮,只是深情地注视着迅速向后逝去的田野、房屋、林木、城镇……

到长江了。缓波浊流,滞重的浪花疲惫地拍打着江岸,江风携来的江水声飘浮在空中,如同弦音的余韵一般缭绕不散。霞光里的江水粼粼闪光,像是着了火一样,不停地呻吟着,摇滚着,旋转着,喧腾着。

月亮升起来了,洒下淡淡的银光。闪闪的江面在他们的视觉里仿佛飘带似的向远处飘去……夜幕渐渐降临。灯光从这些窗口泻出,眨动着昏黄的眼睛。

他们久久地站在车门边,深情而激动地望着南国的锦绣山河……不禁想起十一年前自己经这里北上延安的经历,思绪起伏、跳荡。

沿途,到处人山人海。年轻的、苍老的、充满稚气的、久经风霜的、细嫩的、粗糙的面孔上,都被一种庄严的、神圣的情感笼罩着,使人民对战士的亲切感变成了十分具体的形象。南下的指战员同仇敌忾，热血奔涌，千万只喉咙里飞出激昂的战歌。

为了支援大军南下，地方党政组织都成立了"迎军支前委员会"。群众很快发动起来，纷纷出钱出力、修桥修路，踊跃捐献粮食、稻草、生猪、花生、鸡蛋等物资。

他们听说：一位大嫂自己没养大猪，便联合几户买来一条大猪捐献给南下大军……

一座南国最大的城市，"总统府""行政院"都迁来，国民党会轻易放弃吗？谁知道有多少敌人在那儿等着我们？

因军情紧急，南下部队往往一入村便生火做饭，有的吃了饭就走，有的休息一两个小时或睡几个小时又集合行军。前头的队伍刚过去，后面的队伍又来了，千军万马连续不停。

他们跟随的部队是10月10日从龙门开往广州的。在龙门城头，看见迎面高搭起一座牌楼，两边贴着对联：

> 迎仁师扫除华南蒋匪，
> 接义士普救两粤黎民。

大家看了感到心头一股股暖流在涌动。

进入增城县，为了防空需要，各人都披上防空伪装，行进在公路上俨然如一条绿色的林带。但敌机还不时来空袭扫射，一天几次。入夜军民都用白毛巾缠着左手臂作标志。

在增城的新塘火车站附近休息，他们看见很多被缴械的国民党官兵垂头丧气地被解放军战士押着从山坡上走下来。支前民工们更神气了，虽然路上遇上几次下大雨，道路泥泞，大家的情绪还是十分高涨，日夜兼程。

解放军神速逼近广州，国民党兵败如山倒，纷纷向西南方撤退，企图渡海到沿海岛屿。10月12日，国民党南迁的"中央"机关被迫撤离广州。国民党当局的省级机关，亦大批强制征用船只开始从黄埔、大沙头、黄沙等处撤离。

一些上层人士相约别跟着倒霉蛋国民党走了，他们已没希望了，还是等着迎接新时代的曙光吧！国民党也加紧了最后的疯狂，密切关注各界情况，一些进步人士陆续失踪，一些糊涂人被特务架上南去的飞机。

在解放军强大攻势下，国民党行政院长阎锡山逃到台湾，代总统李宗仁飞往重庆，余汉谋部则沿西江逃窜。

一路上解放军已基本没有大仗可打，只剩追击敌人了。有时一天走150余里路。

解放马上就要来临，但广州市150万市民，却是怀着"恐惧""怀疑"和"希望"的混杂心理，终日蟹居于户内。

就在这时，市长欧阳驹命令警察局推销"劳军奖券"，限令全市商民在短期内认销银圆券100万元，责令各分局推销，销不了的，抵扣分局的经费。

到了10月13日晚间，解放军前锋逼近广州，警察局长吉章简率领副局长等，集中在沙面分局，乘电船星夜渡过石围塘逃跑。

14日清晨，警察局督察长练秉彝在家里接到总局值班室电话："局长已逃跑，临走交代主任秘书袁祖安留局主持，袁也没来，不知去向。"

他赶去总局，保警总队副总队长李启英以及其他几个没走的分局长先后来到，推黄逸民和练秉彝分任临时正副局长，决定立即派出几辆吉普车在市区巡逻，并通知各分局队警，在解放军未进市之前，发现有骚扰市民者严拘究办。同时拟定由黄逸民和练秉彝领衔、各分局长和大队长署名，发出拥护人民政府、欢迎人民解放军的通电。其实，黄逸民、练秉彝等人，早已被中共地下组织争取过来了。

这天近16点时，解放军部队赶到广州市郊的沙河镇。沿途市民和自称地下党的人，还有国民党溃兵，都对他们说广州的敌人跑了。

战士们一溜小跑，每人负重二三十斤，上气不接下气。天气炎热，人人汗流浃背。不少市民站在门口、路边，有的是看热闹，有的是欢迎他们。还有一些国民党兵，有的是站在那儿等他们接收，有的是被老百姓从家里赶出来。他们到处躲藏，有的还有枪。反正只要你不反抗，解放军就不理睬，一个劲儿往前跑。

他们跑到黄花岗七十二烈士墓附近，听到南边传来轰隆轰隆的爆炸声。大家揣测是敌人在搞破坏，心里着急，跑得更快了。

他们从先烈路向西南奔上中山路时，路边的高音喇叭突然传出一个女声："国民党垮台了，解放军进城了，市民们要欢迎解放大军，还要防止坏人捣乱、破坏。"

在起义路口，有人报告余一虹："团长，前边是广州'警察总署'，他们表示欢迎解放。"

一个姓吴的副署长出来迎接解放军，一身黑色警服，挺斯文的，是个少将。他立正敬礼，解放军领导还礼。

这位吴副署长说："报告长官，卑职欢迎大军进城，愿听从贵军发落。"

解放军领导回答："欢迎。"接着便问他管辖多少派出所，电话通不通，还听不听你的命令。

吴某说："城内十几个派出所，大的500人，小的200人，电话还通，都能听从命令。"

解放军领导点点头道："好。你现在发布第一道命令，说解放军已进驻总署，你奉总指挥面示，在没新的命令之前，所有警察都不得放下武器，要认真维持社会秩序，严守岗位，保护人民生命财产安全，防止坏人抢劫、破坏，有功者论功行赏，违者严惩不贷。"

这天17时50分，一阵巨响传来，珠江上唯一的海珠桥被国民党兵炸毁。练秉彝接到黄沙分局来电，撤退中的国民党军队在西关多宝桥放了一担炸药。练秉彝即令黄沙分局的警员率队抢救，军队见有警队赶来，丢下一担炸药便逃跑了。

20时，国民党军的运输车因黄沙行人拥挤，无法通过，竟放火烧车，引起黄沙码头一带大火，黄沙分局消防警队虽全数出动，但施救无效。

这时，又有情报说"泮塘皇帝"李润仔匪帮，由泮塘偷渡如意坊，企图趁火打劫，逢源分局局长乔永年率警队赶往防守，李润仔匪帮见大队武装开到，不敢登岸。

练秉彝接到沙河分局来电说，解放军已到沙河。他与解放军某部领导取得电话联系，立即叫沙河分局尽量找寻车辆供解放军使用，同时通知全市武装警队，各守岗位候命。

21时许，人民解放军分几路进入市区。

入夜，市面上还能听到阵阵枪炮声。后半夜，枪声渐渐稀落。天亮之后，朝阳慢慢出来。

一些市民上街一看，路旁尽是解放军，坐得整整齐齐的，有的靠着背包抽烟，有的抱着枪呼呼大睡，有的互相说着话，也有的拿着本子坐在背包上写着什么。

解放军官兵见到市民，总笑着边说边打手势。因为绝大多数广州百姓听北方话都如同"鸭仔听大雷"———只听声响，不晓得什么意思。

一位解放军士兵见大家搔头抓腮，听不懂自己的北方话，便掏出一个小本儿，翻开其中画有图样的一页，递给对方看——"啊，刀，菜刀！"市民们脱口而出。

那解放军士兵指指本子上画着的菜刀，随之指指市民们，然后转手指指自己。市民们明白了，解放军要向自己借菜刀。于是，有几户人家各拿出一把菜刀借给他们。

在广州一条马路的街口，有一口约两丈深的水井，几十户人家都要来这儿担水煮饭。由于井口窄小，来打水的人多，所以几乎整天都有人前来打水。

傍晚，当解放军士兵前来还菜刀时，见许多人排队打水，便将衣袖卷起，笑着站上井台，接过一个个人的水桶，专为众人打水。他边打水边和大家说话，借着手势，各自要表达的意思能明白两三成。

市民们看着解放军士兵给众人打水显得如此快乐，自己跟着也有了一种新鲜的快乐。

此刻，广州这个中国南方最大的都市，却根本不像是大都市，到处都是低矮的房子，唯一的高楼是爱群大厦，唯一的百货商店是南方大厦，也都被炮火炸坏了。人们穿着破旧的"薯莨衫"和"香云纱"衣服，脚上蹬着木屐。

一群顽皮的孩子正在玩耍，忽然有人喊："解放军团长来了！"

团长？那是多人的官呀！霎时间，孩子们鸦雀无声，有的呆呆站着，有的向别人使眼色想趁机躲开。就在这时，解放军团长悄悄向人群走来。他身穿普通旧军装，说话和气，待人热情，还和学生握手，问长问短。

眼前的解放军团长忽然使人们想起发生在日本统治时期和国民党统治时期的事情：学生祭孔圣人，伪县长装模作样来主祭，满口仁义道德，实际上天天杀人放火，男盗女娼。散会时，伪县长大摇大摆地走着，一个小学生追赶队伍，不慎与他擦身而过，稍微碰撞了一下，伪县长不问青红皂白，用高马靴把学生踹倒在地，列队的学生敢怒而不敢言……

解放军团长和伪县长的对比，使人们对共产党人产生了极好印象，很快确立了拥护共产党、热爱新中国的信念。

就是在这天清晨,广州解放的消息在全城传开。一个叫林道平的年轻人一早就跑到珠江边。很多老百姓也相继来到街上,为解放军热烈鼓掌。

林道平和爱人接着做了件很冒险的事:花一个月工资买了一面五星红旗,跑到女方工作的中央医院,挂到了楼上!

此时,解放军还没正式接管广州各单位,国民党残余势力仍在垂死挣扎,街上遍布特务。但林道平夫妇实在太高兴了,因而不怕危险,就这么干了。凡是经历过旧中国苦难的老百姓,都理解这种心情。

"广州解放了"的消息,使市民们个个手舞足蹈,全城欢呼。他们有的还在行动上积极响应共产党的号召,参加站岗、放哨、扭秧歌……

国民党军队在撤逃过程中,将横跨珠江的海珠大铁桥炸毁,除两岸尚存两桥脚一部分,铁桥已全部被毁,桥身陷入水中,只剩下三个桥墩屹立江中。爆炸时,泰康路一带居民楼因受不了剧烈震动而倒塌,同时铁桥被炸时飞出的铁片,将附近铺户击毁,其中大者三层楼房亦被击破,小者则直接击伤市民。

历经上百年风霜的海珠桥,对许多广州人来说就像一把黄杨木梳子,梳理着往昔岁月的记忆和对这座城市的情愫。而对外地人来说,它仿佛一把古色古香的古琴,弹奏着许多对羊城的莫名缱绻。

珠江里的小船迎着潮水溯流而上,料峭的江风里,田心、丁农等攥着海珠桥的栏杆久久地站着,陷入沉思。置身桥上,他们触摸故乡脉搏跳动与血液流淌的感觉越来越变得炽烈。海珠桥不仅见证了广州的沧桑与崛起,也同样见证着一个民族所经历的风雨和勃兴。

纵横交错的街道上,人员混杂,热闹喧嚣。一些各种口音的外省人神色灰暗,形迹可疑,一些还忸忸怩怩地站在街边。

据一些当年率领部队解放广州的老将军回忆,那些日子,佩戴臂章的解放军指战员们,在全市人民的大家庭中,成了举足轻重的一员。白天,他们在工厂、银行、商店、证券交易所、博物馆、报馆、图书馆、仓库、文物古迹和要害部门站岗值勤,夜晚则身背钢枪,在大街小巷的路灯下巡逻、警戒,将南方大都市的工业设施和革命文物都完好无损地保存了下来。

10月15日,钱庄买卖部分启市,中国银行、交通银行、农民银行、邮政储金的汇业局仍照常开门,但营业部暂时停顿。市内金铺大多都不营业，而电信局则照常办公，与解放区的电报联系开始通畅，普通民众发电报则价格不变，平电一字银圆1角1分，急电2角1分。

由于战火平息，市民们心情大快之余，携男带女到各茶楼酒馆食品店，吃个痛快，早晚茶市座无虚席。市内公交车各线照旧开行，各街道均有市民聚谈，各店铺也大部分照常营业。报纸上称："小童如常嬉戏，无战气氛，平静度过此一开头。"

对旧公务员，新政府采取了招聘和留用的办法。那些没跟国民党政府撤离的，留在该处，等候人民政府接管。接管工作结束后，按"量材录用"原则，派到市政府各部门。

那段时间，旧公务员曾有过短暂的真空时期，一些公务员外走香港、澳门，希望能找到工作。但他们在那两个地方并不顺利。有些人最后还是回到广州。

许多人见面议论最多的是：国民党注定完了，这时谁肯去为它殉葬呀！在时代交替的历史关头，可要做出明智选择！新中国肯定需要人才，还是早些走上革命道路好……

在那个改写历史的年月，到处都是欣欣向荣，除旧迎新。战争的硝烟显然消散，白色恐怖下的血光也开始淡出记忆。广大市民都感到真正的春天已来到羊城。

广州的解放，首先，象征着中国共产党在北京建国立号之后席不暇暖便显一统中国的志向与实力；其次，对广州来说，标志着一个旧政权的覆灭，一个新政权的开始；然而最重要的，解放是一个覆盖了政治、经济、社会、思想、文化、生活全方位的终极概念——一切封闭腐朽落后反动的束缚都要"解"了去，一切光明正义奋进人性的力量全要"放"出来。

田心、丁农、余一虹、杨以平、莫玉等被命运的丝绳所牵，在北方度过了整整十一年。这段时间很短，一个国家白驹过隙般的一个瞬间；但又很长，一个人最宝贵的青春时光。

离家千里的游子，总有自己的故乡；奔流千里的江河，总有自己的源头。

广州解放不久，田心、丁农、莫玉都随军南下。

极目远望，眼前是曾十分熟悉的景象：江流如带，白帆点点，村镇笼烟……十多年不见，自小留在他们印象里的难忘情景并没有在水一般的岁月里蒸发掉。

他们选择了一个晴朗的日子返回麻涌,虽没穿军装,但在小镇上仍非常显眼。人们纷纷投来惊异的目光,显然已有许多人不认识他们了。

过了东村石板桥旁的凉棚,河边一幢黛瓦粉墙的古屋映入余一虹眼帘。迎着淡淡的斜阳,他认出了竹林掩映的小学,回顾这十一年走过的岁月,日子恍惚间回到从前,特别是当年在这里求学的时光。想重温儿时小河流淌的童趣,与老同学叙叙旧日的少年情谊。可惜那些不规则的旧屋虽在,但年久失修,快要跌落的窗户用木条钉死,房前房后荆榛塞路,尘垢堆积,学生全无,满目荒凉,成了猫鼠蛮蚁的乐园。

骄阳下,热气炙人,石板路升腾着热气,青烟袅绕。田心、丁农等沿着青光幽幽的麻石板路走过小街,路面依然保持从前的样子——中间铺垫着两尺宽的麻石条,边上镶卵石。街边的房舍几乎都是老式土木结构,瓦檐发黑,门面衰颓。两边商铺那些低矮的老屋更是蓬头垢面,偶尔一两家零落的小店点缀其间,也全无往日风采。

那阡陌纵横像镜面一样平整的水田哪儿去了?那飘着浮萍的池塘哪儿去了?那大片青翠的香蕉林哪儿去了?那墙根下挂满露珠的紫蝴蝶和娇媚多姿的野花哪儿去了?……

这是自己阔别十一年的故乡吗?无奈之下,田心、丁农等直奔过去的乡公所。

办公室里一位年轻人缓缓地从一张旧桌后站起来,愕然地看了他们片刻,终于认出了田心、丁农,脸上便绽出了微笑。

此人原来是部队一个副营长,广西人,能说广州话。

他的笑脸在灿烂的夕阳下显得温和而友善。

清清的河水荡着金波,流过一座座小石桥。桥畔高大的老榕树下,坐着几位中老年人。

一见面,几乎不认识,再细观看,才依稀现出了当年的容貌。当年这些人都是二十郎当岁的小青年,现在却都已饱经风霜了。

幸好还都健在。大家高兴极了,喧闹了一番后,纷纷诉说了各自的生活经历,兴致勃勃,谈笑风生,从眼角溢出的笑容,迅速顺着皱纹淌了一脸。真是几年不见,皆须刮目相看。当然也有的远走他乡,不知所终。

乡亲们告诉田心、丁农:这些年斗争十分残酷。日本鬼子战败、投降，但东莞并不平静。"东纵"的一些指战员去鬼子据点，收缴武器物资。盘踞在碉堡里的鬼子却不肯向"土八路"缴械，当他们队伍走近时，向天"砰、砰"放了几枪，就缩回碉堡。

由于日本天皇已宣布无条件投降，鬼子不敢再更多地抵抗，只好派两个翻译与"东纵"指战员谈判，说不能缴械给游击队，要缴给"中央军"。

对此，"东纵"某大队下最后通牒，日本人虽同意缴械，却提出条件：不要将日军向游击队缴械的情况告诉"中央军"。

当年10月3日，国民党新一军孙立人部的一个营就进驻麻涌。十几天后一些人又在一个团长指挥下，成立了"剿共委员会"，并组织起反动联防队，队部就设在一个碉楼里……

他们告诉田心、丁农：1947年麻涌曾出现过一度虚假的繁荣。那是因抗战胜利不久，铁路货物运输未能恢复，市场供应严重失调。货轮海运先行一步，商贩们及时收购香蕉远销上海，蕉价突然飞涨，每担售出价相当一钱黄金……街市上茶楼酒馆比比皆是；牌九馆、麻雀馆等赌场林立；还有鸦片、娼妓、高利贷、典当满天飞……有人将它比之为灯红酒绿、纸醉金迷的"小澳门"。然而，当时世风日下，土匪等亡命之徒聚集其中，造成人间悲剧层出不穷！……

听到这些，田心、丁农不免又心情沉重。

入夜，湿润的江风在东江的波涛上掠过。人们絮语如波。

黎明时分，河涌环绕的麻涌各村，都飘起缕缕炊烟。这里的清晨是宁静的，连彻夜吠叫的狗都安静下来。火红的朝阳抚摸着南国的田野，洒在茂密的香蕉林和环绕回流的小河涌上。只有三三两两的行人，扛着农具去寻活路。

纷扰的生活结束了，一切又重新开始。当年那些小荔枝树，早已如一蓬大伞，枝繁叶茂，绿荫匝地，其甜美的果粒、沧桑的树干，无不彰显着旺盛的生命力。

在许多地方，田心、丁农都遇到这样的情景——

"你还认识我吗？"

"啊，不好意思，面孔有点熟悉，名字真的想不起来了。"

"我是……呀。"

问答之后,便是两双饱经沧桑的手紧握在一起,爽朗的笑声撒满香蕉林。

那天,村里一幕幕上演着这种"相见欢"。春去秋来,许多人自离开家乡之后就没见过面,当年风华正茂的小伙子、大姑娘,现在一个个鬓发掺白,乍一见面,难怪不敢相认。

久别重逢,多少往事涌心头,要诉说!久别重逢,每个人心里都像装着一盆火,见了面都觉得格外亲。大家拉着手,搂着肩,坐在河涌旁的凉棚里,细口抽着烟,让烟雾在眼前变成一团团迷蒙的风景,有着说不完的话。

田心、丁农受到极大鼓舞,立即更加振奋地投入紧张的工作。

他们看到了一个全新的世界。走在大街上,满眼都是军容整肃的解放军,满耳都是"革命军人个个要牢记,三大纪律八项注意"的歌声。有时驻军宣传队还在广场上搭台表演节目,演出的第一部戏是胡可创作的多幕剧《战斗里成长》。真是万人空巷,观者如堵。

很多让人激动的事情显然才刚刚开始……

新中国成立初期,麻涌地区各乡(村)划入东莞县第八区,区府设于道滘,党的各级组织也相应设置并积极开展工作。1951年2月,麻涌开展"清匪反霸、减租退押"的八字运动。八区分派土改中队长王连玉、卢佳带领土改工作队,到麻涌、大步等地开展工作。减租退押运动,得到广大劳苦大众的支持;但也遇到土匪恶霸的反对和顽抗,麻涌党组织和人民政府动员和教育广大农民团结起来,当家作主,敢于同地主、恶霸作斗争;组织农民协会,并加强领导,接管伪乡村政权。对土匪给予悔过自新的机会,对有血债的土匪实行关、管、杀。

1952年8月,在麻涌党组织的领导下,麻涌乡土地改革正式开展。各乡建立农民协会。经过"八字运动",从斗争中培养和锻炼一批农民干部(时称"土改根子")。土改工作队到乡后,实行依靠贫雇农,团结中农,孤立富农,打倒地主阶级的方针政策。工作上通过诉苦挖根,划定阶级,开展向地主、恶霸的斗争,没收地主土地房屋财产,征收富农多余的土地房屋,追缴余粮,时称"土地还家,物归原主"。经过没收、征收恶霸的土地、房屋、财物,广大农民分得田地和余粮、果实,农民真正得到翻身解放,实现了千百年来"耕者有其田"的梦想。麻涌党组织领导下的斗争取得了胜利,党的各级组织不断地发展壮大,新生的人民政权也得到了巩固。

新中国成立初期，丁农被任命为广州铁路局宣传部长，从而进入交通战线。

田心则在1950年1月参加华南工委第一次建团工作会议，会后被派往广西担任青年团广西省工委副书记。他连年参加清匪反霸、土地改革、三反五反等运动。1953年又被选为广西团省委书记，并在青年团第二次全国代表大会上被选为团中央委员。

1954年12月，田心奉调到青年团华南工委，又回到广东。

新中国成立后，谭天度由东江调往西江任专署专员，陈新随同在西江地委任妇工委书记。她在西江做妇女工作，也投入了西江的土改，被派到西江地区高要县三区白土镇龙剑乡任区委委员、土改队长。

1954年间，中央决定撤消"专区"，几个专区合并为"行署"，地委也合并为区党委，谭天度离开西江调回广州，陈新随调回广州，任广东省妇联农村工作部部长。后来，她被调到省中级学校学习培训了两年，又被送去报考北京的高级中央学校。学习结束，陈新到广东省党校教研室当研究员。

省党校的学习、工作十分繁忙，陈新经常下乡，长期住宿在校，不能照顾家庭和谭天度生活，为此组织上决定把她调到谭天度的工作单位——省政协，任学委办公室副主任，任务是组织政协所属的各民主党派成员学习的工作。

在他们共同生活的近六十年里，谭天度一直十分爱护陈新，陈新也全心全意照顾谭天度。在甜蜜的爱情生活中，他们有了三个女儿和两个儿子，一家人生活得幸福愉快。

在鸭绿江彼岸

开国之初的那一段岁月,真是共和国最美好的时光!那时共和国年轻,田心、丁农、余一虹、杨以平、莫玉等一大批干部也年轻,浑身上下有一股使不完的劲头儿。他们几乎与当代中国社会如影随形。

西北解放后,十九兵团奉命调回陕西省关中地区驻防。余一虹所在的炮兵团驻在渭南、临潼两县,一部分边训练边从事农业生产,一部分参加修筑西兰铁路天宝段工程。

战争的忧患便又袭扰到年轻的人民共和国。

1950年夏天,朝鲜内战爆发。美帝国主义公然宣布支持南朝鲜李承晚政权参加朝鲜战争,同时命令美军第七舰队开进台湾海峡。

随着美军越过朝鲜半岛的"三八线",战火很快便燃烧到鸭绿江畔。

俗话说"唇亡齿寒,户破堂危"。随着形势的发展,中共中央和毛泽东主席认为现实直接威胁到新生的中华人民共和国的安全,果断地决定出兵抗美援朝、保家卫国。

从1950年10月1日接到金日成急信到10月19日晚中国人民志愿军进入朝鲜,前后只有18天。出兵决策中的曲折与反复,充分体现出一代伟人在重大历史关头的胆略、定力和深谋远虑。

之后,驻屯不久的十九兵团奉命开赴朝鲜战场。

10月5日,毛主席和中央军委命令十九兵团于当年12月5日前开赴山东兖州、泰安、滕县地区集结待命。

滚烫的年代燃烧着滚烫的激情。新国家新社会新制度,都像新鲜的水和空气,时时滋润着余一虹的爱国心。

余一虹在《七律·进军西北到出国援朝》一诗中写到那段时间的难忘经历：

> 西兰公路进军时，车炮长驱战马嘶。
> 攻破兰州平夏地，驻屯陇上练兵机。
> 宝天隘路施工紧，渭水河边嫩麦肥。
> 耳畔又传新号角，援朝抗美跨征骑。

到达兖州之后，兵团领导为了加强各军炮兵部队的建设，决定将兵团炮兵团分散下放到六十三、六十四、六十五三个军去，原兵团炮兵团的三个营，每个营都扩编为一个军炮兵团。

在这次兵团炮兵团分散扩编过程中，上级决定调余一虹到兵团政治部担任秘书科长。

在兖州，十九兵团召开了一次团以上干部大会，进行准备出国作战的动员，并针对朝鲜战场和美国军队特点，研究联合兵种的作战指挥和政治、后勤工作。朱德总司令专程从北京赶到兖州参加了这次会议，并向团以上干部作了指示。他分析了国际国内形势和朝鲜战场两次战役的情况，着重反复阐明一切反动派都是纸老虎的观点，鼓励大家树立敢于斗争、敢于胜利的思想。

1951年2月10日，十九兵团根据中央军委的命令，从兖州到达辽宁省安东（今丹东）市，准备从这里跨过鸭绿江入朝作战。

> 向前向前向前！
> 我们的队伍向太阳，
> 脚踏着祖国的大地，
> 背负着民族的希望，
> 我们是一支不可战胜的力量，
> 我们是工农的子弟，
> 我们是人民的武装，
> 从无畏惧，
> 绝不屈服，
> 英勇战斗，

> 直到把反动派消灭干净,
> 毛泽东的旗帜高高飘扬。
> ……

指战员们最爱唱的《中国人民解放军进行曲》那豪迈悠扬的旋律,久久地回荡在辽阔的原野。一唱起这首歌,他们就会感到整个胸腔都灌满了热风。

还有些年轻人唱起当时十分流行的苏联歌曲:

> 听吧,战斗的号角发出警报,
> 穿好军装拿起武器,
> 共青团员们集合起来踏上征途,
> 万众一心保卫国家!

> 我们自幼所心爱的一切,
> 宁死也不能让给敌人,
> 共青团员们集合起来踏上征途,
> 万众一心保卫国家!

> 我们再见了亲爱的妈妈,
> 请你吻别你的儿子吧!
> 再见吧,妈妈!
> 别难过,莫悲伤,祝福我们一路平安吧!

> 再见了亲爱的故乡,
> 胜利的星会照耀我们,
> 再见吧,妈妈!
> 别难过,莫悲伤,祝福我们一路平安吧!

安东与朝鲜新义州之间的鸭绿江大铁桥是我国通往朝鲜的唯一铁路桥,由于美国飞机的狂轰滥炸,经常要进行抢修,整个兵团部队要从这唯一的桥上通过十分困难，所以除兵团指挥机关乘坐的几节车厢从桥上通过赶赴前方外，其他部队分别从另外几个渡口架设浮桥跨过江去赶赴前线参加战斗。

当时担任兵团政治部秘书科长的余一虹站在滚滚的江水旁，心潮也如江水一样奔涌起伏。他要随时受命参与起草兵团党委和政治部上报下发的文件电报，不能离开首长身边，要随兵团指挥所一起行动。十九兵团指挥所乘坐的这几节专列，赶赴前线途中，在临津江北几座山洞之间，曾遭到美国飞机跟踪追击。列车在清川江两岸几个山洞之间与敌机捉迷藏，并派出高射机枪射手隐蔽登上山顶打得敌机不敢低飞，终于脱离了险境。当时十九兵团政委、开国上将李志民风趣地说：真是马克思在天之灵保佑！

余一虹曾写下一首《七绝·抗美援朝浴征尘》：

出生入死俱忘身，抗美援朝浴征尘。
卡尔在天曾佑我，敌机无奈怨谁人！

他们行进到一个车站之后，由于敌机轰炸，路轨被破坏，不得不换乘汽车。没想到乘汽车也非常困难，白天敌机很多，夜间飞机投下许多照明弹，照耀得如同白昼。照明弹过后，汽车也只能闭灯开进。

一夜起来，车窗外雪花像无数只白蝴蝶在纷纷扬扬地飞舞，大地上已经是白茫茫一片的晶莹世界。

终于见到朝鲜的雪景了。余一虹的心境似乎轻松了许多，开阔了许多。

部队一踏上朝鲜的土地，战争的烟云便扑面而来。到处都是断壁颓垣，几乎看不到一个完整的村庄，肥沃的田野上荒草丛生，弹痕累累。美军飞机不时三五成群地穿梭低飞，轰炸扫射，升起一柱柱黑烟，远处时有隆隆的炮声传来。眼前这种景象，与部队出国前在华北、东北所见到的人民安居乐业、生产蒸蒸日上的情景，形成了强烈的对比。战争给人们带来的是灾难，破坏了人民的和平生活，面对这种环境，更激发起部队对美帝国主义的深仇大恨。

2月20日，十九兵团指挥机关到达朝鲜后第一个集结地点在殷山里。这是一个靠山的村庄，由于战争的破坏，看不到几间房子，兵团部就在靠山崖子边挖了几个洞，外面搭一些树枝隐蔽作为指挥所，部队都分散宿营在树林里。3月7日部队继续向南开进,到达开城以北的市边里、南川店、新溪一带集结。兵团司令部、政治部机关驻在笃庄洞。部队在这里进行战前练兵,总结前一段入朝进军的经验和存在的问题,表扬模范单位和模范战士,进行团结战斗优良传统和爱护朝鲜一山一水、一草一木的国际主义教育。

严酷陌生的战场环境,武器装备远远落后于对手,远离后方补给困难,制空权、制海权完全掌握在敌人手里,一个个严峻考验在等待着志愿军将士。

4月22日志愿军入朝作战第五次战役第一阶段开始,十九兵团进抵临津江北岸,23日凌晨突破敌军防线,攻进李伪军1师和英军29旅防地,夺取了若干军事要地。紧接着又进行了第二阶段、第三阶段的作战。在五次战役中,十九兵团与兄弟兵团并肩奋战五十多天,共歼敌八万两千余人,粉碎了敌人在我军侧后登陆,夹击我军,将战线推向平壤、元山一线的狂妄计划,迫使敌人转入阵地防御,并于6月30日接受了苏联提出的进行停战谈判的建议。

此后战争进入相持局面,敌我双方在三八线一带对峙起来。7月10日开始在开城板门店断断续续进行了长达两年的停战谈判,在边打边谈中展开了尖锐复杂的军事与政治交织在一起的激烈斗争。直至1953年7月27日

志愿军抗美援朝战争政治工作总结编写干部合影

(前排左五为中国人民志愿军政委、开国上将李志民,右二为佘一虹)

朝鲜停战协议签字，战场上全线停火。至此，历经2年9个月的抗美援朝战争，以中、朝人民的胜利而结束。停战后余一虹被朝鲜政府授予抗美援朝勋章。

在赴朝的三年多时间里，余一虹一直在十九兵团领导机关工作，最初担任政治部秘书科长，不久升任秘书处副处长，后又调任兵团党委兼司令部办公室主任，其间还有几个月受命到志愿军总部参加各种政治经验总结的编写。兵团党委兼司令部办公室编制只有三个人，要负责会议、文电、调研和其他领导交办的任务，人手少、任务重，加班加点是常事。

至于写材料，更是要煞费苦心，但是余一虹感到它很有意思。这种"意思"远比读一般的书深沉，因为时时刻刻都要动脑筋。很多想法永远不可能呈现在材料里，可是对于个人，却成了非常难得的经验。

在转入阵地对峙防御作战期间，十九兵团的部队一直驻守在西线开城地区。

当时跃入人们眼帘的三千里江山，满目疮痍，一片废墟。然而，就在那鸭绿江畔的广袤焦土上，不屈的金达莱可没有开败。难怪著名诗人贺敬之曾经写下过这样的句子：

　　　　山山金达莱，
　　　　　　村村烈士碑。

朝鲜多山，森林面积约有几百万公顷，水力资源也很丰富。19兵团司令部就隐藏在一条松柏苍翠的山谷里，仿佛是一股绿色的山洪奔腾而下，附近山连山、峰连峰，峰峦叠嶂。山谷中，还有一条清澈的小溪，在青褐色的山石间喷吐着晶莹的珠玉。

朝鲜人民热爱志愿军，见面总要打招呼。

十九兵团司令部简陋的营房全都依山而建，酷似猫耳洞式的建筑，前

余一虹（右二）和其他领导在朝鲜前线

边露在山外；后边嵌进山里，延伸下去还连着防空洞。杨得志、韩先楚、李志民、郑维山、陈先瑞、旷伏兆、曾思玉等著名将领，也都和战士一样住在那种简朴的屋洞相连的地方。

1953年7月31日，平壤各界万余人共同庆祝朝鲜解放战争胜利。大会当晚，朝鲜民主主义人民共和国最高人民会议常任委员会举行隆重授勋典礼，特授彭德怀"朝鲜民主主义人民共和国英雄"称号，同时授予一级国旗勋章和金星奖章。

次日，由金日成率领的朝鲜党政军领导人与数千民众欢送，彭德怀胸佩勋章，手捧鲜花，离开了平壤。

当时，抗美援朝战场上虽然大规模的战争停止了，但小的矛盾和斗争却一天也没有停止过。十九兵团驻地在开城，正处对敌斗争的最前沿。因而志愿军"战斗队"的任务丝毫也没有减弱。

随着杨得志、韩先楚等司令员的先后离任，十九兵团有相当长的时间没有配置军事主官。有一段时间，甚至只有一位薛克忠副参谋长主持日常军事工作。因此，身为部队主官之一的旷伏兆政委，就不得不"一身而二任焉"，除主管兵团的政治建设外，还要起到主要军事指挥员的作用。

在余一虹印象中，旷伏兆对部队备战抓得很紧，经常告诫指战员们要提高警惕，随时预防敌人违反停战协定，发动新的军事挑衅。十九兵团原建制的六十三、六十四、六十五三个军，在停战后都先后调回国内。中央军委为了锻炼全军各个兵团，使其学习对美军作战的经验，曾经将国内一些部队轮流派到朝鲜去参战、接防。四十六军、四十七军、三十九军、一军、二十四军都曾先后配属过十九兵团领导与指挥。部队更换了，就有许多情况需要立即重新调查了解。余一虹多次随兵团首长或单独被派到各军去参加一些重要的军事、政治工作会议，学习和掌握部队情况。大家天天一起吃，一起行，一起办公，亲密团结，仿佛兄弟一般。

部队由战时转为平时，干部战士的休假、治病、婚姻、调动、转业、复员等数量都大大增加，因而思想状况也格外活跃，思想政治工作的难度空前繁重。他们经常深入基层，周密了解情况，现场办公，在第一线解决问题。

有一段时间，为了做好回国战俘的工作，专门成立了"俘虏解释团"。这是一项政策性很强的工作，为了将其圆满完成，他们特地请来外交部的乔冠华、黄华等专家来兵团讲课,做好了充分准备。战俘们回到兵团,看到战友们专门搭筑了一座高大的"凯旋门",禁不住热泪盈眶,深深感到革命大家庭的温暖。

停战之后,随着与国内群众、驻地朝鲜人民交往的日益增多,部队群众工作的任务也空前繁重。那几年,国内慰问团和来慰问的朝鲜群众很多,兵团特别注意对指战员进行遵纪守法的教育,使部队没有产生这方面的问题。

那时部队文工团确实有存在的必要。余一虹下基层看到文工团下部队演出时发现,战斗在第一线的战士非常渴望文工团去演出。因为他们不是机器人,也需要娱乐和艺术。

有些文工团员说:"舞台就是战场,大家是拎着脑袋在坑道里表演。"

他们除了给前线官兵进行慰问演出,还要搬运弹药,或在人手不够时帮忙照看伤员。

一次,国内有一规格很高的大型慰问团来访,兵团首长亲自召开会议,具体研究如何做好接待工作。他考虑到兵团驻地条件较差,为了让祖国人民的代表居住条件好一些,特意将其安排到开城。巴金、梅兰芳、常香玉、徐玉兰、王文娟等文化界名人知道了都十分感动,深入部队采访、演出都更不遗余力。最后分别时,慰问团的成员们难舍难分地纷纷把指挥员抬起来照相留念。

停战之后,部队的后勤供应自然要比战时改善一些。但由于条件的限制,要改善生活,也必须自己去创造条件。在兵团党委领导下,部队发扬"南泥湾"的传统,因地制宜地进行了一些农副业生产,通过自己的辛勤劳动,使生活获得改善。

余一虹曾写下《蝶恋花·从军乐》一词:

二月雪花飞朔漠,跨海东征、背负亲人托。突出奇兵鸣鼓角,雄师十万惊山岳。

绿水青山皆踊跃。千里长驱、誓把蛟龙缚。我为人人人自觉,沙场杀敌从军乐。

谈到朝鲜战争,现代社会的舆论充满复杂性。我们为何而战?在那万花筒般的文字深处，余一虹等看到的只有两个字——尊严。尊严不是一种轻飘飘的感受，而是用事实宣告，中国不再像以往那样可以被轻易征服。平等自由这回事，是有尊严的人、有尊严的国家之间的事情。所以，在朝鲜这块土地上，我们宣告的，就是我们有这样的权利。

　　通过这场战争，人民军队取得了进行现代化战争的经验，造就了一大批适应现代作战需要的军事指挥人才，部队作战能力和军事理论提高到了一个新的水平；全国民众的爱国热情极大地迸发出来，民族自信心和民族凝聚力空前增强，民主改革和经济恢复工作迅速推进；志愿军打出了国威军威，打破了美军"不可战胜"的神话，保卫了新中国的国家安全，巩固了"二战"以后的东亚战略格局；全世界开始对新中国刮目相看，新中国的国家形象和国际地位空前提高。

青年团里永远年轻

中华人民共和国的成立，标志着中国从半殖民地半封建社会进入新民主主义社会，并开始了向社会主义社会的过渡与全面建设。随着她的诞生，中国历史掀开了崭新的一页。曾经在战争炮火中经历过生死考验的共产党人，又面临了新的斗争形势的考验。

那段时间，正是他们风华正茂，生命力最旺盛、精力最充沛的时期。

广州解放后，中共中央华南分局机关进驻广州。1949年11月5日，中共中央华南分局召开青年妇女工作会议，决定将"青妇组"的工作分开，成立中共中央华南分局青年委员会和新民主主义青年团华南工作委员会（简称"团华南工委"）。团华南工委驻地广州，辖广东、广西两省及广州市、海南行政区、桂北地区的团工作，下设秘书处、研究室、组织部、宣传部。1950年，团华南工委设办公室、组织部、宣传部、研究室、学生部、少年儿童部，下属青年出版社、华南团校。1951年，团华南工委增设青工部、青农部，研究室合并到办公室，学生部与少年儿童部合并为学生少儿部，《华南青年》报社从宣传部中分出，成为团华南工委下属机构。1953年，团华南工委增设统战部、军事体育部。1955年5月，中共中央决定撤销中共中央华南分局，团华南工委的机构也相应于1955年7月撤销，原团华南工委属于广东的部分并入新民主主义青年团广东省委。担任青年团华南工作委员会书记、第一书记的先后为黄焕秋、杨泽江、赖大超、田心。

在田心的长子、1950年出生的田小邕印象中，从记事起就觉得父亲一直很忙。

1956年8月30日至9月8日，新民主主义青年团广东省第二次代表大会在广州召开。会议正式代表597名，列席代表86名，代表广东全省100万名团员。

中共广东省委书记处书记文敏生、广东省副省长陈汝棠、广东省工会联合会副主席关云、广东省民主妇女联合会副主任方兰等出席开幕式并致词。中共广东省委工业部副部长黄其江在会上作关于工业工作的报告，中共广东省委文教部副部长梁嘉作关于青年向科学文化进军的讲话。大会通过团省委书记田心作的题为《更好地发挥全省青年的积极性，为建设社会主义的新广东而奋斗》的工作报告。会议期间，赖诗逸作《关于青工工作》的发言，李新开作《关于组织工作》的发言，罗广作了《关于青年统一战线工作》的发言，朱庆明作《关于学校和少先队工作》的发言，陈彝富作《关于宣传工作》的发言，洪龙作《关于农村工作》的发言。大会选举产生了青年团广东省第二届委员会委员和常委。团省委委员47名，候补委员13名，常委16名。第一书记：田心；第二书记：黄大仿；副书记：谭卓芬、仇作华、洪龙、李广汉。

共青团也连接着整个世界。在团省委书记任上，田心曾经参加团中央代表团出访了东欧几个社会主义国家。

时代前进了，名副其实地可以做到"坐地日行八万里，巡天遥看一千河"！此时，田心和团中央以及其他几个团省委书记以上领导，由北京出境，乘民航班机直飞波兰首都华沙。他们是去学习考察，而不是旅游。但田心和团中央的其他领导考虑得很细：毕竟迈出国门，对一般老百姓来说，还是一件不容易做到的"风光事"。他们一方面为了不辜负祖国人民的嘱托，又能使有限的经费够用，将日常生活的水准控制在最低的程度；一方面用青年工作者特有的目光凝视着异国的一切，既感到新奇，更充满对未来的希冀。一行下来，他们学习到东欧几个社会主义国家青年团工作的许多好经验、好做法。

在苏联，他们特意来到了心仪已久的"红场"。

它是莫斯科最古老的广场，得名来源于广场地面全部用褐色方石块铺成。红场之所以闻名遐迩，更因为一个惊心动魄的故事，见证了纳粹的铁蹄未能踏垮苏维埃政权土地的那段历史。1941年9月，德国法西斯集结重兵和炮火，发起对莫斯科的攻击。希特勒宣称，要在十月革命那天到莫斯科红场检阅胜利的德意志军队。在三面陷入包围的危急情况下，斯大林决定依照惯例在红场举行阅兵。11月7日，在城外德军的隆隆炮火声中，苏联红军举行了人类历史上罕见的战时大阅兵,斯大林发表了鼓舞人心的演说。世易时移,伫立于红场一角,微阖双目,田心等仿佛看见当年的苏联红军正雄赳赳、气昂昂地从自己面前快速走过。他看得见前线的硝烟战火,更看得见每一位红军战士的铮铮铁骨。为了祖国,为了人民,为了正义,他们义无反顾选择了前赴后继,勇往直前……

在红场一侧的无名烈士墓旁,田心等目睹了守护烈士墓的战士进行庄严的换岗仪式,并以敬仰的目光向无名烈士墓投去无限深情。显然,这是一个特别设计的烈士墓,一团火焰从大理石基座中喷发而出,火焰不大但持续不断,不够明亮但足够顽强。他们想,这定然是烈士们不死的灵魂。

1957年5月,新民主主义青年团第三次全国代表大会决定把中国新民主主义青年团改名为中国共产主义青年团,中国新民主主义青年团广东省委员会也随之改名为中国共产主义青年团广东省委员会(简称"共青团广东省委")。1958年,共青团广东省委设办公室、组织部、宣传部、学校部。1959年11月,恢复青工部。1960年1月,恢复军事体育部。1961年11月,共青团广东省委设办公室、组织部、宣传部、青工部、学校部、少先队工作部、统战部(对外称广东省青年联合会)。

1961年11月14日至29日,共青团广东省第三次代表大会在广州召开。参加会议代表781名,列席代表52名。

中共广东省委书记林李明、副省长李嘉人出席开幕式并讲话。广东省军区、广东省各民主党派、广东省总工会、广东省妇女联合会派代表出席开幕式并致祝辞。中共广东省委常委、组织部长张云向大会作形势与任务的报告。大会通过团省委代理书记黄大仿作的题为《高举三面红旗,动员和团结全省青年,夺取新的更大的胜利》的工作报告。大会选举产生共青团广东省第三届委员会,委员45名,候补委员8名,常委13名。书记:黄大仿;副书记:阮若琳、洪龙、罗广、赖诗逸。

田心离开共青团到广东省侨务办公室担任主任,同时兼任省委统战部副部长。20世纪60年代初,到中共梅县地委担任副书记。

麻涌镇团委每年都组织党史活动，南梅先生总是讲述"北斗星下去延安"的故事

南梅先生在麻涌镇"铭记历史，圆梦南粤——万名外来工走进爱国主义教育基地"活动上讲述麻涌党史

交通战线的出色工作

新中国创建初期,丁农担任中共广州铁路局党委宣传部长。

1925年参加革命工作、中共第七次代表大会被选为候补中央委员、七届七中全会递补为中央委员的老一代革命家王首道,1952年4月由湖南省人民政府主席调到国务院担任交通部副部长、党组书记(部长为民主人士章伯钧),1954年11月至1959年6月又担任国务院第六办公室主任。而丁农则被调进北京担任王首道同志的秘书。

在中南海绿荫覆盖的湖畔,丁农对王首道说:"老首长,组织上把我调到你这里来是对我的信任。请放心吧!党把这样光荣的任务交给我,我就一定尽力而为!"

稍稍停顿了一下,他又望着波澜壮阔的湖面,若有所思地说:"老首长,什么叫现代化的国家?现代化的交通是首当其冲的嘛。我已经想好了——我这后半生就交给祖国的交通事业了!"

王首道连连点头赞叹:"讲得好!讲得好!"

丁农把家搬到位于北京木樨地的国务院宿舍,每天到中南海上班。他每天都忙得很,办公室不断有人进进出出地请示、汇报、联系工作。他处理得有条不紊,有板有眼,一看就是个办事麻利、精明强干的人。

中南海的绿树浓荫里,丰泽园和西花厅的灯光,总是伴随着满天星斗不断地闪烁。黑夜与白昼不知停歇地你追我赶。

从一个个夜晚到一个个黎明,中华人民共和国的第一任中央人民政府主席毛泽东、第一任政务院总理周恩来一直忙得不可开交。

丁农一心扑在工作上,经常早来晚归,有时身体不好,还带病坚持工作。

每当丁农走在繁忙喧嚣的街头，看到迎面而来的那辛勤创造的劳动大军，仿佛起伏的潮水般奔涌；看到那匆匆走来走去的一张张洒满阳光的脸，上面绽现着晶莹的汗水，就像星星般闪闪烁烁；看到那推土机、大吊车和脚手架组成的雄伟战阵；特别是看到夜间鏖战时那星海般彻夜不熄的明亮灯盏，构成了一幅幅庄严、神圣、动人心魄的新奇画面，心中便总会有一种特别的感觉在涌动，似乎是一股能永葆青春的热流注入体内。如今，严酷的战争年代早已过去了；那充满激情也伴有苦涩的相当一段历史时期也成为东逝的流水……但我们毕竟是从那时候一天天走过来的呀。祖国的昨天、今天和明天，正是被一条晶莹闪烁的星星的光链，紧紧地连接在一起。

在这举世瞩目的地方，丁农度过了几年难忘的时光。这段经历，对他了解全国交通战线的情况、养成宏观意识极有帮助。

20世纪60年代初期，由于工作需要，丁农离开中南海到北京铁道学院担任党委副书记、副院长。

北京铁道学院是现在的北京交通大学的前身，它创建于1909年。1952年5月，根据铁道部决定，撤销了原来的北方交通大学校部，将其改为北京铁道学院、唐山铁道学院两所独立的学院，分别直属铁道部领导。1953年铁道部又决定北京铁道学院和哈尔滨铁道学院合并。调整后北京铁道学院共有6个系：铁道车务（原运输系）、铁道经济、铁道商务、材料、电信信号系和俄文系，8个专修科：车务、商务、会计、统计、材料、电信、信号、俄文。1960年上级批准北京铁道学院为全国重点大学。

新中国成立初期，社会上流行的口头禅是"男学工，女学医，学财经的没出息"。那时候的青年，都有一种近乎神圣的理想和一种会令现在的人感到莫名其妙的抱负。他们认为能投身社会主义工业交通建设，乃是最了不起的职业。

丁农身为校领导，时时将全院师生员工的利益放在心上。有段时间，一些同志认为学院教室不够用，需要盖新的教学楼。新建筑，自然是"政绩"显著的体现。但丁农经过深入调查研究，认为只要采取科学的教学方式，学院的教室不仅够用，而且还有剩余。为什么这样说？因为原先按传统的模式，是一人一个课桌。而现在的许多新型大学，学生往往是没有固定课桌的，一张课桌可根据授课的需要由许多学生使用……于是，他见到有关领导就宣传这一看法。结果，观念的改变，使学院一下子就节约了几百万元。

1976年，又是由于工作需要，丁农被调任为兰州铁道学院副院长。

一个国家的混乱，往往表现在铁路运输上。1976年的中国，情况就是如此。铁路运输陷于半瘫痪状态，不能按时发车，不能正点到达，各个站台积压的乘客和货物都很多。面对这种状况，办好铁道院校的意义不言而喻。

岁月更替，沧海桑田。新中国成立几十年来，我国西部发生了翻天覆地的变化，建成了包括青藏公路、川藏公路在内的一批重要的工业交通项目，有力地促进了西部经济的发展。然而，由于西部地区铁路十分落后，路网单薄，路网密度不到全国平均水平的一半；铁路标准较低且与东部联系通道数量少，现有通道能力基本饱和；"瓶颈"制约依然存在。还有许多地方是全国铁路网的空白。交通、通信设施的落后，严重制约了西部地区经济的进一步发展。

丁农愉快地到兰州赴任。他的想法也很简单：工作总要有人干。如果人人都抢着去干那些"风光""有油水"的工作，那些"吃亏""触霉头"的差事谁来干呢？自己之所以对这次调动安之若素，除了别的原因之外，也正是因为它"艰难""清苦"，使许多人望而却步……他深知兰州铁道学院大有可为。勇于向艰苦环境做斗争，本身就是一种吸引力和凝聚力。索取与奉献，是两种截然不同的价值取向。可见当代人也并非都一味在追求安逸、实惠。从那难忘的铸炼理想的时代走过来的人，自然深知世界上还有比金钱、比享受更重要、更宝贵的东西。

兰州铁道学院的历史渊源可以追溯到1896年，其前身是由久负盛名的唐山铁道学院（现西南交通大学）和北京铁道学院（现北京交通大学）部分系科分划组建而成的我国第三所铁路高校。

第二个五年计划期间，经过党中央、国务院批准创建兰州铁道学院，是对全国铁路高等教育布局所作的适应性调整，旨在为西部培养铁路建设急需的工程技术人才，并与兰州铁路局、西北铁路科研所、第一铁路工程局、第一勘察设计院、兰州机车厂等单位一起，共同构成集人才培养、科学研究、设计施工、生产运营为一体的西北铁路建设体系。

1955年10月29日，根据西北、西南铁路建设的需要，中华人民共和国铁道部，给唐山铁道学院发出通知（铁道学[55]字第133号），题目是："唐山铁道学院决定明年在兰州新建分院。"国务院于1956年曾决定唐山铁道学院搬迁兰州，以兰州市副市长任震英同志为首的代表团专程赴唐山表示欢迎。1956年初，教育部确定唐山铁道学院迁兰州后的在校生规模为9000人。当年，唐山铁道学院在兰州市安宁区勘测了校址，并正式动工修建了部分校舍。后因故未迁，遂将已建少量的校舍移交给铁道部管理的兰州铁道学院。随着1958年我国形势的发展，仅依靠京、唐两院培养铁路技术人才远不能满足铁路建设事业发展的需要。为此，铁道部决定新建兰州铁道学院，铁道部报经国务院批准，铁道部下达了"铁人教专腾[58]字第224号"文，令兰州铁道学院于1958年5月1日正式建立。我国1958年创建了新疆铁道学院，后来也并入兰州铁道学院。

铁道部选定兰州市郊北山之麓的一片荒滩为永久性校址。学校初建恰遭遇三年困难时期，面对风沙、寒冷和饥饿的挑战，亲历延安生活的老院长贾冰岩、老书记周道远带领师生发扬"自力更生、艰苦奋斗"的延安精神，平整土地，修盖校舍，建造家园，走过了树木树人的艰辛创业之路。

昔日的荒滩而今已变成树木葱茏、绿草成茵的美丽校园，学校背靠的北山也不再黄土秃裸而绿树成片。来自京、唐两校的一批老教师，几十年如一日，甘于淡泊，勤勉敬业，矢志不渝，身体力行，使"起点高、基础厚、重实践、要求严"的优良办学传统传承至今。

学校始终坚持贯彻铁道部"严字当头、铁的纪律、团结协作、优质服务"的路风建设方针，坚持从严治校，规范管理，培养出一批批胜任行业工作的工程师。在沧桑砺洗的几十年办学历程中，延安精神、交大传统、铁路路风相互交融，反复涤荡，凝炼成"奋发向上、艰苦朴素、刻苦钻研、严谨治学"的校风，铸就了体现时代特征的"团结拼搏、开拓进取"的大学精神。

欲说还困惑的那些人那些事

20世纪50年代后期,中国进入多事之秋。田心、丁农、余一虹、杨以平等面对一波又一波的政治漩涡,都尽可能小心地回避。

"四清"运动,来势猛烈,迅速遍及全国。他们所在的单位也不例外。

众所周知,大体说来,1978年以前的中国社会,可以称之为"出身"和"成分"的社会。决定干部升迁的因素中"出身"和"成分"起过主要作用。在中国社会语境里"出身"和"成分"有联系,但还不是一个概念。所谓"出身"主要是指与血统相联的代际关系,也就是说,一个社会成员的"出身"完全取决于他们的父母。当时在中国几乎所有要填的表格中,通常都有"家庭出身"和"本人成分"两栏。这两个概念大部分时候是统一的,也就是说,"出身"常常决定"成分"。但有的时候也是分裂的,不过这种分裂主要对那些党的高层领导才有意义。1949年以前,共产党领导的革命队伍大体由两类人组成:一类是工农群众,一类是年轻知识分子。前者往往是因生活所迫,常带有"逼上梁山"的性质;而在革命成功后,由于"根红苗正",一般又会有"打江山坐江山"的心态并获得各种实际利益。而知识分子革命者的情况则有所不同。他们一方面主要出于理想追求投身革命洪流,出于对国民党专制统治的憎恨而自觉自愿地跟着共产党闹革命,目的是寻求建立一个民主自由的新中国。而另外一方面,由于这些人家庭成分大都存在各种各样的"历史问题",在解放后不但升迁任用上经常受打压与排斥,而且每临政治运动都会碰到如何"说清楚"的麻烦,甚至是类似的质疑:为什么要加入共产党、人民军队?是不是国民党派你打入革命队伍的?同时又正因为存在家庭出身等方面的原因,知识分子革命者在革命成功后,每当政治运动来临都还不免胆战心惊,除了要不断地接受"组织"所施加的各种考验外，还必须更加刻苦、更加努力地严格要求自己，以进一步表明自己参加革命的纯正动机和对党及其革命事业的忠诚。

陈一虹、田心、丁农、莫玉、杨以平等，都是出身破落地主家庭，家境尚可，如果仅是从个人利益上考虑，完全不需要参加什么革命。然而为了革命，他们从敌占区奔向延安，不但背叛了家庭，而且舍弃了自己原本不难有个"饭碗"等"前途"。他们在残酷的斗争中经受住考验，成长为无产阶级先进分子、党和军队的栋梁之材。无疑，这没有马克思主义的理论武装，是不可能的；但是，若没有中华文化底蕴的熏陶，又是否可能呢？是的，在旧社会工农出身的人，要翻身解放是投身革命最大的动力。而一般书香门第、富家子弟，亦多追求修养仁德高尚操守，事实证明他们中的许多人，可为真理献身。

陈一虹、田心、丁农、莫玉、杨以平等性格、经历、遭遇和命运，或许略有不同，但他们都经历了那个阶级斗争为纲的年代。他们深知社会的政治生态是相当严酷的，因此不得不小心谨慎，如履薄冰般地应付眼前的一切。

那段时间，陈一虹自然十分苦恼，心里真如同打翻了五味瓶。每次路过北海大桥，他总要下意识地停一停脚步，深情地朝中南海的方向望一望。白天，仿佛能看到毛泽东主席在庭院里散步；夜晚，似乎能看到周恩来总理案头的灯光……

不久，陈一虹虽然并没有被免去军委办公厅秘书处副处长的职务，但也像老领导萧向荣一样，不得不被迫离开这个军委办公厅的要害岗位，以部队干部的身份被打发到陕西省临潼、蓝田两县搞了两期农村社教。

虽说那时的农村社教不可能不受到一点左的影响，但是，陈一虹始终坚持正面教育为主，尽力避免对广大基层干部的伤害，运动后期更是扎扎实实搞生产和搞卫生村之类的文明活动。最主要的是，整个社教期间，他一直和社员们"同吃同住同劳动"；即便"三同户"偶尔吃鱼吃肉，陈一虹和社教工作队员们也是按规定而不吃。社员们呢，自然也十分喜欢他们。那临别时的难分难舍，至今让陈一虹刻骨铭心。他和广大贫下中农建立了良好的友谊，有些人还一直与他有通信联系。

陈一虹曾写有《七律·终南山山村小景》一诗：

> 终南高耸入云霄，雨后青山分外娇。
> 天抹微霞虹似练，田涂薄翠绿如苗。
> 铁牛快乐勤耕作，老汉不需再折腰。
> 离却纷繁家国事，山村小住也逍遥。

其间，陈一虹曾突患胃病，被兰州军区及时送进西安的驻军医院治疗，并接着被安排到军队的临潼疗养院疗养。

历史的风暴一遭接着一遭。1966年夏天，全世界都开始瞪大充满惊奇与困惑的眼睛，注视着在亚洲东方爆发的一场风暴。

一切都来得那样迅猛，那样眩目，那样令人眼花缭乱、猝不及防。

随着闷热潮湿的酷暑的到来，全国正常的生产秩序与交通运输秩序都被打乱了；"停产闹革命"使一大批生产企业处于停产半停产状态；由于国务院很多部长、副部长纷纷"落马"，靠边站，遭批斗……各经济部门的工作也运转不灵，面临瘫痪半瘫痪的局面。

陈一虹曾在《水调歌头·自临潼返京》一词中些道：

> 昨夜临潼县，今日北京城。列车一泻千里，东去笛长鸣。四处茫茫冻土，两岸疏疏烟树，田野麦苗青。早发潼关站，小驻又登程。
> 中原望，心胸壮，绪难平。沧桑旧事，辛酸感慨遣人惊。多少艰难岁月，多少风流志士，屈指颂英名。瑰丽神州路，万古放光明。

陈一虹虽然没有被"打倒"，仍然身穿绿军装，戴着红领章、红帽徽，但也属"靠边站"，因病被安排到军队的青岛疗养院医治、疗养。

1969年3月至8月间，中苏边境接连爆发了几起冲突事件，之后，大军压境的苏联又于下半年私下向美国等国试探对中国核设施发动突然袭击的可能性。

1969年8月28日，经毛泽东批准，中共中央发布命令，要求边疆地区革委会、人民解放军驻边疆地区部队，充分做好反侵略战争的准备，随时准备对付武装挑衅，防止敌人突然袭击。

9月至12月，疏散大中城市人口、物资，是当时全国各地普遍开展的重要战备活动之一。

10月14日，根据毛泽东的提议，中共中央发出通知，要求在京的中央党政军主要领导人及一些老同志，于10月20日以前全部战备疏散。

在这种大背景下，陈一虹和其他一些遭受政治迫害、被扣上各种"帽子"的原军委办公厅萧向荣主任和王兴纲、郑汉浩副主任，原总参谋部政治部叶运高主任，罗瑞卿总参谋长的秘书金子谷、邓汀、傅国桢，杨成武代总参谋长的秘书张忠庆、崔长仁，张爱萍副总参谋长的秘书吉振贵等老红军、老八路一起，被"疏散"到京广铁路近旁位于河南信阳明港的总参五七学校。

在那里，陈一虹和萧向荣、叶运高、王兴纲、郑汉浩、金子谷、邓汀、傅国桢、张忠庆等已经不算年轻的中老年人，都像年轻战士一样参加劳动、改造思想。

每天早晨，他们到了劳动场地，先进行"雷打不动"的"天天读"。大家不分职务、级别、老幼地围坐在田边地头，通常是读一篇"两报一刊"（《人民日报》《解放军报》《红旗》杂志）的重要社论或某一篇毛主席著作。

1971年"九一三事件"爆发，林彪等人摔死在蒙古温都尔汗。陈一虹等老干部没等正式传达，就通过《参考消息》中外电的有关报道，分析出"中央发生大事了！"

不久，他们返回北京，开始参加军委办公厅清查林彪反革命集团罪行的斗争。

同样，1966年"文化大革命"爆发后，田心和妻子章凡、丁农和莫玉、杨以平和邓思持、谭天度和陈新等，也经受了严酷的磨练与考验。

那段时间，各单位都兴起了一股"外调"风，即派人外出取证，搞清本单位一些人的家庭出身和历史问题。所幸的是，陈一虹、田心、丁农、杨以平等，都经受住了历史的考验。

他们几位几乎都有到五七干校锻炼的经历。在外人看来，那里生活条件很艰苦。但他们却认为，这个比较艰苦的环境对自己来说仍有许多正面的东西，比如说扩大视野、思考问题，甚至锻炼身体。

有一段时间，谭天度和杨应彬被关在一个班，一同劳动。陈新在另外一个班。有一次，陈新找杨应彬说："天度的底裤已破旧了，我想买几条手帕，缝几条底裤给他，您可不可以帮我转交给他？"

杨应彬感动地说："可以，您缝好就交给我转交谭老好了。"

陈新果然很快就缝好了几条底裤，让杨应彬转交给谭天度。

1969年夏天，得知谭老一个人要转移到别处，陈新十分惦记。她隔窗望着谭老，带着生离死别的感情久久地望着，直到看不见他的身影才含着泪离开了。他们这种心心相印、互相关照的感情真使人感动。

在谭天度和陈新结婚四十周年时，谭老写了一首诗《纪念结婚四十周年——献给爱妻陈新同志》：

> 抗日战争烽火中，天缘有幸喜相逢。
> 情投意合两厢愿，卫国保家一脉通。
> 势易时移倭寇降，河山光复我成家。
> 并肩革命四十载，卿云烂漫灿中华。

他们的地位虽说不上显赫，但在"文革"如此复杂的政治环境中，大体上能够安全度过，已属不易。

新的征途

20世纪70年代初,田心被分配到广东省科学院担任副院长,后来又被补选为广东省政协委员、常委。丁农恢复了北京交通大学副校长的职务。杨以平及其先生邓思持依旧在总参谋部三部做业务工作。

不久,经开国上将杨成武推荐,陈一虹被任命为中央军委办公厅党委成员、信访处(局)长。这无疑是一个"要害岗位"。

在相当长一段时间内,陈一虹家的客厅里常常坐满前来上访的老战友、新朋友。房间宽敞明亮,也很温馨,墙上挂着字画,桌上摆着鲜花,置身其中,感觉不到一丁点孤寂落寞的气息。他的原则是能帮助的就尽力帮助。

在错综复杂的政治斗争中,他通过自己负责的军委信访渠道,向当时主持军委工作的叶剑英副主席等反映了不少干部和群众揭发林彪和"四人帮"罪行、要求落实各项政策等材料,以后又积极参加领导军委办公厅清查"四人帮"流毒,肃清其影响的工作。

1976年1月8日,仿佛晴天一声霹雳,周恩来总理这颗深得人心的巨星殒落了,九天痛哭,举世哀思,苦雨淅沥声唏嘘;人们不晓得他留下来的空缺将怎样才能填补起来……

7月6日,又一颗巨星殒落——朱德委员长与世长辞;曾经见过朱老总多次的陈一虹泪眼蒙蒙,眼前白茫茫的一片……

9月9日,神州大地的恒星殒落——毛泽东主席未能瞑目地闭上了他足以洞察一切的眼睛……顿时天低云暗,举世皆悲……毛主席啊,难道您真的就这样走了吗?真的永远地闭上了双眼?陈一虹慢慢地揉着眼窝,感到暴烈的阳光刺得眼眶热辣辣的。

三位开国元勋的与世长辞,更使危难的中国失去了中流砥柱。全国人民都承受着难以承担的巨大悲痛。这三位领袖都是以其第一等的品德、第一等的襟怀、第一等的追求、第一等的境界赢得了亿万人发自内心的崇敬。乌云压城，万马齐喑，天地为愁，草木鸣咽。

当那些激动的不眠之夜已经成为过去，回首历史，陈一虹激励自己一定要在新的年代里写下更加辉煌的篇章。

1978年12月，他看到一封厚厚的上访材料，上诉人名叫张泽石，是一名志愿军战俘。志愿军战俘1954年1月回国后，只受到短短一个月的热情接待，就被转入"检查"阶段进行严格审查。从此，朝鲜战场上的"战俘"身份成了罪过。这让人看到比战争更残酷的东西，它可以颠覆所有的人之常情，让善的成为恶的，让恶的看着像是善的。1954年6月张泽石被开除党籍，只承认被俘前军籍，历次政治运动中又被打成"右派""叛徒"……

这份材料是张泽石及其战友第一次以集体申诉形式向党中央、中央军委、中央纪委、中顾委、国务院、全国人大常委等十多个单位呈送的较为全面的材料。

曾经跨过鸭绿江鏖战多年的陈一虹，怀着对志愿军战友的深深同情，及时将这份厚厚的上访材料呈报给有关领导和部门。

中共中央、中央军委、中央纪委、中顾委、国务院、全国人大常委等将志愿军战俘冤案平反的调查处理工作交给了中央军委总政治部，为了配合总政对各地难友的调查工作，张泽石成了"协调员"，他先是自费，后在难友们3元、5元的捐助下，跑遍了有归国战俘的省份，去收集难友们归国后蒙受磨难的史实。

1980年10月，张泽石看到中发[1980]74号"中共中央文件"，内容是中共中央、国务院、中央军委批转总政治部《关于志愿军被俘人员问题的复查处理意见》。文件"前言"中写道："他们始终心向祖国，在一些坚贞不屈的共产党员革命干部组织领导下，同敌人进行了坚决的斗争，争取遣返回到了祖国。"张泽石擦着眼泪，抄写下全文。

这份文件规定了恢复党籍、军籍和安置问题的有关政策，使志愿军战俘享有了人格尊严、公民权利和复员军人待遇。

此时，距张泽石回国已整整27年。

1980年第74号文件下发之后，张泽石开始实施他的誓言：把战俘营中的罪恶公诸于世。

8年后，张泽石终于第一次将志愿军战俘在美军战俘营中的经历写出来，原定书名为《我从美军战俘营归来》，好心的编辑劝他将"战俘营"改为"集中营"。编辑觉得"战俘"两个字，不够凛然正气，甚至是耻辱。张泽石同意了编辑的改动，并道出原委："原来的战俘营'P.W.Camp'，我之所以同意改为集中营，有趋向'奥斯维辛集中营'的意思，因为'奥斯维辛集中营'是法西斯德国的罪行，我当时把朝鲜战争中的美国等同于法西斯德国的罪恶，所以觉得改成集中营更好。"

陈一虹为此而感到欣慰。

1982年，当和煦的阳光铺满了北京西山，当八一军旗迎风飘扬在群山之颠，他又进入了一个新的工作领域——被调到中央军委档案馆（对外称中国人民解放军档案馆）任馆长。

中国人民解放军档案馆是中国中央级专门档案馆、军事档案收藏基地和利用中心，1980年建于北京。其馆藏成分是：1949年以前中国人民解放军及其前身的历史档案；1950年以后中共中央军事委员会及其直属单位的档案；总参谋部、总政治部的档案；中国人民解放军各陆军的档案；已撤销的大军区、军兵种和院校的档案；中国人民志愿军的档案以及大量的军战史资料等。截至1990年底，共有565个全宗，36万余卷(册)，排架总长度约7000米。

这些馆藏档案资料记录了中国共产党领导下的人民军队半个多世纪的战斗历程和武装夺取政权、保卫政权的业绩。其中有关于中国工农红军二万五千里长征的珍贵资料；八路军、新四军、东北抗日联军和其他抗日武装力量的史料；解放战争时期辽沈、淮海、平津三大战役以及上党、邯郸与渡江战役和解放南京、上海、东南沿海岛屿等的战史档案；还有中华人民共和国成立以来，人民解放军解放海南岛、进军西藏和剿匪、平叛的作战史料；为保卫祖国领土完整所进行的历次边境地区自卫反击作战和抗美援朝出国作战的史料；中央军委各个时期关于军队建设的重要会议、决策和军委领导人重大活动的史料；中国人民解放军新时期有关作战、训练、施工、生产、院校建设、民兵建设、支援地方建设、军事援外和对外军事交往方面的档案材料等。

解放军档案馆内设办公室、编辑室、征集科、利用科、保管科、技术科和后方档案库等机构。馆内备有50个座位的阅览室和基本检索工具,原件限在馆内阅览,可为利用者提供复印件和开具证明函件等。

馆长原来一直由军委办公厅副主任郑汉浩兼任。档案工作对陈一虹而言完全是陌生的。他在军委档案馆期间,主要抓了业务建设、开展资料研究和档案缩微、开办档案干部培训等基本建设性的工作。

他的工作精细、独到、真诚、实在,倾注的是汗水与心血。

档案库的安全工作十分重要。走进了位于西山的库区,只见小山的岩壁上、楼房的外墙上、路边的灯箱上、草坪中矗立的标语牌上……到处都是警示安全的内容。此外,无论是办公室,还是宿舍里,无论是茶杯上、笔记本的封皮上、圆珠笔的笔杆儿上、娱乐用的扑克牌上,或是随身携带的手帕上、钥匙链上,都有警示安全的标记。

陈一虹常对档案馆的各级干部说:"安全来不得半点虚假和马虎,要不得丝毫麻痹和懈怠,今天安全,不等于明天安全,安全工作必须每天'归零'。安全文化是需要沉淀、积累、渐进的过程,并非一蹴而就,但潜在的作用总会闪亮发光。现在,经潜移默化的熏陶,我们这儿生活中抽烟的少了,工作中互相提醒的多了;办事马马虎虎粗枝大叶的少了,作业前先查一查安全规定的多了……安全文化已悄悄地在官兵中生根发芽,改变着他们的安全意识、习惯养成和情操素养。文化虽无形,却根植在头脑中,体现在素质上,落实在行动中……"

在他率先垂范的感召下,解放军档案馆到处呈现出一派紧张、严肃、繁忙的工作景象。

陈一虹在《踏莎行·中国人民解放军档案馆》一词中写道:

铁柜成排,文书入卷,汇成档案无从算。山回鸟唱绿荫浓,军中喜有珍藏馆。

论史谈兵,编书立传,是非功过凭谁断?真踪实录最权威,千年万代留长远。

陈一虹在军旅中过了半辈子,身上深深地印着军人的烙印。他做事干练果断,为人正派磊落,上班时专注于工作,下班后专注于读书,从来不知道串门、拉关系。他有一种能力,能一下子抓住问题的关键,干工作如此，读书也是这样。

尽管杨得志、李志民等军委领导多次提出建议：由陈一虹担任军委办公厅副主任，但陈一虹感到自己毕竟年龄大了，不宜再受任新职。

1984年陈一虹63岁，大大超过条例规定的服役年龄。他愉快地离职休养。

虽说离休，陈一虹却很久没有脱离工作，依然对革命事业有着期许。

他在《七绝·岂为繁华岂为官》一诗中写道：

> 当年励志打江山，岂为繁华岂为官。
> 且喜离辕人尚健，发挥余热胜清闲。

1984年春，刚刚离休的陈一虹便被中央纪律检查委员会聘任为特约检查员，派到铁道部一个办案组任副组长，工作了九个多月。

圆满完成任务之后，他又于1984年秋参加军委编制体制咨询小组。

这个小组共九人，任务是负责对军队现行的编制体制进行一次调查研究，提出建议。咨询小组由原军事学院副院长陶汉章任组长，原炮兵副司令员高存信任副组长，成员还有原总参谋部军务部部长李炎等。他们和陈一虹都意识到，眼下我们的国家正处于一个新旧交替的社会大变革时期，人们的思想、观念、意识及生活方式等，都在发生着各式各样的变化。可以说生活每一天都是新的。而在这一时期里，人民军队在造福人民、造福后世的经济建设中，同样承担着独特的使命。

咨询小组成立之后，多次听取各总部业务部门的情况介绍。然后又兵分两路，赴广州军区和沈阳军区的辽东半岛、济南军区的山东半岛了解情况、调查研究。

无论古人还是今人，都曾为战争所困惑。古代诗人说"一将功成万骨枯""自古知兵非好战""可怜无定河边骨，犹是春闺梦里人"……然而，这些令人伤心的字眼，却又是最能激发人的创造力、想象力、生产力和战斗力的精灵。

辽东半岛、山东半岛像祖国大陆伸向海洋的两柄尖刀。

他们在辽东半岛调研之后，乘船到山东半岛。一群老兵站在甲板上眺望，海阔天空。海浪追拥着海浪，绵延不绝，又似群峰攒簇，壮观无涯！

陈一虹随军委体制改革咨询小组赴山东威海考察，登蓬莱阁，观看人民解放军海军某部演练时，在《玉楼春·蓬莱阁》一词中写道：

蓬莱缥缈神仙府，斗宝扶桑仙子舞。蜃楼海市幻中奇，万顷烟波云吐雾。茫茫天水阳关路，铁舰乘风勤习武。强兵卫国少年郎，时代催人加快步。

早在一个多世纪以前，这处海面曾经发生过一场恶战——由清政府花费数百万两白银打造的北洋水师在与日本联合舰队的一系列激烈交战后，全军覆没，日本基本上掌握了黄海制海权。

如今，甲午海战的烟云已经远远飘散，世界格局也已经发生很大的变化，但每一个中国人，特别是中国军人，都应当痛定思痛，牢牢记住这段历史，以史为鉴。驻扎在辽东半岛、山东半岛几支部队的领导都深谙此理，他们懂得充分发挥威海特有的爱国主义教育资源的作用。每年新兵入伍和其他有意义的时日，他们都要组织官兵到有关古战场，通过瞻仰邓世昌等民族英雄抵御外侮的壮烈史绩，感受中国近代史的沉重。他们通过深入细致的思想教育，引导官兵们树立起艰苦奋斗、创建家园的志向，牢记我党我军的宗旨，在平凡的岗位上积极进取、默默奉献。

陈一虹等咨询小组成员在这几处火热的军营，都能见到一位位指战员英姿飒爽、生机勃勃的身影与大海、岛屿相互辉映。他们每个人清澈的眼睛里都闪烁着青春的火花，像似火骄阳下撑起了一片绿荫。

7月天气炎热，辽东半岛、山东半岛的午间也暑热逼人。骄阳伸着长长的舌头，舔得小草枯焦，树叶打蔫。他们跑遍各个单位，军衣由干变湿，又由湿变干，折腾得每个骨节都像是散了架似的。但他们依然一丝不苟，常常不打招呼便分散到各连队与战士们一起吃饭。

这些老红军、老八路对自己要求特别严格，下部队总是同乘一辆车。

吉普车在田野上穿行，车窗外摇动着绿色的风景，泥土气息从窗缝里钻进来，令人感到温馨，并能产生一种走不到头的感觉。

"给我们要去的单位说清楚，"他们交代，"中午吃饭简单些，不喝酒。"

随行人员答应了。然而到了单位，发现单位领导还是准备了一桌菜，还摆上茅台酒。

"嗯！怎么回事？"老干部们面露愠色，嘴角的肌肉跳了几跳。

热情的单位领导说:"首长,我们这儿喝酒是分等级的,你们来了就要喝茅台。"

"简直是乱弹琴!"老将军们拍起桌子,"喝酒还分什么等级?我们不吃了,这就走!"

见首长动怒,这个单位的领导脸上红一阵白一阵。随行人员赶快说:"酒撤走,撤几个菜,吃饭。"

事后,老将军批评了随行人员:"看来,什么事儿光布置不行,还得检查落实……再有,伙食费交了没有?"

当听说会计不在,他们非要有人将伙食费代收了,才肯离开。

在半年多的时间里,他们收集了许多材料,向中央军委写出专题报告。

1986年,军委决定对各总部、各大军区、各军兵种等大单位进行一次财经纪律大检查。陈一虹被指派到广州军区财经纪律检查组担任副组长(组长为总后勤部副部长李元)。

广州军区地处改革开放前沿,商品经济极为活跃。军委检查组到达广州后,与广州军区的检查组合在一起,又分成几个小组,分赴几个军、省军区和独立单位进行检查。陈一虹被指派带领一个小组赴军区新兴公司和广东省军区。在八个多月时间内,他们迎海风、冒酷暑,走遍一个个边防部队,将审计触角延伸到军事经济运行的每一个节点。他们既查实了一些案子,纠正了不正之风,又发现和宣扬了一些模范执行财经纪律的先进典型,使广大官兵受到实际、深刻、生动的遵纪守法教育。

最后他们向总后勤部和广州军区党委作出专题报告。

在广州军区的财经纪律检查工作结束之后,陈一虹与抗日战争初期离开故乡东莞麻涌镇参加革命的几位老同学、老战友丁农、田心、杨以平、莫玉以及莫伯治等一起返回麻涌。

他们先在由莫伯治负责设计施工的白天鹅宾馆集会,商定日程。陈一虹望着窗外的滔滔珠江,兴奋地写下《临江仙·白天鹅宾馆聚会》一词:

江上轮船来又去,白鹅潭畔高楼。窗明轩静景清幽。故人重聚首,浅酌话风流。

雨雪烽烟多变幻,万千往事心头。几回乡梦系归舟。远怀酬宿愿,屈指计春秋。

接着，他们于8月间回到麻涌，受到镇党委、政府和乡亲们的热烈欢迎。

莫伯治、陈一虹、田心、丁农、杨以平、莫玉等抗日战争初期离开故乡的老同学、老战友，心情激动地看到麻涌镇政府大楼前的文化广场，矗起一面纪念墙，上面镌刻着他们和莫逢湾等先烈投身革命的事迹。

当时的东莞县委和县政府非常重视，县委书记和县长亲自介绍情况，征询他们的意见，并派专人送他们到虎门等地参观访问。

陈一虹还应邀回母校做过一次继承革命传统的报告。

这是莫伯治、陈一虹、田心、丁农、杨以平、莫玉等人离开故乡几十年后最有意义的一次返乡之行。

陈一虹当时曾赋《水调歌头·岭南吟》一词：

壮岁从军久，心系五羊城。昔年烽火弥漫，今日庆升平。肥美珠江流水，苍翠陵园圣地，闪闪耀红星。改革风云涌，开放路光明。

兴工贸，招游旅，竟繁荣。特区声播千里，远近尽知名。党有雄图伟略，国似龙腾虎跃，警笛永长鸣。引领台湾岛，及早赋归程。

世界上有些地方，是特别能触发人们的感慨和思索的。坟墓、碑石、纪念碑……似乎就是其中之一。返乡途中，他们特意瞻仰了几处烈士陵园，久久地沉思在那一个个永恒的生命面前。他们感觉到，是这些火一般燃烧的生命，构成了祖国东方不沉的战舰。他们想起长眠在这里的革命先烈，也想起那些虽然没有埋在这里，但也同样为革命壮烈捐躯的人们。

望着那些纪念塔上的题词，他们心中忽然又涌出了许多新的感悟：岁月肯定是沧桑的，不可能不在一个人的身上留下印迹。中华民族灾难深重，曾经付出过远远超出历史负荷的鲜血与肌体。人不能不死，犹如欢乐和苦恼是人生永恒的主题，生和死，也一直随着人类社会的存在而延续。然而对作为高级动物的人来说，还有比个人生死更宝贵的东西，这就是理想和信念。

1986年9月，结束了赴广州军区的财经纪律检查组的工作，陈一虹回到北京。

1988年元旦，他不幸生了一场大病——在家看电视时，不知不觉昏倒在沙发上。夫人杜九梅发现后立即将他送到解放军总医院抢救。恢复正常后医生发现他有心脏窦房结综合症。经专家会诊,给陈一虹安了心脏起搏器,才保住了健康。1995年7月和2004年12月,由于心脏起搏器电池到期,又先后做手术更换。这样,陈一虹虽然曾经做过胃大部分切除、胆囊切除和三次安装心脏起搏器手术,但身体一直还好。这与他经过长期战争生活锻炼,也经历过不少磨难,政治上开明,心胸开阔,坚持学习写作,生活有规律有关。1988年7月,陈一虹被中央军委授予金质"独立功勋荣誉章"。

陈一虹完全离开工作岗位后,坚持老有所为,老有所学。自从1988年大病痊愈后,他的主要活动有三项。一是写作传统诗词,二是练习书法,三是下围棋。此外有时还参加游泳锻炼、外出旅游。对这些活动他的兴致都很高。

陈一虹在《七律·离休》一诗中写道:

解甲离休忌懒疏,读书练字学吟哦。
文津馆内常游泳,棋战场中细琢磨。
遇友笑谈军国事,逢亲询问体康和。
阳光灿烂人勤奋,无虑无忧乐至多。

东莞市人民政府驻北京联络处和北京东莞建设研究会的领导看望陈一虹(中)

陈一虹的长寿，缘于他的良好心态。从屈原的"路漫漫其修远兮，吾将上下而求索"，到曹操的"老骥伏枥，志在千里，烈士暮年，壮心不已"；从李白的"长风破浪会有时，直挂云帆济沧海"，到范仲淹的"先天下之忧而忧，后天下之乐而乐"，无不彰显良好心态的高远与坚韧。

陈一虹下围棋是在抗美援朝战场上开始的。当时前方打仗，兵团指挥机关常常要熬夜等待前方的战况报告。在熬夜中，他跟曾思玉副司令员和一位副参谋长学会了下围棋，此后就一直没有中断。

在军委办公厅工作期间，解放军总政治部主任、开国上将萧华曾经是陈一虹对弈多年的棋友。陈一虹曾写有《虞美人·应萧华同志邀夜赏琼花对弈》一词：

夜阑灯下琼花现，世上稀多见。花前对弈正专神，忘却纷繁军务剧缠身。
他年若到昆明去，祝尽琼花树。愿君效法垄头梅，胜似寒枝腊月傲霜开。

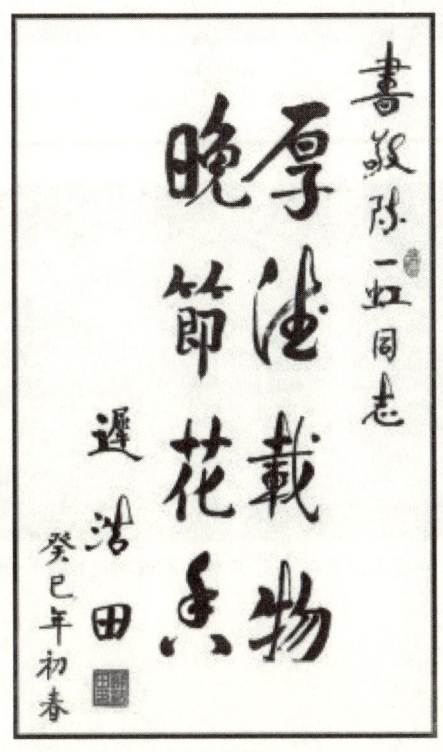

迟浩田作品

离休后,他坚持每周去中央办公厅文津俱乐部游泳、下围棋,还参加了由离退休老干部组成的"老同志围棋会"和"陈毅杯"等多种友谊比赛,取得了相应段位。

这期间,中共中央政治局原委员、国务委员兼国防部长迟浩田上将曾致信陈一虹,并写来书法条幅和贺年卡。

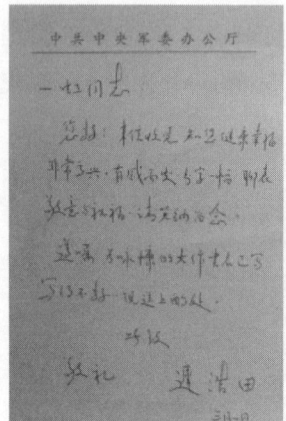
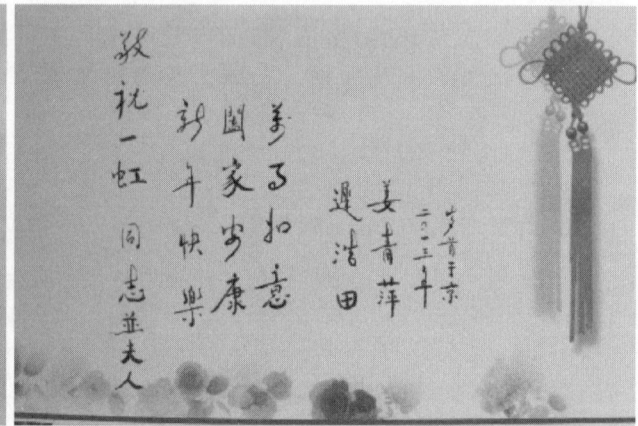

迟浩田作品

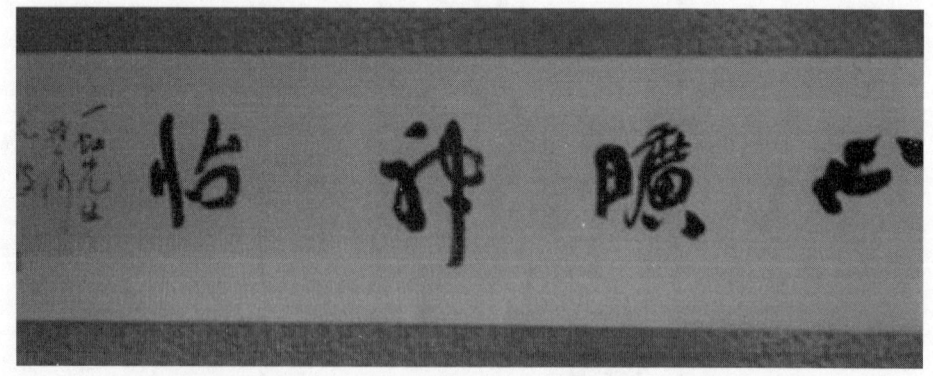

中国书法家协会名誉主席、著名书法家沈鹏也给陈一虹写来匾额

聚首最多还是在北斗星下

陈一虹、丁农、杨以平等东莞麻涌籍的老战友，工作岗位都长期在北京。田心在相当一段时间内担任全国政协委员，几乎每年都要到北京开会，因此他们聚首最多的地方还是北京。

有真诚在彼此间流动，就像一起呼吸的气息，这就是最好的情缘、最割舍不去的关系、最值得惦记的牵挂。每一想起，多久不见，心里都有一份烫贴。

首都自然有其优越性。在这里，说不定哪个清晨或黄昏，在哪处机关或会场，哪家餐厅或宾馆，就能与什么大领导或名人不期而遇。

陈一虹、丁农、杨以平、田心在北京聚会的地点，除了在天安门、中山公园、颐和园，或在某位战友的家里，他们常去的还有两个地方。

一个是广渠门内的袁崇焕墓祠。

说起这个地方，还真与毛泽东有着直接的关系。

袁崇焕一生精忠报国，却曾一度被诬陷谗毁。1630年农历八月十六日那风雨如磐的黄昏，他被磔刑于市，并惹得一些聚集在北京菜市口的不明真相的市民对其恨之入骨，用一枚铜钱切他一块肉，再用牙去噬咬。袁崇焕的头颅砍下来后被悬竿示众，挂在城头听凭风吹雨淋……这真是令人痛呼"天下冤之"的惨景！同时也不能不令人感叹，社会上的芸芸众生一旦被当权者蒙骗、愚弄，其结果会多么残酷、可悲！

据《东莞县志》记载："崇焕守不爱钱、不惜死之训，死之日家徒四壁。所没者，皆祖遗薄产。"将军那烈火熊熊般燃烧的一生，刚烈不屈的性格，挥洒自如的作风，的确是人如其名。

袁崇焕的故事本来就闻名遐迩，够让人感动的了，更令他们感叹不已的是有位广东籍的佘义士,在袁被害后走上前台,于夜间强忍悲痛,冒着满门抄斩的危险,只身一人从高高的旗竿上取回英雄首级,厚葬在广渠门外的广东义园日夜守护,并立下家训:世代子孙既不许当官,也不许回乡,要竭心尽力地为袁督师守墓……从此,中华大地上的一个普通家族,历经370多年的风风雨雨,十七代人世世相传、矢志不渝地看守先贤墓、祠,真是义薄云天,壮行千古不衰!

  据说,谈起这处袁崇焕墓、祠、庙,我国现代大画家齐白石还曾经颇有感情和文采地描述过自己的心境:"我很喜欢那个地方,虽在城市,却大有山林的意趣。西望天坛的森森古柏,一片苍翠欲滴,好像近在咫尺。天气晴和的时候,还能看到翠微山峰,高耸云际,远山近林,简直是天开画屏,百观不厌。"

  袁崇焕的死,导致了明王朝的迅速瓦解与最后覆亡。耐人寻味的是,直到袁崇焕被害160年后,才由其殊死抗击过的清王朝的后世皇帝乾隆披露真相,还之以清白。这说明无论敌对的双方曾经争斗得多么死去活来,但在尊崇忠贞不屈、专事国家这一点上,却大都是相同无二的。这也正如春秋战国时期齐、楚、燕、韩、赵、魏、秦七国的是非成败,在今天看来已经没有多大意义,然而屈原、蔺相如、廉颇、信陵君、荆轲等人物的生命及其所蕴含的思想,却超越了历史的时空,世代永存。

  陈一虹、丁农、杨以平和从广东来北京的田心,每每在袁崇焕墓祠的展室里细读有关资料时,常常感到他真像一位古希腊的悲剧英雄,既有着巨大的勇气——与敌人血战到底的勇气和道德坚守的勇气,又有着冲天的干劲——刚烈的蛮劲与执拗的韧劲……

  他们聚会时常去的另一个地方是位于南城的东莞会馆。

  最早的东莞会馆在宣武区南横街珠巢街。清光绪元年迁到上斜街路南,故又俗称"东莞新馆"。在明、清时,上斜街属宣北坊,会馆后是储库营胡同。相传元代建立了城池,百姓从京西南入外城广安门抄近道顺南护城河到内城宣武门,在斜路边建起商家、住户并定居、建寺庙,至清代已形成上斜街。

  东莞会馆门前是一较敞阔的高平台,两侧八字形影壁,下有台阶,两边各一棵老槐树。大门朱红斑驳而厚重,门槛高一尺,两侧有石门墩,门墩上雕刻着小狮子,大门上面悬挂着白底黑色楷书"东莞新馆"牌匾,很显庄严。为了院里居民及三轮车出入方便,门道有挖地近一米形成的平地通道。他们揣测,当年如此深宅大院的主人若不是高官,断不可建成能拦马的高台。

据考证,上斜街东莞会馆原是清朝年羹尧的宅邸。年文武兼备,官做到抚远大将军,为巩固雍正王朝屡立战功,受到雍正的赏识提拔。但是随着其军权越来越大及其性格妄自尊大,雍正似乎受到他的威胁,最后将其撤职并责令自尽。

过去,此会馆是东莞人进京赶考居住的地方。因皇城内不准赴京科考人员居住,所以逐年在城外南部的宣武区建起各省、各地的会馆。与东莞会馆一墙之隔的是番禺会馆、后墙不远连接的是四川会馆,还有上斜街西口的山西会馆……大都是建筑整齐的四合院、套院,敞亮而幽静。会馆和文人成就了宣南文化的一部分。

进入东莞新馆是较宽的门道,方砖铺地。左侧映入眼帘的是镶嵌在墙上的新馆题记灰黑色石碑,清末东莞文人张伯桢撰文,中国科举最后一名榜眼朱汝珍书刻。小楷规范而秀丽。大意是介绍新馆所处位置、历史,东莞陈伯陶捐资数千银两购置的情况。修建于1911年分期完成,东莞后人要发扬光大无愧于先人,等等。后来听说此碑被拆走收藏于石刻博物馆。

新馆占地面积5.745亩,有房90间,住家40余户。走下门道台阶就到了中院,迎面是青砖带装饰檐脊的影壁,绕过影壁豁然见到会馆主体的高大而有特色的建筑:歇山式古建屋顶,整体对称回廊,建在半米的高台基之上,俯瞰呈"凸"字形,建筑面积164平方米,前檐宽阔,能依稀看到当年雕梁彩绘残影。梁下是一圈木菱形花格及把角木雕装饰,上下是明亮的玻璃窗,从侧面看有一排六根带青石座立柱支撑的犀檐,还有可供人坐下休息而别致的花棱杆艺术围栏,给人一种雄伟、古朴而安逸的感觉,人们都叫它"大厅",传说是旧时年羹尧的书亭及花厅。中院东边是一道隔离墙,把东部分成三个院,中间的四合院较大而且建制规格较高,南边院较小。

从新馆的建筑平面图看,这东部院落极不规范,凭年羹尧的品级不会有这么憋屈的房产。有资料证实,窄道东墙外接壤的原是清道光年间爱国思想家、文学家龚自珍置办房产的西花园,住了三年转卖。他在卖房帖中注明:"此房子前后院原系零星凑买,经越象庵、潘云阁、魏伯鸿诸先生陆续起盖，方有房子如许之多……"

过去，东莞新馆院内通向东边、西边每个四合院都有圆形门，日久残垣缺少了隔离墙。西部靠北有三个独立小院，南部是一个很大空院，据说过去是花园。满院花草树木，有古槐、榆树、柳树、石榴、桑树和椿树，与房屋建筑和谐得体，屋前大都有盆栽月季、夹竹桃、芭蕉、串红、无花果和秋季各色菊花；种了向日葵、美人蕉、鸡冠花和指甲草等，也有丝瓜搭架随意盘爬；中院、东院和西院都种了葡萄。时逢夏季，院里繁花似锦，枝繁叶茂，蜜蜂飞来飞去，果实累累。有学生在葡萄架下写作业，老人在阴凉地乘凉、喝茶、聊天。

由东莞会馆，他们联想到：北京这座充满古老与现代完美交融气息的城市，是众多仁人志士驻扎梦想的地方。"京城"二字带着无限的庄重与期许，使它注定成为政治、经济乃至文化中心。纵观偌大北京城，许多具有古都风貌的建筑代表着不同的时代，带着不同的故事。而其中会馆，深藏于幽静曲折的胡同里，静静地呼吸着，述说着专属它们的历史。

静止的文物有了流动的文化便会越发鲜活地流传于世人之间。会馆所蕴含的会馆文化便包罗万象，不仅带动了商业的积极发展，还为后人留下了丰富的精神遗产。

革命后代的红色情结

田心、丁农、陈一虹、杨以平的子女大多出生在战争年代或新中国成立初期。

其中年龄最长者是丁农和莫玉的大儿子莫东江。他1946年出生在延安，后来先后在广州、北京读小学、中学。

"老三届"是一个当代中国几乎与每个家庭都有密切关系的特有名词。它指的是1966年至1968年这三年间初中、高中毕业的那个特殊群体，被称为"共和国的长子"。它一直与我们的共和国共担荣辱兴衰，共历曲折坎坷，一起歌唱，也一起哭泣，一起思考。

"文化大革命"中知识青年上山下乡，按照政策可以留一个子女在城里。但莫东江和妹妹莫晓珊、莫丹三人，都插队去了内蒙古。

用唯物辩证法的观点来看，"老三届"是不幸的，又是幸运的。正是那种艰难跋涉的特殊经历铸就了这个中年人群体特殊的生活取向与性格特征。他们无法选择历史，但可以参与历史的创造。他们吃了苦，但苦得美丽。尝遍人生酸甜苦辣的滋味，正是这代人的魅力。

古语说，"艰难困苦，玉汝于成"。艰难的生活环境使莫东江、莫晓珊、莫丹有了一种奋发向上的心志。这里地处北国边境，气候多变，真可谓"早穿皮袄午穿纱"。每天出工时早上从居住地出发还是艳阳高照，来到工作地点，天空就下起了纷纷小雨，天阴沉着脸，雨点冰凉冰凉的，冷风嗖嗖。

兄妹三人都学着父母在延安的样子，累活脏活抢着干，风餐露宿、冰天雪地咬牙坚持着。战友有难他们总是首当其冲，不怕艰险。

在内蒙古，莫东江结识了后来的妻子谢丁晓——连队的副指导员。他们在思念中相互鼓励，在爱慕中相互牵挂，在战斗中终成眷属。

常年边疆的寒风吹硬了"老三届"的脊梁，塑造了他们坚韧、正直的高尚情操。回城后，莫东江没有满足现状，经过努力学习，在中国社会科学院图书馆当了副研究馆员，莫晓珊和丈夫一起在成都市电视台供职。长期与底层百姓的密切接触，培养了"老三届"朴实无华的真挚情感，他们深深地懂得人性的伟大善良，表现出鲜明的大公无私、热情助人的群体特征。面对物欲横流的歪风邪气，他们不畏强权、爱憎分明，严于律己、宽以待人，得到社会公众的普遍认可。

小妹莫丹被安排在父母所在的北京交通大学工作，同时担负起照顾父母的重任。

晚饭后是全家闲聊的时间，家长里短的话题被他们说得津津有味。晚年的丁农和莫玉每天看到儿子、儿媳、女儿、女婿那欢欣的笑脸，听到了孙辈稚嫩的声音，感到生活中没有了工作的烦扰，轻松、幸福、自在、满足。

田心和妻子章凡的儿子田小邕以及两个女儿；杨以平和邓思持的四个儿子邓丹枫、邓丹虹（后改名承志）、邓丹辉、邓丹柏；陈一虹和杜九梅的两个儿子陈永康、陈永光，两个女儿陈永利、陈凌也都积极上进，在父母的言传身教下，都有所作为。

其中陈一虹和杜九梅的长子陈永康，或许在更大的范围内都有相当的典型性。

他出生在1947年8月8日那个战火纷飞的年代。

太行山博大的褶皱里，河北省唐县一个小山村里。初建不久的晋察冀军区白求恩国际和平医院简陋的临时病房，煤油灯忽明忽暗地摇晃。

陈永康出生伊始，仿佛就预示着要饱经磨难——襁褓中，他患了当时很难治愈的肠伤寒。因药品奇缺，条件极差，那年月，死个孩子不足为奇。

但他，竟然幸运地活了过来。

那显然多亏了白求恩医院的白衣战士和根据地的乡亲们。直到2004年冬天病故前，陈一虹的妻子杜九梅还感激地念叨过唐县张各庄那位慈祥的房东老大娘，说她待子弟兵比对亲儿女还好，而且杜九梅曾经多次托人打听过老大娘的下落。

陈永康的脑海中，也似乎始终有这样一幕朦胧的影像：破屋，寒冬。

他因患伤寒被烧得昏迷不醒。披着风雪的军医叔叔勒住嘶鸣的战马，闯进门来，给他打了一针根据地十分难得的珍贵药剂，一股生命的暖流重新启开记忆的门窗……

许多作家都有浓浓的故土情结，陈永康自然也不例外。在他的生命史中，父系家族是南方，母系家族是北方。因此他的身上可以说既有南方人的特点，又有北方人的特点，它们像两股力量共同牵引着陈永康的成长。

在革命战争年代，陈永康是被用竹篮装起，架在了马背上，随着父母所在的部队转战四方。鏖兵华北，进军大西北，解放兰州，他都"参加"了。

幼年时的陈永康和父亲陈一虹、母亲杜九梅

尤其令许多人感到难以思议的是，陈永康的足迹还曾经镌刻在鸭绿江彼岸。

那是抗美援朝战争的间隙，在前线工作的父母托一位年轻的志愿军叔叔接他到东北的边境城市丹东（那时还叫安东）去度暑假，在部队营区里的一个图书馆里住了难忘的一夜之后，陈永康得以和阔别多年的父母一道跨过了鸭绿江大桥。

长长的铁桥，似乎随时在炮火中飘摇。当一列满载军械的列车风驰电掣般从身边掠过时，父亲和叔叔急忙按陈永康蹲下，告诉他只有这样重心低了，才不会被飞旋生风的车轮卷去。他们还对陈永康说："记下这有意义的行程吧！你在没有上学的孩提时代，就和英雄的军队一起跨过了鸭绿江！……"

那时，对陈永康最有吸引力的事情是"跑警报"和听前辈们讲战斗故事。一听到防空警报的号声，人们便以最快的速度躲进阴凉阴凉、山水潺潺的防空洞里。于是，各种方言的"龙门阵"就摆开了政策战场。指战员们乐观的情绪溢于言表,战斗故事迷人的程度,显然胜过了今天的评书连播。

警报刚一解除,人们便又争分夺秒地奔回自己的战斗岗位。驻地附近的朝鲜农民,也就又继续在崭新的弹坑旁种开了庄稼……

陈永康童年和少年时代的生活环境,也随着父母亲的调动而经常变换。

由于他家与丁农家是世交,因此陈永康读小学时还在丁农家住过一段时间。

那些天他曾每天跟莫东江一起到毛主席常去的中南海露天游泳池(当时丁农在国务院第六办公室给主任王首道当秘书)。丁农曾指着深水区对陈永康说:"跳下去!"

见尚不会水的陈永康面露迟疑,丁农说:"有我在旁边怕什么?麻涌人怎能不学会游泳!"

陈永康憋了口气就冒险跳进水中,结果靠四肢拼命扑腾,头次下水就学会了游泳……

陈永康的第一所母校是八一小学。学校离家足有几十公里。学生们过的都是寄宿制集体生活,平时住校,只有周末才可回家。每逢这一天的傍晚,陈永康便常约几位知心同学一道步行回家。步行在这雨天满脚泥泞、晴天尘土飞扬的土路上,直到晚霞消尽,夜幕低垂,才饥肠辘辘地赶回家。他们都不大懂得生活的享受,也没有觉得物质生活有多大的快乐。他们的追求是集体性、国家至上的,这就潜伏着变革的动力。

1960年夏天,陈永康小学毕业后参加全市统考,以优异的成绩考入北京四中,这是全国闻名的重点中学。

在四中简朴的礼堂里,陈永康有幸聆听过许多各界名人所作的给人留下深刻印

陈永康(左)与同窗好友、徐向前元帅之子徐小岩中将

象的报告，如外交部的领导章文晋、商务印书馆的领导陈翰伯、四季青公社的领导李墨林、儿童文学作家刘厚明，等等。

在四中，尤其使陈永康感到新鲜有益的是，同学之中，多数是普通市民的孩子。他们让他进一步全面地了解了社会的不同层面。

当时正逢国家经济的三年困难时期，大家都是勒紧裤带过日子，有着战胜困难的坚强意念和激情。记得当时陈永康曾经加入过学校"伙食团"，吃得非常差。食堂每餐给每人一块米饭，基本上没有荤菜，蔬菜也很少。同学们十三四岁的年纪，正是消耗量大的时候，早上熬不到中午，中午熬不到晚上，肚子总是咕咕叫。尽管如此，大家都没有抱怨。

有一位同学出身极为贫寒，一家十余口的经济来源，全靠当搬运工的父亲的微薄收入。其他同学都感到腹内空荡荡的时候，他家的生活就更为艰苦，每天不吃早餐，午餐只带一盒几乎没有菜的米饭，假日还要出去做活。有时，甚至在学校的垃圾堆里拣破烂、拾煤渣……这使陈永康开始摆脱干部子女云集的藩篱，接触到一些民间疾苦。

四中图书馆的藏书十分丰富。这使陈永康像阿拉伯神话故事中的阿里巴巴找到了藏宝的山洞。一些古今中外的文学名著，包括新中国成立后历年来的小说、散文、特写、诗歌优秀作品"年选"，陈永康都是那时候借阅的。有些书不通宵达旦地一口气读完，就会感到非常难受。一些经典名篇，如李白的《将进酒》《梦游天姥吟留别》，杜甫的《三吏》《三别》，白居易的《长恨歌》《琵琶行》，文天祥的《正气歌》，陈永康当时都能一字不差地背诵下来。

也大约是从这时起，陈永康养成了写日记的习惯，每天晚上就寝前都要写一篇或长或短的日记，几乎一天不落，并逐渐从"流水账"式的记录发展到描述事物或评论道理。

中学时代，恰好是人生观和人格形成的最重要时期，也是人的一生中思想最活跃的时期。那时的社会风气总体不错。学习毛主席著作蔚然成风，向雷锋学习的热潮在校内外均浓，"一颗红心，两种准备"的教育也是深入人心，向上、向善、向好、向美的气氛似乎在任何角落都能感受到。

在陈永康刚刚跨进15岁的门坎，摘下红领巾不久，便戴上了共青团团徽，成为全班仅有的四名团员之一。

按照一般规律，四中的学生在初中毕业后都是要继续报考该校高中的。他本来的意愿也是如此，但就在这时候，陈永康旁听到的一次谈话，在某种程度上改变了他的人生历程。

杨以平当时是北京师大二附中的党总支书记。

一次，杨以平到陈一虹家串门，谈起北京市的中学。她说："目前全市第一流的中学有三所，一所是四中，一所是师大一附中，一所是师大女附中。"

当时陈永康听了便插嘴问："那么这三所中学哪所更好些呢？"

她说："应当说不相上下，并驾齐驱。但各有所长，师大一附中的语文、历史等文科教学更好些，女附中的数学更好些，四中的物理、化学等教学更好些。"

这位书记阿姨还问陈永康："你最喜欢哪些功课？"

陈永康答说："在所有功课中，最喜欢语文和历史。"

她说："那你不妨高中时报考师大一附中。"

最初，父母并不赞成儿子的这种选择。

一天，他俩还特意郑重其事地同陈永康谈过一次，声称他们最希望儿子将来能考上陈赓大将当院长的哈尔滨军事工程学院或清华大学。

陈永康说："能考上北京大学或中国人民大学不是同样不容易、同样很好吗？"

父母当然不好说这样不好。

陈永康于是进一步讲："请你们相信我，我实现自己制定的这一愿望，是一定有信心、有把握的！"

为了说明自己的观点，陈永康还囫囵吞枣地引用了一些历史"典故"，如民国时期，许多人才严重"偏科"，吴晗、钱钟书、钱伟长的数学都较差，但国文特别好。那时的学校能不拘一格，将他们录取了，成为佳话。又如俄罗斯的文学大师契诃夫在应该上三年级的时候，由于地理和数学不及格而留在二年级；在五年级，因为没有通过希腊文考试又蹲了一年。毛泽东主席是大诗人，但在美术方面没有才华，学校考画画，他只在纸上画了一个半圆，半圆下面画一条横线，题上"半壁见海日"，交了上去……

由于陈永康自小学习成绩一直不错，父母也就不再多说什么了。

陈永康十分感谢父母的是，在许多重大问题上，他们虽然都热心地提出自己的见解，但最后决定时，都能尊重孩子自己的选择。

就这样，陈永康和四中同班一位同样酷爱文学的同窗，一道把师大一附中报为第一志愿——这所全国历史最悠久的国立中学成为他的第三所母校。

他依旧是品学兼优的好学生,曾任校团委会宣传部长,并于1965年12月3日被学校党支部发展入党(当时全校仅有四名学生党员)。同年12月9日("一二九"运动30周年纪念日),陈永康作为北京市四名中学"三好学生"代表之一,在人民大会堂受到彭真、胡耀邦、万里、蒋南翔、李昌、荣高棠等领导同志的接见。1966年上半年,他由外交部和教育部确定派往国外留学,只因"文化大革命"的突然爆发而未能成行。

陈永康所在班是学校的先进班集体,团支部曾被团市委命名为"三好团支部"。该班有一个思想比较成熟的核心集体(陈永康是其中之一)。他们认为那些极左的做法,根本违背了党的传统政策,因而进行了抵制与斗争。由于陈永康在全校师生员工中很有威信,"文革"中对干部和知识分子始终持保护态度,又受过极左思潮的打击迫害,因而得到广大干部、群众的同情、拥护和支持;而且他家庭出身好,又是中学生中少有的共产党员,因此被广大师生员工选举为大联合群众组织负责人。他们批判了那种打击、迫害干部、教师、学生的错误作法,团结了学校大多数学生、教师和干部,也得到军训团的坚决支持。根据工作需要,军训联合指挥部决定由陈永康担任军训团副团长。他协助解放军认真组织军训,进行复课和实现按班级为单位的大联合。

1968年2月,陈永康应征入伍,成为一名光荣的解放军战士。他怀着保卫祖国的满腔热忱,真心实意地想在实践中滚一身泥巴,磨一身血迹,把自己锻炼成合格的人民子弟兵,因此和连队干部战士都相处得很好。在完成了无线电通信的专业技术训练之后,他主动要求到炊事班去当炊事员,到养猪场当饲养员,后来又去部队农场种水稻。这对从小生长在大城市的他自然是"自讨苦吃"。赶上母猪下崽儿,为了照料小猪,他便和老战士一起把铺盖抱到猪圈,生起火,围着母猪守了几个通宵。风雪天野炊,灶棚内湿气弥漫。为了保证连队按时开饭,他便每天提前一个多小时起来把火燃着,把水烧开。农场抢种,从未种过水稻的他也参加了插秧突击队,尽管骄阳似火,汗水一串一串地往下掉,手指也被芦苇扎得鲜血直流,但他咬紧牙坚持下去,终于渐渐赶上了老战士,成为插秧能手……

那是一个崇尚英雄模范的年代。入伍一年后,他被评为部队的"五好战士"标兵,并在军种的"三代会"上,和一位老红军、一位老八路一起被树为老、中、青三个学习毛泽东思想的先进典型。后来陈永康相继担任电台台长、指导员、教导员、北空司令部干事及某部政治处主任……在很多官兵的记忆中,陈永康思路敏捷,对于虚心求教的人,总是不厌其烦,赤心帮助。与此同时,他通过长达四五年的业余学习,取得北京师范大学中文系和中国作协鲁迅文学院两个本科文凭。1987年陈永康被选入总后勤部机关。

两代诗人是乡亲们的骄傲

陈一虹是位军人，也是位颇有造诣的传统诗词作者。他在《望江南·忆旧》词中曾经这样描摹故乡：

珠江忆，粤海忆麻涌。江水绕村榕树绿，塘鱼鲜美荔枝红。故里水云中。

如火如荼的抗日战争全面爆发，爱国洪流席卷全国。陈一虹在《小重山·1938年日寇轰炸广州之夜》词中记述：

蝉叫蛙鸣又失眠。满怀心底恨，忆当年。珠江堤畔吊桥边。轰炸里、风雨夜归船。

暴日寇幽燕。从军思报国，向烽烟。千锤百炼铁方坚，青山外，必有更青天。

在儿女印象中，平常很不爱唱歌的父母亲对《延安颂》《黄河大合唱》《八路军军歌》等却情有独钟。延河、宝塔山和枣园、杨家岭等，也是他们经常念叨的地方。"风在吼，马在叫，黄河在咆哮""大刀向鬼子们的头上砍去"等一些抗战歌曲，通常是由父亲开始唱，声音由低沉而高亢，情绪也由平缓而激昂，母亲则在一旁轻声应和，久久不息……每当这时，他们都会放下手中的工作，神情凝重地沉浸在对往事的追念之中。这些歌和他们的整个青年时代连在了一起，不能不让他们感到亲切。

陈一虹的诗词基本上都是军旅诗词。而军旅诗词多以军旅生活和军人情感为主要表现对象，折射着军人对战争和人生的深刻体验与思考，同时彰显着崇高的爱国主义精神、豪迈的民族自信心，充满军人血性和阳刚之气，能给人以心灵的震撼、精神的鼓舞和人格的熏陶。

1990年陈一虹先后参加中华诗词学会、北京诗词学会的活动，并在北京诗词学会担任顾问。他的众多诗词分别发表在各报刊、书籍中，并多次获奖，与书法作品一起被韶山毛泽东纪念馆、湘潭彭德怀纪念馆等单位收藏。陈一虹像许多诗词老人一样，不仅凭借传统诗词中所蕴涵的人生哲理来面对人生中的穷通祸福，而且又以传承诗词文化来实现自我超越。

陈一虹的老战友、解放军总政治部史进前副主任曾经著文评论：

陈一虹同志是我的老战友。我们相识在烽火连天的战争年代，建国后又一同长期在军委、总部机关工作。他从青年时代起，因受蓬勃发展的抗日救亡运动的巨大影响，通过阅读进步书刊和参加抗日救亡运动，由单纯的爱国热情，发展到初步接受共产主义，向往工农红军的正义事业，终于在"七七事变"后不久，便与几位青年同学一起，远离家乡，奔赴延安，并在1938年加入了中国共产党。

在抗日战争时期，一虹同志先后在陕北公学、华北联大和晋察冀边区、平西地委做党政工作。解放战争开始调入部队，从抗美援朝战场回国后，他便一直在中央军委办公厅工作。我早就在《红叶》诗刊上阅读过一虹同志的一些诗词作品，这次才得窥全豹。

作为一名传统诗词的爱好者，我感到一虹同志的作品大致有这样三个特点：

第一，它们绝大多数都是歌颂党、歌颂祖国、歌颂领袖、歌颂人民军队、歌颂先进人物的战歌。从青年时代的"从军思报国，向烽烟。千锤百炼铁方坚"（《小重山·1938年日寇轰炸广州之夜》），到战争年代的"千里崎岖寻圣火……赤子矢心丹"（《望江南·从延安到敌后》），到和平时期的"抬头望断寰球处，永矢初衷一点光"（《鹧鸪天·初衷》），无不洋溢着共产主义的理想、信念和热情。境界是诗人理想情感的聚光点。毛泽东主席曾经说过："诗言志。"的确，没有真情的诗词，是不会有灵魂和感染力的。这许多诗作的真情，有的是通过直接的描述来抒发，有的是通过托物咏志来表达，有的是通过友人酬答来体现。

第二，它们绝大多数都记录了作者的战斗历程，能使我们从一定程度上看到时代前进的脚步。例如反映抗日战争生活的"易水寒冰徒步涉，紫荆积雪与鞋齐"，反映解放战争生活的"西兰公路进军时，车炮长驱战马嘶"，反映抗美援朝战争生活的"跨海东征、背负亲人托……沙场杀敌从军乐"，反映社会主义建设生活的"天抹微霞虹似练，田涂薄翠绿如苗"，反映改革开放崭新生活的"问崎岖世路，何创业难前？……岁月如流，春荫不待，好梦谁圆？……毋须怨艾，励精勤，功到时能穿。"无不充满强烈的时代气息。唐代大诗人白居易曾经说过：歌诗合为时而作，文章合为事而著。正是由于这些诗词的作者是一位老共产党员和老革命战士，因而他几乎没有放过自己身边发生的一切重大事件，也没有遗漏掉自己亲身接触过的每一位开国将帅，使人得以从中感受到时代的缩影。

第三，它们的格律是相当规范而严谨的。有些篇章，如《七绝二首·寄远》"淡月窥窗初夏夜，高楼灯下白头吟。凝神远寄情难尽，笔落诗成写战云。""诗入真情句易工，画留风骨自奇雄。名缰利锁全抛掷，吐我心花烂漫红。"都应当说是达到了思想性与艺术性的较好统一。我国的传统诗词源远流长，语言精炼，形式简短，容易记诵，是中国汉文字最典型的艺术。虽然相对于"白话"来讲，诗词的形式要求严格一些，但实践使我体会到，只要能融会贯通，是可以得心应手地表达新内容的。当然，既然是写传统诗词，就理应严格地依照各种形式的要求，否则何以成为诗词？又何必非要在题目前面加上那些词牌的名称呢？

谈到最终成为享正军级工资待遇的国家一级作家的陈永康，许多著名作家、评论家都有介绍。"青春活力"与"积极心态"是他在生活与创作上得到的一致评价。

如著名作家、中国报告文学学会常务副会长傅溪鹏曾经如是说：

咏慷，本名陈永康。我想，他之所以选用这个笔名，可能有两层意思：一，是表明他当作家的心志，"咏"，即诵咏颂扬讴歌；"慷"，即情绪激昂，慷慨陈词，也就是激情讴歌那些时代英杰，讴歌他们的丰功伟绩和他们的崇高品格与深层人性。二，虽为笔名，但读音仍与本名相同，根本上没有变异，却升华了名字的品位。

咏慷的生长环境，造就了他的追求志向，造就了他的成功创作。有机会受到毛主席接见并握手，又数次会见周总理等数位共产党高层人物，并通过各种渠道采写两位领袖人物和30位开国将帅者，一生中能够先后做到以上三件事的作家,在中国作家队伍中,恐怕很难再找出第二位了。咏慷是一位幸运的作家,特殊的作家,稀有的作家。"文如其人",这句话用在他身上我以为很贴切。之所以能写出这样质朴纯真的文字,首先是因为咏慷本是一位质朴纯真的人。这是与他多年接触交往的真切自然感觉。当看到几个电视台先后播放访问咏慷的专题片《实话实说》《大家看法》《夫妻剧场》后,这种感觉便更为强烈,便更坚定这样的结论:质朴勤奋的作家咏慷!电视画面里他的那些热爱生活、热爱家庭、热爱妻子的生动故事……不就是这位作家文学创作长河里另外涌现出来的许许多多美丽人生的彩色浪花……(见《独树一帜的散文集群》)

陈永康利用业余时间辛勤创作,完成了长篇小说《青春殇》,并很快又写出长篇散文《红色季风》。对这两部作品,社会各界评价很高。

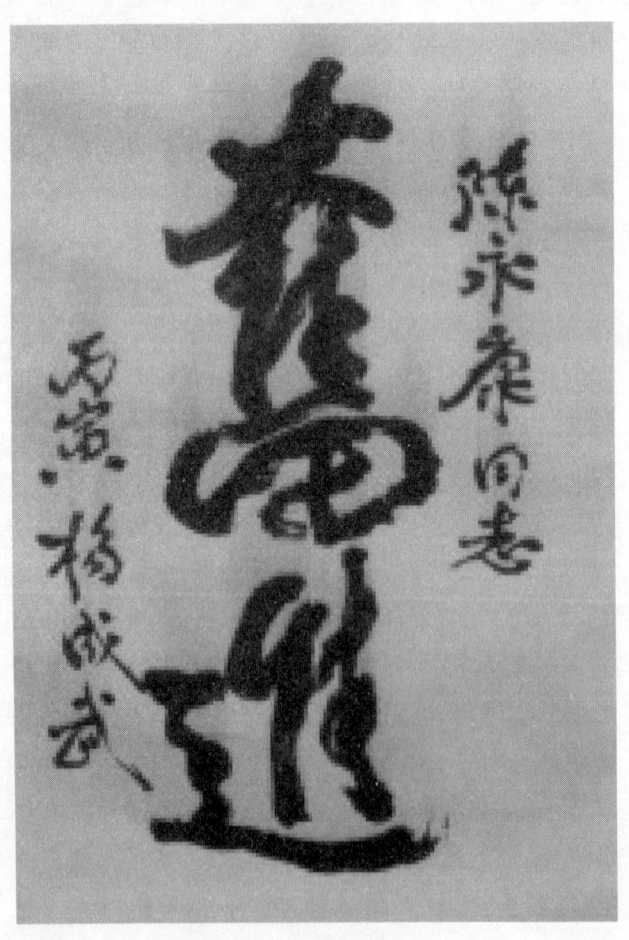

开国上将、全国政协副主席杨成武给咏慷的题词

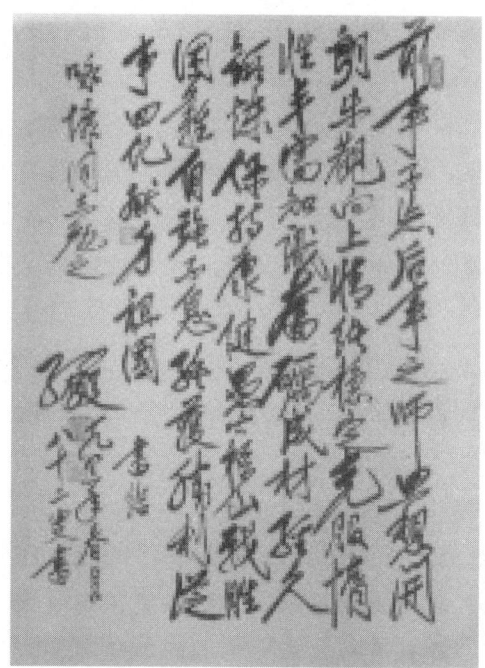 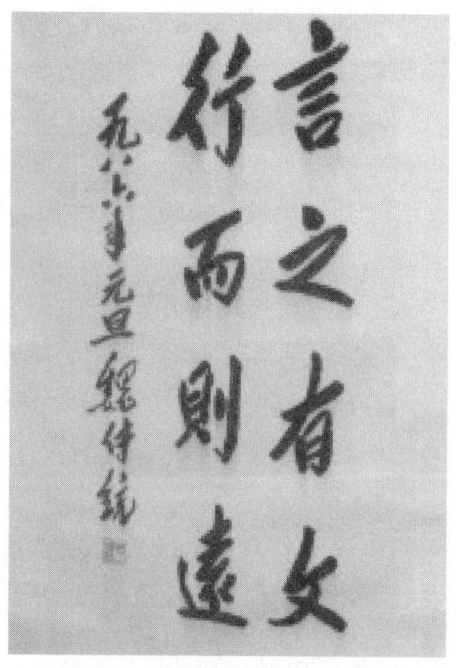

开国中将、总参谋部顾问孙毅给咏慷的题词　　开国少将、著名书法家魏传统给咏慷的题词

咏慷作品研讨会合影

中国作家协会党组成员、副主席陈建功在《红色经历的开掘》中写道：

咏慷一边陷入历史的沉思，一边又对当下中国抱有激情。他回顾历史，又描绘现实。比如他写的长篇报告文学《发兵治水》《一个院士的成功之路》《新中国大阅兵》，等等，都是反映当下现实且获得多项奖励的作品。（见《人民日报》）

首都师范大学中文系教授、著名评论家张志忠在《在两个领域内的精耕细作》中写道：

咏慷的作品，如今已经越来越多地为人们所关注与了解。他的创作热情、质朴、投入、勤奋，潜力很大。特别是近年来，其作品不仅数量较多，而且质量较高，几乎每年都能有一两部有一定社会影响的新作问世，使我们这些搞文学评论的人都感到他仿佛是在屁股后面用鞭子赶着你阅读。依我看来，咏慷的作品基本上可以分为两类：

一类是一个非常独特的领域，既关于一个特殊年代一代青年题材的创作。他的长篇散文《红色季风》和长篇小说《青春殇》等，问世后都曾赢得了大量的读者，并形成了自己的读者群。咏慷几十年风风雨雨的生活经历，是目前诸多作家中所绝无仅有的。我曾在一些专论中谈到过：咏慷在初中毕业的时候就比较自觉地选择了文学的道路，同时对政治方面的学习也抓得很紧，是当时中学生里最早的学生党员之一，并且已经被选定公派出国留学，这在当时是一个中学生所能获得的最高荣誉和肯定。在惊心动魄的文化大革命中，咏慷的经历就更加特殊一些。他没有多少造反和弄潮的欲望。尽管他曾经在运动初期经受过严酷的打击迫害，但是他对派性斗争似乎有先天的免疫性，也无意于向那些损害过他的同学们报一箭之仇。咏慷开阔的视野和胸襟，以及本性中的善良与平和，以及中外文学名著对他的熏陶，使他渴望和缓平稳，厌恶血腥和动荡，并且表现出较高的理论和政策水平。他在母校北京师大附中致力于消除派性、实现联合，化解隔阂和对立情绪，使得校内的派性斗争趋于缓解和消除，避免了新的动荡和损失，在苦难岁月中，做了自己力所能及甚至是超水平发挥的有益之事。……咏慷入伍后因刻苦锻炼、工作成绩突出而成为一位军种一级的先进典型，却又因为在出席代表会议期间非议林立果的'讲用报告'，触犯了'超天才'，再次遭受厄运。……我认为咏慷骨子里是一个循规蹈矩又刻苦自励的人。家庭环境的优越，决定了他的先天优势；个人的努力，例如对于《论共产党员的修养》的领会和身体力行，使他在'红色家族'中出类拔萃。……总之，咏慷在这一领域内，真实而生动地描摹出那段特殊年代的社会生活图景。这个题材由于种种原因，有些人写不了，有些人不愿写，有些人不敢写，因而可以说是咏慷的一个'独门兵器'。我认为咏慷的这类作品有着很大的史料价值和历史意义。

咏慷的另一类作品，军事题材的诗歌和报告文学。他的长篇叙事诗《二月兰》用优美的民歌形式，热情讴歌了战争年代一位革命根据地小学女教师的英雄形象。他的长篇报告文学《跨越苍茫》则通过一件件个性鲜明的故事，成功地塑造出一位为追求真理而敢于独立思考的军人经济学家的形象。而长篇报告文学《执著人生》第一次隆重、辉煌地将一大批军队审计官的动人事迹展示在人们面前。在长篇报告文学《一个院士的成功之路》中，咏慷生动记述了殷震院士为探索生命科学领域的奥秘而走过的艰辛历程；在长篇报告文学《新中国大阅兵》中，咏慷传神地再现了半个世

咏慷新著研讨会与会人员合影

纪以来我军历次、各种大阅兵的盛况。在长篇报告文学《西部通道》中，咏慷生动描摹出广西这片红土地上的种种军旅风情。在长篇报告文学《发兵治水》中，全景式地展现了武警水电部队诞生、发展与壮大的历史，同时也展现出新中国水电事业发展壮大的历史。作品描绘出一批活生生的艰苦奋斗、勇攀科技高峰、无私奉献的英雄形象。他们不是不食人间烟火的神仙，也不是没有七情六欲的圣人，但却战胜了各种常人难以想象的艰难困苦，为国家的水电建设事业与国防事业做出了突出的贡献，使其实现了历史性的跨越。作品使人们阅读过之后，既能了解到这一支特殊部队的现实沸腾生活，又能了解到我国"发兵治水"的悠久传统以及一些发达国家运用军队从事经济建设的经验，从而开阔视野，受到爱国主义和革命英雄主义的感染与激励。

咏慷向家乡麻涌镇的基层图书室赠书

他的这些作品对人民军队作了许多有意义的文学表现，不少都曾被各种报刊选载、连载，并在军内外多次获奖。当然，咏慷上述两个方面的创作，都是奔着同一个目标，同一个方向，即追求真理、探索未来。咏慷没有猎奇心理，也没有那种赶时髦的心理，而是扎扎实实地以文学手法精心描写那些极有个性的人物。这些人，或许不是什么轰动一时的'明星'，但却大都埋头苦干、勤奋探索，堪称是鲁迅赞誉的那种中国的脊梁。咏慷肯下工夫为普通人立传，并着力写出普通人那不普通的一面，我想这是与他自己质朴真诚的个性有关的。咏慷的这种开掘与探索，无疑是有贡献的，它表明了一种时代的需要，很值得评论家们和广大读者关注。另外，我在阅读中感到咏慷的文字干净、规范、简洁，显然是受到过严格、正规的文化教育的结果。联想到现在很多人（有些甚至是已经成名的作家），把小说写得别别扭扭，很多电视语言和流行歌曲的语言则更是语病泛滥，被糟蹋得不成样子，因而更使人觉得有必要大声疾呼：语言是文学最起码

的元素！我认为咏慷的作品受到读者和社会的认可，是顺理成章和必然的事情。（见《后勤文艺》）

解放军总政治部原文化部长、中国文联副主席、著名诗人李瑛在《认识历史才能认识自己》一文中写道：

咏慷是我们部队非常勤奋的一位多产作家，又是一位多面手。他擅长写诗，又能写很好的散文，更能写报告文学，还会写小说，长的短的各种文学形式、各种题材内容，他都得心应手，操纵自如，且效率很高，使人钦佩。

他始终保持着勤奋深入生活的习惯，不断有新作问世。发表的一篇篇作品，出版的一本本新书，足以证明他劳动的刻苦和对创作追求的执著。（见《解放军报》）

当北京的一些前辈成立起"东莞建设研究会"，陈永康也参加了一些活动，并被推选为副会长。他听说了许多故乡的故事，并萌生愿望：真该好好写写故乡……他感到自己的生命已融入故乡的血肉之中。东莞市历任领导，见到陈永康时都谈到多写写故乡的希望。东莞市驻北京联络处和麻涌镇的领导，还热情地为他联系好回乡深入生活的具体事宜……近年来，

东莞文学艺术院第三届创作项目签约仪式（前排右二为咏慷）

陈永康开始将东莞题材当作创作的主要内容，写了许多反映家乡面貌的散文与小说，其中散文《我的老家在东莞》在东莞的征文大赛中荣获一等奖，《甜蜜与芳香的天使》在全国性文学征文中获奖。难怪中国现代文学馆副馆长、著名作家周明说：

咏慷在作家中应当说是一位劳动模范。他很有责任感，也很勤奋，热情关注着我们的时代，紧跟时代的步伐，近年来能沉下身子深入到各个方面的生活领域，而且大多是十分边远、人烟稀少、条件极其艰苦的领域，隔一两年就能拿出一部作品。他潜心创作，甘于寂寞，这种勤奋耕耘的精神，十分值得敬佩。

长篇小说《东江剑魂》是陈永康与东莞文学艺术院的签约作品，对家乡的挚爱，是他创作这部小说的精神源泉。吴冠中曾引用梵高的话说：是麦子，一定要把你种到麦田里，才能生根发芽，不要在巴黎人行道上枯死！陈永康认为只有到自己的家乡，才能写出有感情的东西来。作家失去了对理想的追求，就失去了激情，失去了写作的动力。因此，他毫不犹豫地选择家乡作为创作的根基，意识到写东莞已成为自己的一种责任。这部小说，可说是他营造的心灵故乡。陈永康这方面的生活积累，很大一部分来自前辈几十年的深情讲述，他们记忆中的许多东西，像镌刻在大理石上的字迹，几十年岁月是消磨不掉的。人在匆匆经过时留下的印象，经过回忆才变得深刻。一切艰难和痛苦，失落或悲哀，都会在回忆中变成美好。

在创作过程中，生活如潮水一般冲击着陈永康的心灵，又似清风一般荡涤着他的心境。他认为既然写历史，就要尊重历史。作品中的重大事件一定是历史上曾发生过的，细节要经得起推敲。当然写小说不是写历史教科书，其魅力在于虚构一个世界，使其与现实的世界构成张力，可"大事不虚，小事不拘"，在生活的基础上予以想象与补充。他力求刻画一些性格独特的人物，通过几个爱国青年的人生经历，传递更为宽广的情意和人性温度以及生命的挣扎与奋斗，写出在一个特殊年代、特殊地域的特殊生活，力图写出战争年代中的人情人性。

在作品的创作过程中，家乡的领导和乡亲给予了陈永康巨大的关爱与支持——东莞市有关领导热情关注；市政府驻京联络处领导亲自与有关方面联

纪念东江纵队成立70周年、东莞抗日模范壮丁队成立75周年
暨咏慷长篇小说《东江剑魂》新闻发布研讨会

系有关事宜；市文联和文学艺术院的领导在作品还只是初稿时便召开创作座谈会，请本地及全国其他一些地方的著名作家、评论家问诊把脉，既肯定成绩，又提出修改建议；麻涌镇的领导和有关部门的同志更是对陈永康回乡深入生活、构思作品、修改打印等各方面都支持备至……

在2013年12月2日东江纵队成立70周年的时候，同时也是东莞抗日模范壮丁队成立75周年的日子里，《东江剑魂》一书由解放军文艺出版社出版。

12月30日，经解放军总政治部批准，由解放军文艺出版社、东莞市政府驻京联络处、中国作协创研部、求是《小康》杂志社在北京召开了"纪念东江纵队成立70周年、东莞抗日模范壮丁队成立75周年暨咏慷长篇小说《东江剑魂》新闻发布研讨会"。

解放军文艺出版社礼堂里播放着反映东江纵队战斗历程的歌曲，人们互相介绍，互致问候。会场内洋溢着一派庄严热烈的气氛。

来自全国政协、中国作家协会、解放军总政宣传部、总后勤部、解放军文艺出版社、《求是》杂志社、《人民日报》《光明日报》《解放军报》《文艺报》《中华读书报》及东莞市有关单位的领导、作家、文学评论家、教授、专家和编辑记者出席了大会。大会还聘请到曾驰骋抗日战争和解放战争的东江纵队老战士和部分后代代表。

大会宣读了中共中央政治局原委员、中央军委副主席、国务委员兼国防部部长迟浩田上将致咏慷的信和题词。

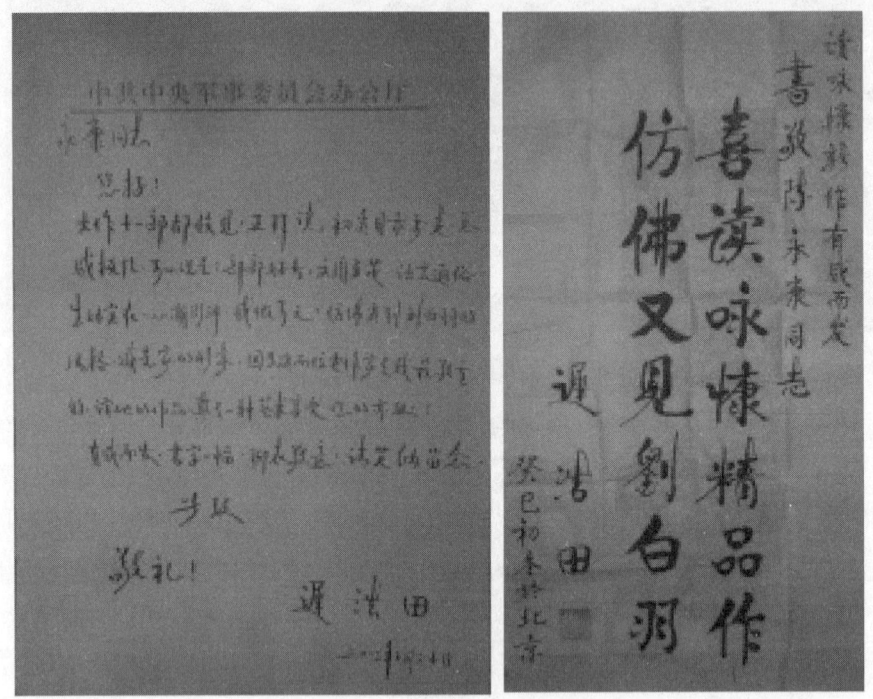

迟浩田上将致陈永康的信和题词

原中共中央委员、全国人大法制委副主任、解放军总政治部常务副主任、总后勤部政委周克玉上将（同时亦是中国作家协会会员）因卧病在床未能到会，但亲笔写了书面发言。

他认为，"天意君须会，人间要好书"。《东江剑魂》就是一部有意义、有内容、有价值、有特点，能激动人心的好作品。

我主持中国新四军研究会工作时，就非常关注华南抗日武装，特别提出对东莞抗日模范壮丁队、东江纵队、琼崖纵队、粤中纵队、南路纵队、韩江纵队要作为专题逐个挖掘，深入研究。《东江剑魂》的问世无疑为我们研究这段历史提供了很好的帮助。它将丰富的民俗资源与感人的艺术形象有机结合，充满厚重的历史感，讴歌了中华民族不屈不挠的反抗精神，张弛有致地反映了在中国大地上发生的许多重大事件，下至普通村民、上至开国元勋的众多人物性格鲜明，文笔流畅，具有浓厚的地方特色，又有浓郁的历史氛围，弘扬了中国传统小说矛盾复杂、冲突激烈、情节曲折、动作性强等长处。咏慷是祖籍东莞的国家一级作家，曾经创作过不少优秀军事文学作品，我久已熟悉，尤其我到总后工作后，接触更多一些。他著书颇丰，获奖甚多，作品题材广泛，风采独特，文学功底深厚，思想触及根本。《东江剑魂》这部新作同样值得广大读者阅读、思考。

全国政协常委、中国作家协会副主席、著名作家陈建功因出国在外，也作了书面发言。

他认为，《东江剑魂》是以宏阔的视野和激扬的情怀唱响的青春壮歌。作品以传奇的笔法，再现以陈奋强为代表的一群有为青年，如何投身民族解放和人民革命的历史洪流，实现了青春的价值与人生的升华。尽管此前并不是没有作家涉猎过这一题材。但咏慷的这一部，以其厚重的历史背景和缤纷的人生画面，以其浓郁的地域风情和乡土气息，以其栩栩如生的人物个性和心路历程，以其传奇的故事和传神的讲述，独树一帜。这部作品，在展示历史丰富性和斗争的复杂性方面，在展示人性的多样性和多面性方面，在继承和发展中国传统小说叙事美学方面，都有大的突破，是新近长篇小说创作的重要收获。

全国政协委员、中国作协副主席高洪波认为，《东江剑魂》是一部东莞籍作家用浓烈的故土情怀和责任担当写出的作品，以小人物折射大命运，写出一代青年投身革命过程中的真实心态和命运抉择，挖掘出其民族气节和浩然正气的深刻内涵和人文价值。

成都军区空军原副政委田瑞昌认为，该小说为读者搭建了一个历史与现实的"平台"，体现了作者的历史悟性和时代担当的责任感。

中国小说学会会长、著名文学评论家雷达认为，《东江剑魂》以"抢救"和"还原"的强烈原动力，重塑革命先辈与东江纵队的历史，打捞正在时间中慢慢流逝的珍贵记忆，以小说的形式将这一页历史"固化"。作者的笔力主要集中在刻画陈奋强历经磨难，九死一生，由一文弱书生成长为一个坚强成熟的革命英雄的历程。英雄主义激情贯穿了他的一生。作品里有大量篇幅描写东莞的民俗画面和民间生活，陈奋强的大半生经历也离不开故乡，整个作品包裹在浓浓的岭南文化氛围中，《东江剑魂》堪称作者献给故乡的一首抒情长卷。

解放军总政宣传部艺术局原局长、著名文学评论家汪守德认为，咏慷是位有个性的作家，因此其长篇小说《东江剑魂》也是一部具有鲜明艺术特色的作品。作者笔下的东江深厚而苍茫，孕育出如陈奋强等众多顽强坚韧而富于血性的男儿女儿。小说以早期革命，尤其是抗日战争与解放战争为背景，通过精心描绘历史的惨烈图景和人物的曲折经历，把处于时代环境中的革命者的追求和命运，以及民族的遭遇与历史的质感极为真实而又震撼人心地展示了出来。我们由此从严酷而血腥的往事中，再度认识了日本侵略者的邪恶、凶残和狂暴，及其给中华民族带来的深重灾难。一把偏锋剑，漫漫征战路。小说正是以写实性与传奇性相结合的手法，沿着从东江到延安、再到华北这种回环式的叙述线索，从人物战斗历程和情感生活两个侧面，将质朴坚韧、意志如钢、身手非凡的陈奋强这一艺术形象，淋漓尽致地塑造了出来。让我们从作品的字里行间，领略到的是流灌在人物身上的誓死抗争的血性，是中华民族争取独立解放的伟大魂魄。这样的作品无疑既有助于我们铭记曾经的苦难，也可成为我们面向未来的一种精神激励。

中国作协创研部原主任、中国作协小说创作委员会副主任、著名文学评论家胡平认为，《东江剑魂》的作者咏慷是典型的革命后代，也就是所谓的"红二代"。正由于"红二代"里当作家的数量不很多，咏慷的创作在作家中才凸显出鲜明特色。《东江剑魂》里，作者体现出和一般作家不一样的地方，就是那种融化在血液里的革命传统精神。这种精神是真挚的，一如当年上天安门一样真挚，成为了作品的魂灵。就是说，咏慷还是咏慷。对于红色题材的书写，他绝不戏说，绝不投机，只是出于诚实的信仰，这成为创作中最可贵的成分，正是作品能够打动人、感染人的主要原因。书里主人公陈奋强这一批人的革命精神，既是咏慷父辈的精神，也是他这一代后辈的精神，形成的此类文本在当前的文学创作中其实并不多见，也可以说体现了另一种涵义的"接班"——这在文学史上都是值得研究的。倘若反过来设想，轰轰烈烈的接班中不包括文化形态，这种接班岂不令人忐忑？文学和艺术的本质包括思想，但主要还是情感。过去红色经典作品感人，首先在于真情实感的传达。前一段翻拍红色经典的影视作品很多，却没有一部成功，原因就在于参与制作的人员都谈不上有多少真情实感，仅仅为上题材而已。再重看一下过去拍的那些红色经典黑白片，逐镜头分析，可以看出制作上从编剧、导演到演员都是有真实信仰的，所以经过几十年，红色经典仍难以逾越。《东江剑魂》与红色经典在某些内质上是相通的，它的可贵之处在于作者有精神信仰，一种深入骨髓的东西。

《东江剑魂》的又一个特点是拥有大量真实感很强的历史描写，跨度非常大，情节设置上又很具体，呈现了大量客观历史面貌。其中许多细节价值较高，不是作家能凭空想象出来的。作者肯下这么大功夫去收集资料，当然也与他对于革命先驱的事业怀有真挚感情有关。作品在大跨度上描绘陈奋强等人的成长史，这成长史同时折射了革命史、甚至是革命的编年史，地域场景还在不断变化，此种架构的创作是少见的，也成为《东江剑魂》的一个特点。

中国作家协会创研部主任、著名文学评论家梁鸿鹰认为，《东江剑魂》是一部厚重、充满着正能量的作品，它写的是近现代历史上一段难忘的历史，这段历史正是我们民族发展壮大过程中的不朽篇章。作品全面反映了文学创作中以往反映不多的东莞青年投身革命的风雨历程，大气磅礴，正义凛然，感情真挚，有很强的认识价值、教育价值和艺术价值。作品最让人感动的是成功塑造了一个血肉丰满的革命者——陈奋强的形象，这个形象的成长十分典型地反映了大革命时代的特点，反映了在大浪淘沙，历史风云际会的当中，一代青年苦苦探索革命道路，把自己的成长和时代要求结合起来，把自己献给革命，献给祖国的浩然之气。

中国作家协会创研部副主任、著名文学评论家何向阳认为，《东江剑魂》是一部故乡之书，是对故乡革命传统、红色资源的独特回望。它又是一部民族的记忆之书，写到很多日本当年侵华对中华民族和中国人民的身心伤害，烧杀抢掠的大量细节非常残忍。它还是一部知识分子英雄的成长之书。"大事不虚，小事不拘"，借助报告文学、虚实相间的写法很有特色。《东江剑魂》写法上也非常有创新性，虚实相间。虚是用虚构的小说写法，实是借鉴了报告文学的一些写法，如很多日军侵华的历史事件，展现了从东莞抗日模范壮丁队到东江纵队这样一个宏阔的历史。在人物塑造上，陈奋强集中了很多爱国青年和知识分子的心路历程。他是一个一代人的综合体,包括中华人民共和国成立之前二十八年的历史。咏慷既汲取了史实的真实性的特点,又在人物塑造上有提炼升华,能够汲取两者所长。

中国作家协会创研部党支部书记、著名文学评论家李朝全认为,咏慷是非常勤奋的作家,在非虚构创作方面一直都不断拿出很重要的有影响的作品,有很自觉的参与意识和担当精神。《东江剑魂》虽然是一部长篇小说,但是他显然继续了这种自觉的担当。他对自己的故土、家园有一种割不断舍弃不了的情结。贯通全书的偏锋剑,是贯通这本小说的一条线索,一个灵魂。在阅读时我不由得想起鲁迅先生《故事新编》里的短篇小说《铸剑》。它实际上是一种历史的重写,或者说是关于剑的历史的一个非常真实的延续。鲁迅的《铸剑》所体现的主题是一种抗争、报仇的精神。陈奋强一生都是以偏锋剑相伴左右,最后用这把剑刺杀了日本侵略军头目小野次郎,赢得了一个传奇。因此这把剑是剑胆琴心之剑,是民族的魂魄、民族的脊梁,代表着一种反抗、抗争、发奋和自强的民族精神,是一种血脉的流传和延续。

此外,徐向前元帅之子、原南京军区副司令员和总装备部科技委副主任、全国人大代表徐小岩中将,聂荣臻元帅办公室正军职负责人周均伦少将,原广东省人大副主任、原中共东莞市委书记、现广东省关工委主任李近维,都写了评价很高的推荐辞。

引路人与学生们笑谈人生

1986年全军财经纪律大检查期间,陈一虹受命担任中央军委派驻广州军区的财经纪律检查组副组长(组长是总后勤部副部长李元将军)。他在工作之余,曾约上莫伯治、田心、丁农等老战友结伴回了一趟故乡麻涌和东莞。陈一虹在《鹧鸪天·初衷》词里写道:

万里奔波别故乡,又辞延水上前方。十年两地三分隔,长忆麻涌话救亡。肩任重,路程长。重逢赤帜已飘扬。抬头望断寰球处,永矢初衷一点光。

他们互相打量着对方脸上被岁月涂抹的沧桑——两鬓的白发,双颊的纹络……都刻下了岁月留给他们永不消逝的痕迹。

家乡的"父母官"们十分热情地接待了他们。

大家谈的话题自然少不了自己所走的革命之路。他们隔着几十年的河流再坐在一起,品着一杯清茶,几十年前的温馨就又回来了。

有人问莫伯治:"莫老,假如当年您和他们一起

麻涌革命烈士纪念墙前的五星红旗迎风飘扬

去延安，会不会情况更好一些呢？"

莫伯治大度地淡然一笑，说："看到当年的年轻人都成为建立新中国的功臣，我心里极其高兴……他们是打出了一个新中国，我这些年来是在竭心尽力地建设一个新中国。应当说我们都是无悔人生！"

理解、共识、认可、鼓励，这比任何利益捆绑、功利索求更加有力。

的确，这些年莫伯治依旧成果斐然。他不仅成为著名的建筑学家，而且担任了广州市人大的副主任。

新中国成立后，社会环境相对安定，年近四十岁的莫伯治和夏昌世先生到各个地方对岭南庭园和民间建筑展开调研，开始从土木工程向建筑设计与创作转型。

1957年，如今北园酒家所在的地方还叫云泉山宾馆。那片老房子经历多年风雨侵袭，已经破败不堪。当时的广州市政府决定重修设计，用地范围扩展，除服务一般市民外，还要求可以用于招待华侨和海外贵宾，此外，造价必须低于国家指标。在当时广州市有关领导的支持下，莫伯治主持北园酒家的设计工作。

他在保持原有风格的基础上，决定采用深远曲折的综合式内院布局。至于工艺建筑材料，莫伯治决定到民间去"采集"。于是他先后十多次到珠三角的农村收集流落在旧建筑材料店的废料，并将其运回广州加工整理。为了使这些旧料能改造为最佳的建筑造型和结构，莫伯治经常到现场与老技工一起商量研究。因此，当人们后来惊叹北园酒家旧"满洲窗"上套色玻璃蚀刻的精美、红木镂花屏风的典雅、楼梯扶手镶边的雅致时，也许想不到它们全部由民间的旧料、废料改造或加工而成。并且，向民间收购，价格较低，当时红木旧料价格每斤不过几元，与木柴差不多；套色玻璃蚀刻也只是2元至5元，比一般杉木门窗还要便宜，因此，北园酒家建筑总造价每平方米只用60元，比当时中央规定的指标低。

在工程进行过程中有段小插曲：当时，有人对这种设计作出批评，认为它太古老、太浪费；有人顶不住这种舆论压力，要将它拆掉重盖。当时主持城建工作的广州市副市长林西则坚决主张继续施工。有了当时广州市领导的开明和支持，北园酒家及莫伯治后来的一些作品就一鸣惊人地面世了。它们融合地方色彩和民族特色，风格清新，受到人们普遍的喜爱。

那年梁思成先生到广州，有人问他最喜欢此地的哪一座建筑，梁先生毫不迟疑地答说："北园酒家。"北园酒家一炮打响，其后，莫伯治深受梁思成先生的鼓舞，在1960年和1962年分别设计泮溪酒家、南园酒家。而且，随着白云山庄旅舍、矿泉别墅等富有岭南特色的建筑的陆续落成，莫伯治声名鹊起。他为建筑事业呕心沥血，孜孜不倦，在他推出广州泮溪酒家、白云山山庄旅舍、双溪别墅和广州宾馆等作品的同时，广州著名建筑师夏昌世、余峻南等人也有许多新作，这些作品的共同特点是：适合当地气候条件，空间通透，体形轻快，色彩淡雅，绿化丰盛，与同一时期我国大部分地区"学苏"的建筑形成明显的对照，引起建筑学界的注意，人们称这些建筑为"岭南新建筑"。曾任华南理工大学建筑学系主任、国家首批一级注册建筑师叶荣贵教授认为，莫伯治设计的园林酒家，合理组织岭南园林中的山、水、植物等诸要素，创造性地利用广东旧民居中的建筑构件和工艺品，创造了富有岭南特色的现代庭园空间，这个影响是久远的，当时北方同行还在致力于古建筑和庭园调研阶段，而莫伯治显然已走在继承和发扬的大道上了。

"令居之者忘老，寓之者忘归，游之者忘倦"，这是莫伯治希望自己的建筑作品能达到的境界。白云山山庄旅舍等把建筑融合在山林环境中，从传统和地方建筑艺术中吸取养分，演绎完全现代化的空间结构，为岭南新园林建筑树立了样板，影响持续达数十年。由此，莫伯治闪烁着岭南建筑光芒的卓有成效、丰富多彩的建筑成就，被业界人士称赞为"岭南建筑之光"。

2001年，莫伯治在纪念梁思成的百年诞辰的文章中这样写道："梁先生对北园酒家的评价，对我是极大的鼓舞和鞭策。这种鼓舞和鞭策，伴随着我将近半个世纪的建筑创作历程。这是一个不断创作、不断创新的历程，我已88岁高龄，而这个历程还没有结束。"

莫伯治从事建筑设计近六十年，他长期的建筑创作中的重大成就和特色，就是把岭南庭园融合于岭南建筑之中，并从实践上和理论上推进岭南建筑和岭南园林的同步发展。这些多姿多彩的丰富成果，使他光荣地于1995年当选中国工程院院士。

1960年，莫伯治通过对中国古庭园、特别是岭南庭园的研究，结合广州旧城改造，把广州的悠久的饮食文化、建筑文明和地方特色融于一炉，将广州泮溪酒家塑造为一座极富岭南特色的现代庭园，园内曲榭回廊、流

2003年1月27日，中国工程院院士、全国著名工程设计大师莫伯治九十寿辰。时任广东省委常委、广州市委书记、市长林树森将"老骥伏枥，志在千里"的题词和亲自题写的书名《莫伯治文集》赠送给莫老，并代表广州市委、市政府衷心祝贺莫老"身体健康，福寿双全"

水淙淙，空间架构和装修实用朴素，尽显典雅精美。1972年他主持矿泉别墅设计，把传统庭园布局与现代主义的内庭相互融合，该项目获20世纪70年代全国优秀设计奖，获广东省基本建设1980年优秀项目奖。1976年莫伯治主持广州白云宾馆设计工程，体现了他探索着如何把国外现代建筑文化与中国传统的建筑文化以及岭南地方建筑文化相结合。1983年莫伯治主持珠海宾馆设计，担任工程总顾问，该工程获国家优秀设计奖。1983年，他受霍英东之托，着手设计广东首家五星级宾馆——白天鹅宾馆，白天鹅宾馆与珠江的巧妙融合引来了"窗泊珠江万里船"的动人气势，美丽的珠江河畔从此多了一只令万国宾客为之驻足流连的"白天鹅"，白天鹅宾馆现已跻身于世界百大宾馆之列。1987年莫伯治主持设计广州西汉南越王墓博物馆，他遵循现代主义原则，探索古今中外这类建筑体型风格的共性，巧妙地运用传统的重台叠阶，汉代石阙甚至埃及大庙的阙门，用现代手法表现其纪念性和传译两千多年前的历史文化，该项目获1991年建设部优秀设计一等奖，1991年国家教委优秀设计一等奖，1991年国家优秀设计金质奖。1989年莫伯治主持设计岭南画派纪念馆，在纪念馆造型与风格的表现上，运用新艺术运动的建筑词汇。这个工程获得1993年国家教委设计一等奖。1991年我国有37座建筑物自新中国成立以来首次被载入英国出版的《世界建筑史》，其中有广州白云宾馆、广州白天鹅宾馆、广州矿泉别墅，莫伯治是负责主持设计这3个项目的总建筑师。此外，莫伯治主持的国外工程设计有：澳洲布里斯本市中国华侨城设计，澳大利亚中国大使馆设计，日本福冈市中国领事馆设计，等等。以上这些工程均得到国内外建筑界的好评。

在故乡麻一村乃至全麻涌人心中，莫伯治是一位平凡而又朴实的人。乡亲们常回忆起这位建筑大师在故乡走街串巷时的举手投足、音容笑貌，有的人还会带着骄傲和自豪，指着莫伯治的故居说：莫伯治这位岭南建筑界泰斗在这里度过了童年和少年时期，且成了他生活与事业不可磨灭的美好时光。

据莫伯治本人回忆，在12岁之前，他生活在珠江口的农村中，在天然的田园风光和淳朴的人情关系潜移默化的熏陶下，他形成了一种乡土田园审美习惯，他形容这是"一种直觉的原始感性认识"，珠江三角洲，水网交织，田畴村落星罗棋布，生于斯，长于斯，岭南文化的独特气质深深植入莫伯治的灵魂深处。"故乡水"景观是莫伯治追忆故乡美好、闪烁水乡灵气的一个成功例证。白天鹅宾馆是莫伯治在20世纪80年代影响最大的作品之一。这座33层的建筑矗立在珠江边上，犹如一只展翅翱翔的天鹅，傲视水面开阔的白鹅潭。这座建筑的一个最大特色是高三层、占地2000余平方米的中庭，里面有一个以"故乡水"点题的多层园林空间，"濯月亭"古色古香，悬岩飞瀑，垂萝掩石，清泉鲜活，锦鲤悠然，窗外，是珠江水千里碧波，两者互相呼应，相得益彰。可以说，"故乡水"的主题景观凝聚了莫伯治对麻涌这个岭南水乡念念不忘的思念。

莫伯治生前多次回过故乡东莞和麻涌，与水乡人民一起共商家乡建设与发展事宜，并谆谆教诲子孙们不要忘记为家乡的发展尽心尽力。就在莫伯治去世前一个月的2003年8月，他曾回到东莞，就一处古尸出土遗址考察建博物馆事宜。因此，当享年91岁的莫伯治于2003年9月30日在广州逝世，家乡人民悲痛万分，纷纷前往悼念送别。人们说，莫伯治在"故乡水"景观的白天鹅宾馆升入天堂，是带着思乡之情回到了故乡麻涌水乡。莫伯治的后人谨遵父训，积极为家乡做贡献，2008年，当听说麻涌要建造一座岭南水乡民俗博物馆时，莫伯治设计师事务所以最快的速度设计出了建筑方案，那带着莫伯治智慧和灵气的设计方案，成为了岭南建筑之光照亮家乡永不消失的光芒。

2009年8月5日,"走进东莞文明"系列活动之一的名人故事——《莫伯治与岭南建筑艺术展》回到了莫伯治的故乡麻涌进行展出。展览共分四个部分,第一部分为莫伯治生平;第二部分为岭南建筑与岭南庭园的结合;第三部分为现代主义与岭南建筑的有机结合;第四部分为新表现主义的探索与尝试,并配有序言与尾声。活动现场主要展出莫伯治先生在各个时期创作的著名作品的图片资料,介绍了莫伯治先生的生平事迹。同时展出了莫伯治生平使用的若干实物:手稿(笔记)5本,工程图纸一张,相机一部。《莫伯治与岭南建筑艺术展》先后在麻涌镇文化广场、麻涌一中等地巡回展览,展览的最后一站是在麻一村的莫氏祠堂。莫伯治这位中国建筑设计师、中国工程院院士,终于在实现了"一生建设新中国"的人生愿望后,回到了生他养他的地方——那个如诗如画又如梦幻般美好的"故乡水"。

如今,莫伯治、田心、丁农、莫荫荷等东莞麻涌籍的老战友都走完了自己的人生历程。陈一虹比他们年龄都小一些,也走到了最后。

北京三环路之外的一处部队营院,像它毗邻的玉渊潭一样静谧、美丽。常能见到一位白发老人缓缓踱步。他就是陈一虹。

东莞电视台记者现场采访陈一虹

哦!小路旁各式树木的叶子开始黄了。近一个世纪的人生旅程,他从东江畔到延河旁,又从大西北、鸭绿江,再至北京……一步步都是来自心灵深处的记忆。上了年纪,时而怀旧,这很自然。的确,人的一生十分漫长又仿佛十分短暂。

陈一虹特别爱回忆革命战争年代,一想起仍然令人心潮澎湃。他也喜欢回忆新中国成立初期,凯歌行进,一呼百应,红旗招展,能不为之动容?

俄罗斯作家、哲学家车尔尼雪夫斯基曾经说过:"历史的道路不是涅瓦大街上的人行道，它完全是在田野中前进的，有时穿过尘埃，有时穿过泥泞，有时横渡沼泽，有时行经丛林。"

人的一生显然也是如此。

古语说"仁者寿"。陈一虹向来瘦弱，身体并不很好，年过花甲以后，先是胃有了问题，再就是胆，都做过部分切除手术。他为何仍然能有幸进入高龄行列，是物质生活的日益改善？是医疗条件的不断进步？这或许都有些关系。但更重要的一个因素，是"放得下"。这是一句大白话，大实话，但一语中的。据说佛家以为，无数烦恼，皆源自心有挂碍。"无挂碍故无有恐怖，远离颠倒梦想"，如何驱除心中挂碍呢？唯有放下——贪嗔痴要放下，功名利禄要放下，浮华世界的一切都要放下。放不下，就会烦恼丛生；放得下，就会身心舒朗。可见，这句大白话，大实话，底蕴实在不浅。

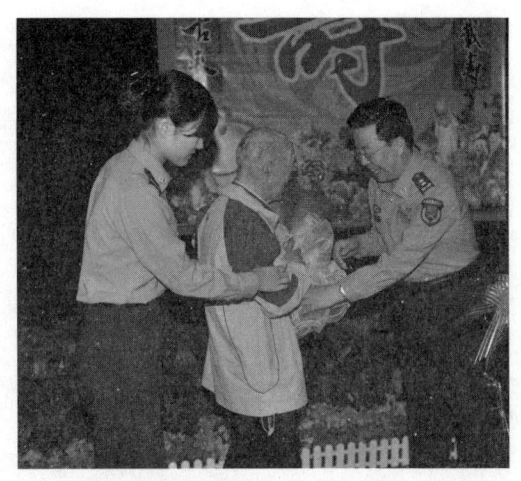

王冠中上将祝贺陈一虹九十寿辰

陈一虹的长寿，缘于他的良好的心态。晚年的他，心态平和，待人宽厚，除了谆谆教诲儿孙诚实做人，努力学习，平时就是在家挥毫泼墨写些诗词。

2005年9月23日，《人民日报》在"纪念中国人民抗日战争胜利六十周年特稿"的专栏内，以三分之一版的篇幅刊登了陈一虹的人物小传、照片和记者专访。

2014年6月30日21时32分，一个普通得不能再普通的时间。但对许多麻涌乡亲和部队指战员来说，这一刻，却成了生命中永恒的印记。

就是在这一刻，中国共产党的优秀党员、忠诚的共产主义战士、中央军委办公厅副军职离休干部陈一虹因病医治无效，在解放军总医院南楼高干病房不幸逝世。

7月6日上午，陈一虹遗体告别仪式在解放军总医院南楼告别大厅隆重举行。中共中央政治局原委员、中央军委原副主席、国务委员兼国防部长迟浩田上将，总政治部副主任贾廷安上将，总装备部原副政委李栋恒中

中央军委办公厅秦生祥主任等慰问陈一虹遗属

陈一虹遗体告别大厅

将，总装科技委原副主任徐小岩中将，国防大学原副政委李殿仁中将，军事科学院原副院长任海泉中将等解放军四总部许多领导，中共东莞市委和东莞市政府、中共麻涌镇委和麻涌镇政府等都送了花圈。中央军委办公厅秦生祥主任、宋丹副主任，总后勤部原副部长李伦中将、原叶剑英元帅办公室主任王守江少将、原聂荣臻元帅办公室主任周均伦少将等高级将领，东莞市人民政府驻北京联络处领导、北京东莞建设研究会领导等和各方面人士近200人陆续向覆盖着中国共产党党旗的陈一虹遗体致哀，向陈一虹的亲属们表示慰问。

陈一虹一生一世最认可的身份是：共产党员、军人。这份情结化成一份深沉的父爱，深深投射在家庭里，深深投射在子女们的人生中，给他们力量。

人有少必有老，有生必有死，这是不可抗拒的自然规律，谁也不能例外。俄国著名革命理论家普列汉诺夫临终前对妻子说："人死亡只是转换了一种物质存在的形式，有什么可以悲伤的呢？"说罢，他侧过头去就去世了。这可以说是彻底的唯物主义者！

陈一虹仙逝后，他的长子陈永康在其治丧期间曾经写下两首七言绝句悼念：

其一

抗战烽烟初起时，即奔陕北入雄师。
为民为国平生事，皆似篇篇壮烈诗！

其二

儿孙定继先贤志，各展雄才任所之。
再育后人传赤帜，同吟一曲创新词！

南梅先生（中）访谈本书主人公田心之子田小邕（左一）和开国中将庄田之子庄祝胜（右一）

南梅先生（左一）访谈中共元老谭天度的秘书高宏的（右一）和原公安部常务副部长李广祥之子李予生（中）

南梅先生（右）手捧散发着浓郁墨香的《北斗星下去延安》书稿征求田小邕（左）等人的意见

后记 Postscript

在写完这部长篇传记文学的时候，我们脑海中迸出的第一句话，竟是一句整整几代人都耳熟能详的戏曲唱词："做人要做这样的人！"

的确，做人要做这样的人！要做本书中主人公这样的人！

我们认为这样的人，是当今中国社会所需要的人，也是对每个家庭、每个团体有切实价值的人。

在两年多的采访、创作过程中，我们每时每刻都为本书中主人公的精神、情操、事迹所深深感染着。我们觉得这一采访、创作的过程，也正是自己的灵魂不断得到净化与升华的过程。

勿庸讳言，由于错综复杂的历史原因和社会原因，当前人们的价值观呈现出多元化的趋向。有的人身披画皮，投机钻营，贪婪地攫取着各种职位和国家财富；有的人花天酒地，腐化堕落，热衷于沉溺声色犬马；有的人一味追求实惠，像绕梁呢喃的燕雀忙于营造个人的安乐窝；有的人混世度日，消磨青春，浪费生命，终至一事无成……有的人虽然不能说没有事业心，但却目标飘忽不定，见异思迁，朝秦暮楚，斗志不坚；也有的人好高骛远，眼高手低，志大才疏，不能将大目标同脚踏实地的努力结合起来……

那么我们想说：请诸君随着我们的笔触读一读这部书吧！当你的心目中装进了本书中主人公这样一些活生生的形象，你也就明了自己应当怎样做人、做事了。

以往人们常说"人生七十古来稀"，如今由于科学的发展和社会的进步，人类的平均寿命已经普遍延长，活到七八十岁已不算新鲜。然而，抛却无法避免的天灾人祸不谈，就算一个人能活到一百岁，在宇宙发展的长河中也不过是短暂的一瞬。何况其中还要除去睡眠、休息、生病、娱乐等各种时间，真正用于学习、工作、做事等创造性活动的时间能有几何？

那么，怎样才能不虚世上此行呢？请看本书中主人公！

在创作过程中，生活如潮水一般冲击着我们的心灵，又似清风一般荡涤着我们的心境。我们认为既然写历史，就要尊重历史。作品中的重大事件一定是历史上曾发生过的，细节要经得起推敲。

在中国当代文学发展的历史长河中，革命历史书写始终是创作的主要内容。这是一座蕴涵着丰富博大资源的精神"富矿"，是取之不尽、用之不竭的源泉。为什么会如此呢？因为这些作品真实地再现了波澜壮阔的革命历史，彰显了革命英雄主义和革命理想主义精神，这种精神震撼了人们的心灵，创造了历史的奇迹，在人的成长道路上留下了深刻的、难以抹去的历史记忆和情感记忆，成为一笔宝贵的精神财富。我们今天书写革命历史文学作品，正是要大力继承和弘扬这种精神，使作品有一种打动人心的力量——有思想的震撼力、有紧张的故事情节、有浓烈的艺术氛围，让人耳目一新。特别是在当今，更需要弘扬这种精神。

今年是中国共产党成立九十五周年，红军长征胜利八十周年、东江纵队北撤七十周年，但愿《北斗星下去延安》的出版，能成为传承革命精神，弘扬正能量的宝贵献礼！

在此书创作过程中，我们曾得到麻涌镇领导、传主本人及其亲属的热忱帮助，在此特诚恳致谢！

咏慷　南梅先生　李华
2016年8月于东莞麻涌